민족의 사회학이론

민족의 사회학이론

신 용 하

경인문화사

머리말

'민족'은 오랜 기간에 걸쳐 역사적으로 형성된 인류 보편적 인간공동체의 하나입니다. 민족은 국가를 결사체적 도구로 활용하면서 인류역사의 큰 변동을 주도한 주체의 하나이기도 하였습니다. 그러므로 민족은 사회학의 성립 이래 처음부터 사회학의 고유한 연구주제의 하나가 되어왔습니다. 또한 민족은 매우 중요한 종합적 실체이기 때문에 사회학 이외에도 모든 인문·사회과학과 학문 일반의 연구대상이 되기도 하였습니다.

특히 한국처럼 제국주의의 침략으로 민족이 자유를 잃고 민족해방과 독립을 추구한 경험을 가졌거나, 민족이 분단되어 민족통일을 추구할 필요가 절실한 곳에서는 '민족'은 더욱 더 중요한 연구 주제가 된다고 할 것입니다.

최근 서양 사회과학계에서는 민족은 '근대'에 이르러서 민족주의자들이 정치적 목적으로 발명해낸 '발명된 공동체' 또는 '상상의 공동체'라는 이론이 정립되어 세계에 보급되고 있습니다. 이 민족형성의 '근대주의론'은 서양 중세의 지방분권적 봉건사회가 18세기 경 처음으로 중앙집권적 근대국가를 수립하면서 '민족'이 형성된 지역에나 한정하여 적용할 수 있는 이론이지, 전 인류사회에 적용할 수 있는 보편적 이론은 아닙니다. 세계에는 고대나 중세의 전근대시기에 '민족'을 형성한 곳이 많고, 20세기 후반에 들어와서야 '민족'을 형성한 곳도 많기 때문입니다.

그러므로 사회학계에서는 전 인류사회에 적용할 수 있는 민족형성의 보편적 이론을 정립하려고 노력해왔습니다. 그 사례로 동양에서는 한국에서 필자가 1984년 「민족형성의 이론」을 발표하여, 민족을 '원민족' '전근대민족' '근대민족' '신민족'의 개념과 이론으로 분화시키고, 민족 구성의 8대요소와 그 구성요소 조합 비율의 변동의 분석방법으로 원민족에서 근대민족으로의 연속적 진화 발전을 설명하는 이론을 제의하였습니다.

서양에서는 영국의 앤서니 스미스 교수가 1986년『민족의 에스니적 기원』을 발표하여, 전근대시기에 '에스니'라는 인간결합체가 있었다가 에스니를 기원으로 진화 발전하여 민족이 형성되었다는 설명과 그 연구방법으로 '에스노·상징주의'를 제의하였습니다.

　이 책은 1984년 이후 2022년까지의 저자의 민족의 사회학이론을 요약하여 정리한 것입니다. 이와 함께 고전적 민족이론들과 앤서니 스미스의 민족이론도 요약하여 소개했습니다. 또한 최근 서양의 '발명된 공동체론' '상상의 공동체론'에 대한 저자의 검토와 비판도 포함하였습니다.

　이 책은 원래 하나의 저서를 집필하려고 시작했다가 진전이 지연된 상태에서, 논문을 발표해야 할 사정 때문에 두 편의 논문으로 나누어 진 것을 이번에 합쳐서 내는 것입니다. 제 1부는 대한민국 학술원의『학술원 논문집』(인문·사회과학편) 제 61집 제 1호(2022년)에 게재한 것이고, 제 2부는 한국사회학회 기관지『한국사회학』제 40집 1호(2006)에 게재한 것입니다. 원래 하나의 저서로 집필하다가 나누어진 것이기 때문에 한 개 저서에 합쳐도 내용에 모순은 없습니다.

　최근 출판 환경이 어려운 속에서 이 책 출판을 맡아주신 경인문화사 한정희 사장님과 편집 교정에 정성을 기울여주신 편집부 여러분께 깊이 감사드립니다. 그리고 이 책 원고의 타자와 교정에 정성을 기울여 준 서울대학교 대학원 사회학과 조재훈 조교에게도 깊이 감사하는 바입니다.

　이 작은 책이 독자들의 '민족'과 '민족이론' 이해에 조금이라도 도움이 되기를 간절히 바랍니다.

2023년 1월 1일
새해를 맞으며
저자 신용하 삼가 씀

목 차

제2부 '민족'의 사회학적 설명과 '상상의 공동체론' 비판

제1부

민족과 에스니시티(ethnicity)의 사회학이론

I. 머리말: 문제의 한정

'민족'(nation)은 사회학의 성립 이래 사회학의 고유 연구주제의 하나가 되어 왔다. '민족'은 또한 사회과학을 비롯하여 모든 학문과 실제 사회생활에서 매우 중요한 개념이며 사회적 역사적 실체이다.

서유럽에서 성립된 사회학을 포함한 사회과학에서는 민족을 대부분 '근대에 형성된 인간공동체'로 개념화해왔다. 서유럽에서는 17세기 무렵 지방분권적 봉건제도가 해체되고 중앙집권적 절대국가에 의하여 통합되면서 민족과 민족국가가 형성된 역사적 사실이 투영된 때문이었다.

그러나 인류사회의 역사에는 고대에 초기 독립문명과 고대국가를 탄생시키면서 '민족'을 형성한 사례가 다수 존재하였다. 이미 고대나 중세에 '국가'와 '민족'을 형성한 곳에서는 종래의 서유럽 사회학의 '민족' 개념은 적용에 큰 제한을 받는다. 한국 민족과 사회도 그러한 경우의 하나이다. 비단 한국 뿐 아니라, 중국, 일본, 베트남, 인도, 아랍을 비롯한 아시아 여러 민족들과 유럽의 오래된 여러 민족들, 이집트 등 북부아프리카의 여러 민족들도 모두 그러한 경우들이다. 그러므로 서유럽 사회학의 '민족' 개념은 인류사회의 보편적 사회현상의 하나인 '민족'을 모두 포함해서 설명하지 못하고 있음이 명백하다.

뿐만 아니라, 아프리카와 태평양 여러 섬들을 비롯한 세계 여러 지역에서는 현대에도 '새로이 형성되고 있는 민족'(nation in the making)들이 다수 있다. 그러므로 사회학과 사회과학은 전세계 인류의 사회현상과 역사를 설명하기 위하여 '민족' 개념을 '근대에 형성된 인간공동체'로 한정하지 않고, 고대부터 중세와 근대를 거쳐 현대에 이르기까지 모든 인류사회 설명에 보편적으로 적용할 수 있는 '민족'의 사회학적 개념과 이론을 분화 발전시킬 필요가 절실하게 되었다.

특히 역사사회학계에서는 페르낭 브로델 등 아날학파가 '장기지속'(la

longue durée)의 개념과 방법을 정립하여, 수백년, 수천년, 수만년을 한 개 시간단위로 설정해서 대상의 구조와 구조변동을 연구하여 큰 성과를 낸 이래 '민족' 연구에서도 이와 같은 절실한 필요에 적극적으로 대응하는 연구노력이 진행되어 왔다. 이러한 연구노력의 한 작은 사례로 비슷한 시기에 서로 연락없이 별도로 진행된 한국의 필자와 영국의 역사사회학자 앤서니 스미스(Anthony D. Smith) 교수의 연구가 있다. 필자는 이 문제 해결을 위해 '원민족'(protonation), '전근대민족'(premodern nation), '근대민족'(modern nation), '신민족'(new nation)의 개념과 이론을 제시한 바 있고(「민족형성의 이론」, 1984), 스미스 교수는 '에스니'(ethnie)의 개념 및 이론과 '에스노-상징주의'(ethno-symbolism)의 방법을 제시하였다(The Ethnic Origin of Nations, 1986). 한편 미국 사회학계에서는 '에스니시티'(ethnicity)의 개념과 이론이 정립되어 발전되고 있다.

이 글에서는 문제를 한정하여 '민족'의 사회학적 개념을 더욱 엄밀하게 정의하면서, '민족'의 보편적 개념과 이론을 어떻게 정립하여 인류사회의 고대부터 현대에 이르기까지 '장기지속'에서 민족현상에 보편적으로 적용하도록 분화 발전시킬 수 있는가를 논의하려고 한다.

II. 민족의 사회학적 개념

1. 민족의 사회학적 개념

1) 민족의 현대 사회학적 개념

'민족'이란 무엇인가? 한국 민족이 독립을 잃었을 때 독립운동가들은 '민족'을 무엇으로 생각하고 민족독립운동에 헌신했을까? 박은식은 민족을 혈연, 토지, 언어, 풍속, 국성(國性)이 독자적이어서 다른 사람들과 특히

구별되는 집단이라고 생각하였다.[1]

  '민족'을 사회학적으로 간결하게 개념화하면, "민족은 인간이 객관적으로 언어의 공동, 지역의 공동, 혈연의 공동, 문화의 공동, 사회경제생활의 공동, 정치의 공동, 역사의 공동을 객관적 구성요소로 하여 공고히 결합되고, 그 기초 위에서 민족의식이 형성됨으로써 더욱 공고히 결합된 역사적 범주의 인간 공동체"라고 하나의 이념형(ideal type)으로서 정의할 수 있다.[2] 필자는 '민족'의 개념에서 위의 "공통의 언어·지역·혈연·문화·사회경제생활·정치·역사·민족의식"의 8대 요소를 강조하고 있다.

  스미스는 "민족은 ① 역사적 영토 또는 국토의 점유 ② 공동의 신화와 기억 ③ 민중적 공중 문화 ④ 하나의 경제 ⑤ 모든 성원 공동의 권리와 의무를 가진 이름을 소유한 인간집단"[3](번호는 필자 첨부)이라고 정의하였다. 필자의 개념에 비해 ① 언어의 공동 ② 혈연의 공동 ③ 민족의식의 세 개 요소가 빠져 있다. 이 문제는 다음에 다시 논의될 것이다.

  여기서 '민족'은 영어 'nation'의 번역이지만, 민족형성의 역사가 오랜 한국어에는 '겨릭'(현대어 겨레)라는 '민족'에 해당하는 한국 고유어가 있었다. '민족'이 조선왕조시대에 '족류'(族類)라는 용어와 유사하다는 연구가 있다.[4] 필자는 '겨릭'가 '민족'의 한국 고유어 이고, '겨릭'(겨레)를 한자로 번역한 것이 '족류'라고 생각한다.

---

1 박은식, 『한국독립운동지혈사』(1975, 『박은식전서』, 단국대학교 동양학연구소, 상권, pp.449~451) 참조.
2 신용하, 1984, 「민족형성의 이론」, 『한국사회학연구』 제7집(『한국민족의 형성과 민족사회학』, 지식산업사, 2001에 재수록) 참조.
3 Smith, Anthony D., 1991, *National Identity*, University of Nevada Press, p.14 및 *The Nation in History*, University Press of New England, 2000, p.63. "Working definition of the concept of the nation as a named human population occupying a historic territory or homeland and sharing common myths and memories; a mass, public culture; a single economy; and common rights and duties for all members." 참조.
4 박찬승, 2010, 『민족·민족주의』(한국개념총서 5), 소화, p.21 및 pp.50~54 참조.

오귀스트 꽁트   페르디난트 퇴니스

민족과 국가는 조직 원리가 사회학적으로 다르다. 꽁트의 개념을 빌리면, '민족'은 '공동체'(union)이고, '국가'는 결사체(association)이다. 퇴니스의 개념을 빌리면, 민족은 공동사회(Gemeinschaft)이고, 국가는 이익사회(Gesellschaft)이다.

공동체는 성원의 이성적 의지와 함께 무엇보다도 정서적 감정적 응집력으로 결합하는 특징이 있다. 성원은 때때로 개인의 이익을 초월하여 애착을 갖고 공동체에 헌신할 수 있다. 민족은 인간공동체이므로 행위의 주체적 성격을 갖는다. 한편 결사체는 성원이 개인의 목적 또는 이익을 성취하기 위해 사회계약적으로 결합하는 특징이 있다. 그러므로 결사체인 국가는 도구적 성격을 갖는다.

필자가 위에서 제시한 '민족'의 8개 구성요소 개념은 순수히 학문적으로 기존 학자들의 개념을 재정리하여 정치적 목적에서 분리시킨 객관적 개념이다. 종래 유럽에서 정립된 '민족' 개념은 대개가 특정 정치적 문제와 관련하여 민족 개념을 정립했기 때문에, 몇 개 요소를 강조하는데 그친 경향이 있었다.

위의 개념에서 '역사적 범주의 인간공동체'라고 정의한 개념의 '역사적 범주'의 뜻은 '민족'이 영구한 공동체가 아니라 역사적으로 특정 시기에 형성되고, 특정 시기에 소멸되기도 하는 영속적이 아닌 공동체임을 개념에 담은 것이다. 따라서 필자의 개념은 '원초주의자'(premordialist)의 입장과는 전혀 다르다. 여기서 '인간공동체'라 함은 '민족'이 역사적 사회적 '실재'(reality)이고, 뒤르케임의 개념을 빌리면 '사회적 사실'(social facts)임을 지적한 것이다. 이것은 최근 서양학계에 불고 있는 민족을 "상상의 공동체"(imagined community) 또는 '상상의 정치공동체'(imagined political community), '발명된 공동체'(invented community), '추상적 공동체'(abstract community)로 보는 견해에 대한 비판의 뜻을 함축하고 있다.

민족은 인류역사의 특정한 시기에 오랜 역사를 거쳐서 자연스럽게 형성되면서 '고유한 이름'까지 가진 구체적인 '사회적 역사적 실재'이며, 조건 변동에 따라서는 소멸되기도 하는 사회적 실재이다.

2) 루소의 고전적 '민족' 개념

서양에서 처음으로 '민족' 개념과 민족형성 문제를 가장 균형있게 본격적으로 제기한 사상가는 루소(Jean Jacques Rousseau, 1712~1778)였다.[5] 루소는 초기에는 '민족'(nation)을 '국가'(state) 형성과 관련시키면서, 그의 사회계약설에 의거하여 인민(people)의 '공동이익'으로 결합된 '일반의지(volonté genéral, general will)'에 의해 성립된 '국가'의 '국민'(people of the state)처럼 '민족'을 서술하였다. 인민은 '일반의지'에 의하여 성립된 진정한 민주국가와 결합해야만, 인민이 그 국가의 '국민'이 되고, 국가는 국민의 국가가 되어 자발적으로 '애국심'과 '애국정열'이 배양된다. 국가의 '일반의지'의 표현인 법률은 국민 성원의 일반의지에 의거하고 있으므로 국민은 자기가 제정한 법률을 자발적으로 준수하여 도덕적 국민이 되고 자

---

5 최문환, 1958, 『민족주의의 전개과정』(1976, 『최문환전집』 상권 (효강최문환선생기념사업추진위원회), pp.248-258) 참조.

장 자크 루소와 그의 서명

율적 인간이 된다. 그러므로 루소가 '민족'문제를 정면으로 다룬 논문을 발표하기 이전까지는 루소의 '민족' 개념도 '국민'과 마찬가지로 '일반의 지'에 의거해 결합한 정치공동체로 간주한 것으로 해석되었다.[6]

루소는 자유와 평등이 보장되는 코르시카 공화국의 건국을 위한 "코르시카 헌법을 위한 구상"(Plan for a Constitution for Corsica, 1764)에서, 공화국 건국의 원리를 설명 제안해주면서 정부와 행정과 법률, 경제 뿐만 아니라 코르시카 '민족'(nation)을 견고하게 형성할 것을 권고하였다. 그는 민족 형성에 문화와 민족적 성격의 형성을 매우 중시하고, "우리가 따라야 할 첫째의 규칙은 민족적 성격(national character)이다. 모든 인민은 민족적 성격을 갖고 있으며, 또는 민족적 성격을 갖고 있어야 한다. 만일 민족적 성격을 결여한 인민이 있다면 그것을 부여하는 일부터 시작해야 한다"[7]고 강조하였다. 이것은 루소가 민족을 자유·평등 원리의 헌법 등 정치적 주권뿐만 아니라, 그에 앞서 민족 문화와 민족적 성격을 가져야 함을 지적한 것이라고 말할 수 있다.

또한 루소는 1772년 폴란드 백작 빌호르스키(Wielhorski)의 요청을 받

---

6 박명규, 2009, 『국민·인민·시민』(한국개념사 총서 4), 소화, pp.23~121 참조.
7 Rousseau, Jean Jacques, *Plan for a Constitution for Corsica, in The Collected Writings of Jean Jacques Rousseau*, Vol. 2, 2005, Dartmouth College Press, p.133.

고,[8] 강대국 러시아·프러시아·오스트리아의 압박을 받고 있는 '폴란드 민족'의 재생 방책을 논의한 『폴란드 정치 및 개혁 방책에 대한 고찰, 1772년 4월』(Considérations sur le Government de Pologne, et sur sa Réformation projeté, en Avril 1772)을 써 주었다. 루소는 이 책에서 폴란드 '민족'을 근대 훨씬 이전인 전근대시대 폴란드 군주정 시기에 이미 '민족'이 형성된 것으로 관찰하고, 폴란드 민족의 구제책을 제시했음을 보여주었다. 루소는 여기서 폴란드 민족과 지도자들에게 '민족적 제도'와 '민족교육' '국민개병'의 채택을 권고하였다.

루소는 '민족적 제도'에 대해 "민족적 제도는 한 인민이 자기 자신을 형성하는 것이며, 다른 인민이 형성하지 못하는 한 인민의 자연적 특성·성격·취미를 형성하는 것이다. 민족적 제도는 뿌리깊은 관습(慣習)에 입각한 조국에 대한 치열한 사랑을 고무한다"[9]고 하였다. 그는 '민족적 제도'를 구체화시키기 위하여 폴란드가 민족적 유업(遺業)을 계승하고 이를 일반국민에게 주지시키며, 기념비를 건립하여 민심을 분발시켜야 한다. 그리고 '민족정신'을 앙양 고취하도록 10년마다 주기적으로 '민족축제'를 개최하여 조국을 위해 희생한 선열을 찬양해서 애국심을 고취해야 한다. 이와 함께 '민족적 관습'을 부활시켜서, 다른 나라의 관습을 모방하지 않으며, '민족

---

8 Rousseau, Jean Jacques, 1782, *Considérations sur le Government de Pologne, et sur sa Réformation projeté en Avril 1772*, Collection Complètes des Œuvres de J. J. Rousseau, Vol. 2, Paris, 신용하문고(서울대학교 중앙도서관) 843.56 Dd. 1782, Vol. 2, p.274 참조

9 ① Rousseau, Jean Jacques, 1863, *Considérations sur le Government de Pologne, et sur sa Réformation projeté en Avril 1772; Collection Complètes des Œuvres de J. J. Rousseau, Vol 2, Paris, pp.269~270.

② Rousseau, Jean Jacques, *The Plan for Perpetual Peace, On the Government of Poland, and Other Writiings on History and Politics: The Collected Writings of Jean Jacques Rousseau*, Vol. 2, 2005, Dartmouth College Press, p.174.

③ 최문환, 1958, 『민족주의의 전개과정』(1976, 『최문환전집』 상권, p.255).

적 놀이'를 권장하여 '애국심'을 환기시키도록 권고하였다.

루소가 무엇보다 강조한 것은 '민족교육'이었다. 그는 "인간에게 민족적 형태를 주도록 하여, 그들이 애호·열정·필연에 의하여 애국적으로 되도록 그렇게 그들의 의사와 취미를 지도하는 것은 교육이다. 눈동자가 열린 어린애가 조국을 보도록 하여 죽을 때까지 그것을 보도록 해야 한다. 모든 진정한 공화국 사람은 어머니 젖을 빠는 동시에 조국에 대한 사랑, 법률과 자유에 대한 사랑을 흡수한다"고 썼다. 그는 어린이 때 '조국애'(祖國愛)를 배양시키기 위하여 10세에 모든 국가생산물을 알게 하며, 12세에는 모든 지방 도로·도시를, 15세에는 역사를, 16세 때에는 모든 법률을 습득 주지시켜야 한다. 교육방법은 교회의 낡은 방법을 버리고 신분과 부귀의 차별 없이 민족적이며 세속적 교육을 할지며, '체육'에도 중점을 두어 건장한 신체와 도덕심을 강화하도록 노력해야 한다. '의무교육'을 실시하여 무료로 하든지 불가능하면 장학제도에 의하여 빈곤한 자제들에게 교육 기회를 개방해야 한다. 이러한 학교의 형식적 교육만으로는 불충분하니, 민족적 경기, 체육제전을 만들어 민족정기를 앙양하도록 할 것이다. 성년교육도 항상 공공의 경기·축제·연극 등에 의하여 '민족 고유한 성격'을 육성시켜서 '조국애'를 고취시켜야 한다고 권고하였다.[10]

또한 루소는 폴란드에 '국민개병'의 원칙에 의거해 '국민군'을 창설하도록 권고하였다. 국민개병 제도는 국가적으로 경비가 적게 들고, 모든 자유시민이 군무에 봉사하는 것을 '의무'일 뿐 아니라 '명예'로 생각하게 된다. "모든 폴란드인은 … 이웃나라의 침략 획책에 대항하여 그들의 자유를 수호하기 위해 전사(戰士)가 될 것이다"라고 설명하였다.

---

10 Rousseau, Jean Jacques, 1782, *Considérations sur le Government de Pologne, et sur sa Réformation projeté en Avril 1772;* Collection Complètes des Œuvres de J. J. Rousseau, Vol 2, Paris, pp.282~290 참조.

루소는 당시 유럽 여러 나라들이 민족 고유한 제도를 무시하는 경향이 있지만 폴란드는 이러한 과오의 길을 밟지 말고 반드시 민족특성을 살리는 '민족적 제도'를 채용하라고 거듭 강조하였다. 그는 이러한 민족적 제도에 의하여 '민족애' '애국주의'를 고취시키게 되면 어떠한 강력한 국가도 폴란드를 억압·예속시킬 수 없다고 강조하였다.[11]

루소는 코르시카 헌법 구상과 폴란드에 대한 논문에서 폴란드를 "이미 완전히 성립된 민족"(A nation, already completely established)라고 여러 번 썼다. 이것은 루소의 '민족'(nation) 개념이 일반의지에 의한 근대 국가 수립 이전의 왕권을 가진 '문화공동체'(폴란드민족)도 균형있게 포함하고 있음을 나타내는 것이다.[12]

루소의 이 논문은 폴란드 백작의 요청에 응답하여 폴란드를 위해 썼지만, 프랑스대혁명 직후 혁명정부가 '공화정'을 선포했을 때 주변의 모든 군주국들이 연합군을 편성하여 프랑스 공화국을 공격하자 프랑스인들이 시민군을 편성하여 프랑스를 지키는 민족이론과 대책으로 채택되었고, 프랑스 민족의 자유민주적 민족주의 창도의 이론으로 프랑스에서도 응용 발전되었다.[13]

---

11 최문환, 1958, 『민족주의의 전개과정』(1976, 『최문환전집』 상권, p. 255) 참조. 루소는 "이제 폴란드는 강력한 러시아의 위협을 받고 있다. 폴란드는 러시아의 예속 밑에 있었으나 이제 자유로이 되었다. 이 위대한 실례는 당신들에게 어떻게 인접국가의 강력과 야심에 대응 도전하는가를 표시한다. 당신들은 그대들을 삼키려는 것을 제어할 방법을 모른다. 적어도 당신들을 소화시키지 못하도록 하여라. 시민의 덕의·애국적 정열·민족적 제도가 당신들의 정신에 주는 독특한 형태, 이것만은 항상 수호하도록 하면 어떠한 군대라도 강요하지 못한다. 만약 당신들이 이와 같이 한다면 폴란드는 러시아로 되지 않을 것이며, 나는 러시아가 폴란드를 정복하지 못한다고 대답한다"고 썼다.

12 Cohler, Anne M., 1970, *Rousseau and Nationalism*, Basic Books, New York, pp.28~38 참조.

13 최문환, 1958, 『민족주의의 전개과정』(1976, 『최문환전집』 상권, pp.258~266) 참조.

루소는 폴란드 민족문제에 대해 실사구시적 대책 이론을 정립할 때에는 '민족'을 일반의지로 결합된 '정치 공동체'의 요소와 '민족의식'(애국심·애국정신·조국애)의 측면만 강조하지 않고, 그 이전에 형성된 '민족'의 고유한 언어·관습·성격·취미·심리·민족적 성격·제도 등 객관적 '문화공동체'의 측면도 균형적으로 관찰했음을 확인할 수 있다.[14]

루소는 처음에는 사회계약론에 입각하여 '민족' 형성에서 공동의 법률, 의례, 규범 등 정치적 의지 요소를 강조했다가, 뒤에는 민족정체성(identity), 문화(culture), 전통(tradition) 등의 문화적 요소들을 함께 균형있게 강조한 것이었다.

3) 르낭과 베버의 '민족' 개념

그러나 루소 이후 유럽에서 국가와 민족 별로 과제가 달라지자 '민족'에 대한 종합적 균형적 관찰보다는 자기문제 해결에 관련된 특정 구성 요소 강조에 치우친 관찰이 성행하였다. 그리하여 최근 유럽 학계에서는 민족의 개념 논의를 시작할 때 강조한 구성요소별로 학자들의 주장을 나누어 '문화적 민족'(cultural nations)과 '정치적 민족'(political nations)을 구분하여 설명하는 경우가 많다.[15]

즉 '문화적 민족'에는 공동의 '언어' '도덕' '문화'등을 민족 구성 요소로 강조한 독일의 헬더(Johann Herder)와 이를 계승한 피히테(Johann Gottlieb Fichte), 뮐러(Adam müller), 아른트(Ernst Moritz Arndt), 얀(Friedrich Ludwig Jahn), 이탈리아의 마치니(Giuseppe mazzini), 프랑스의 미셸레(Jules Michelet)를 여기에 포함시키기도 한다.[16]

---

14 진덕규, 1983, 『현대민족주의의 이론 구조』, 지식산업사, pp.122~129 참조.
15 Alter, Peter, 1994, *Nationalism*, Second Edition, Arnold, London, pp.5~15 참조.
16 최문환, 1958, 『민족주의의 전개과정』(1976, 『최문환전집』 상권, pp.290~424) 참조.

또한 '정치적 민족'으로서는 공동의 '역사' '정치' '희생정신'을 중요한 요소로 강조한 르낭(Ernst Renan)과 베버(Max Weber)를 포함시키기도 한다.

여기서 우리가 먼저 주의할 것은 르낭과 베버의 '민족' 개념과 논의가 1870년 프러시아(독일)·프랑스 전쟁이 일어나서 프러시아가 승리하여 알자스·로렌 지방을 독일 영토로 귀속시킨 문제를 배경으로 전개되었다는 점이다. 알자스-로렌 지

에네스트 르낭

방은 921년부터 카톨릭 제국인 신성로마제국의 영토였으나, 페르디난트 2세 황제의 종교개혁파 탄압에 대한 저항으로 시작된 독일 '30년전쟁'의 종전을 위해 체결된 1648년 '베스트팔렌 조약' 체결에 따라 프랑스 영토로 귀결되었다. 그 후 프러시아의 재상 비스마르크는 유럽 왕가들의 왕위 계승권 문제로 일어난 1870년 프러시아-프랑스 전쟁에서 승리하자, 점령한 베르사이유 궁전에서 1871년 독일 제국의 수립을 선포하고, 1871년 5월 종전을 위한 '프랑크푸르트 조약'에서 알자스·로렌 지방 주민의 다수가 역사적으로 독일어를 사용하며 독일문화를 갖고 생활하는 독일인이라는 논거로 알자스·로렌 지방을 독일 영토에 편입하여 할양받았다.[17]

---

17 프랑크푸르트조약은 알자스·로렌 주민에게 1872년 10월까지 독일어 사용 주민도 프랑스 국적을 취득할 수 있도록 하였다. 그 결과 주민의 약 10.4%에 해당하는 16만 1천명이 프랑스 국적을 선택하겠다고 투표했다. 그러나 실제 이주자는 약 5만명이었고, 나머지는 독일 국적을 취득하였다. 제1차 세계대전 종전 후 1919년 1월 베르사이유 조약으로 알자스 로렌은 프랑스 영토로 되었고, 1940년 나치스 독일에 합

르낭(Ernest Renan, 1823~1892)은 1882년 소르본느 대학에서 강연한 "민족이란 무엇인가?"(Qu'est-ce qu'une nation, 후에 소책자로 간행)에서 '민족' 개념을 본격적으로 다루었다. 르낭에 의하면, '민족'(nation)은 사람들의 혼동과는 달리 '인종'(race)과는 관련이 없다. 또한 민족은 공통의 '언어', 공통의 '종교', 공통의 이익 공동체, 공통의 '지리'(국경선)와 관련은 있으나, 이 요소들은 민족을 구성하는데는 불충분한 것이다. 르낭은 민족을 구성하는 가장 중요한 요소는 민족의 하나의 '영혼'(a soul), 함께 살려는 공통의 '의지'(will), 희생(sacrifices)이라고 지적하고 강조하였다.

> 하나의 민족은 하나의 영혼(a soul), 하나의 정신적 원리(a spiritual principle)이다. 이 둘은 사실은 하나의 '영혼', '정신적 원리'를 구성한다. 하나는 과거의 것이고 다른 하나는 현재의 것이다. 하나는 공통의 풍부한 기억의 유산(a rich legacy of memories)이고, 다른 하나는 현재의 동의(consent), 함께 살려는 욕구(the desire to live together), 분절될 수 없는 형태로 물려받은 유산의 가치를 영구화하려는 의지(will)이다. (…) 지금까지의 공통의 관습(common customs)과 전략적 사고에 맞춘 공통의 국경(frontiers)과 영광스러운 유산과 비애(a glorious heritage and regrets)는 과거의 것이고, 미래에는 '희생'과 '기쁨'과 '고통'과 '희망'을 함께하는 하나의 공동의 계획(a shared programme)을 실천해야 한다. (…)
> 그러므로 '민족'은 과거에 이미 치러지고 미래에 치를 준비가 되어 있는 '희생정신'(the feeling of sacrifices)으로 구성된 '하나의 거대한 연대'(a large-scale solidarity)이다.[18]

르낭은 공통의 '언어'·'종교'·'역사'(영광과 비애)는 과거의 구성 요소이고, 현재와 미래는 함께 살려고 하는 공통의 '의지'·'영혼'·'정신'·'희생'이

병되었다가, 1945년 제2차세계대전 종전후 다시 프랑스 영토로 되었다.
18 Renan, Ernest 1882, *Qu'est-ce qu'une nation?* Conference en Sorbonne, le 11 mars. 1991, Textes de Pierre Bordas et fils, Paris. pp.50~51.

더 중요한 요소임을 강조한 것이
었다. 그는 민족 형성의 객관적 요
소를 과거의 것으로, 주관적 요소
인 '민족 의식'(의지·영혼·정신·희
생으로 표현)을 현재와 미래의 것
으로 더 중시했다고 볼 수 있다.

한편 베버는 '민족'(Nation)에 대
한 강연이나 독립논문을 쓰지는
않았다. 그러나 몇 편의 다른 단
편 논문들에서 '민족' 개념을 논
급한 것을 모아보면, 그의 민족
개념을 알 수 있다. 베버는 『경제
와 사회』에 수록된 "기초적 사회

막스 베버

학 용어"의 '공동사회적 관계와 이익사회적 관계'에서 퇴니스의 '공동사
회(Gemeinschaft)-이익사회(Gesellschaft)'의 개념을 적용하면, '민족'은 '민족
공동체'(national community)이며, 그 사회관계는 '공동체적 관계'(communal
relationships)의 하나라고 명백히 밝혔다.[19] '정치공동체'를 설명하는 논문
의 '민족' 항목에서는 민족의 개념을 다음과 같이 설명하였다.

　「만일 '민족'의 개념을 명백히 정의한다면… 특정 집단이 다른 집단과
　대면할 때 나오는 "하나의 특수한 연대의 감정(a specific sentiment of
　solidarity)"이다. 그러므로 그 개념은 가치(value)의 영역에 속한다. (…)
　약간의 언어집단들(language groups)은 '민족(nation)'과 분리되지 않는

19 Weber, Max., 'Communal and Associative Relationships' in "Basic Sociological Terms",
　1968, *Economy and Society*(Chapter 1), Vol. 1. Bedminister Press, New York, pp.40~
　41 참조.

다고 스스로 생각한다. 일반적으로 특정 '민족'은 대중의 가치로서 공통의 언어(common language)와 관련되어 있다고 간주되고 있다 … '민족적' 연대(national solidarity)는 알사스 지방민처럼 다른 민족과의 "공동의 정치적 운명의 기억들"(memories of a common political destiny)과 연결될 수도 있다 (…) "민족적" 귀속(national affiliation)은 반드시 공통의 혈연(common descent)에 의존할 필요가 없음은 더 말할 것도 없다 … 그럼에도 불구하고 '민족'의 이념은 공통 혈통과 본질적 동종성(同種性)을 갖는다고 보는 경향이 있다. 민족이 에스닉공동체의 연대감정과 관련을 갖는다는 개념은 여러 사람들이 배양하고 있다. 그러나 에스닉연대의 감정(the sentiment of ethnic solidarity) 그 자체가 '민족'을 형성하는 것은 아니다 (…) 독일어를 사용하는 알사스 사람들이 독일에의 공속을 거부하고 프랑스와의 정치적 통합의 기억을 양성하는 것은 그들이 단순히 프랑스 '민족'의 구성원이라고 생각하기 때문이 아니다. (…) 우리가 '민족'의 이념을 좀 더 근접해서 살펴보면, 민족의 옹호 입장은 "'위신'의 이해관계"('prestige' interest)와 매우 깊이 관련되어 있음을 알 수 있다.[20]」

베버는 같은 책의 '민족과 문화적 위신'에서는 '공통의 혈통'이나 '공동의 언어'보다 '문화적 위신'(cultural prestige)이 더 중요한 민족 형성의 요소가 될 수 있다고 설명하였다.[21]

---

20 Weber, Max. 'The nation' in "Political Communities", 1968, *Economy and Society* (Chapter 6), Vol. 2. Bedminister Press, New York, pp.921~926 참조.

21 Weber, Max., 'Nationality and Cultural Prestige' in "Ethnic Groups", 1968, *Economy and Society* (Chapter 5), Vol. 1. Bedminister Press, New York, pp.395~396 참조. "민족체(nationality)의 개념은 공통의 혈통(common descent)에서 도출되어 명료히 공통적이라고 느끼는 모호한 함의의 Volks(people)를 공유하고 있다. 물론 실제에서는 동일 민족의 구성원이라고 스스로 생각하는 사람들이 다른 적대적 민족에 속하기도 한다. 민족의 다름은 세르비아인과 크로아티아인의 경우처럼, 단지 종교의 다름으로 말미암아 공통의 혈통과 밀접히 관련된 집단들 사이에도 존재할 수 있다. (…) 오늘날 언어 갈등의 시대에는 '공통의 언어' 공유가 분명히 '민족'의 표준적

베버의 이러한 설명을 종합해 보면, 민족의 객관적 구성요소로 공통의 언어, 공통의 혈통, 공동의 종교, 공동의 문화, 공동의 역사, 공동의 정치를 인정하면서도, 그 중에서 '언어'와 '정치'의 구성요소를 가장 중시하고 있음을 알 수 있다. 베버는 '언어'는 객관적으로 민족 형성의 객관적 기초이고, '역사'는 영웅의 '기억'으로 결합력을 제공하지만, 정치는 '민족 국가'의 형태로서 민족 형성에 직접 작용한다고 보고 있다. 한편 '문화'의 요소는 성원의 '위신'(prestige)를 높일 때 선택되고 애호됨을 지적하고 있다. 그러나 베버가 이보다 더 중요시한 것은 주관적 요소인 '연대 감정'(sentiment of solidarity)이다.

기초로 간주되고 있다. '민족'이 무엇을 의미하든 간에, 단순한 '언어집단'을 넘어서 사회적 행동의 특정 목적에 발견되는 것이 있는데, 이것이 바로 '자치적 정치체'(autonomous polity)이다. 참으로 '민족국가'(nation state)야 말로 공통의 언어에 기초한 '국가'와 개념적으로 일치하게 된다. (…) 하나의 공통의 언어는 또한 '민족정체성'(national identity, Natimalgefühl) 감각의 유지에도 크게 작용한다. (…) 독일어를 말하는 알자스인은 대부분 자기들을 프랑스 '민족'이라고 생각하고 있다. 비록 프랑스어를 말하는 프랑스인과 동일 감각은 아니라 할지라도 그렇다. 많은 독일어 사용 알자스인들은 프랑스인들과 특정 관습(customs)과 '대중문화'(sensual culture)를 공유했고 또한 '공통의 정치적 경험'(common political experiences)를 공유했기 때문에 프랑스인에 공동체감(sense of community)을 느끼고 있는 것이다. 이것은 콜마르 박물관 방문자들을 통해 이해할 수 있다. 이 박물관은 프랑스 삼각모자, 소방용 사다리와 군사용 헬멧, 루이 필립의 명령서와 특히 프랑스 대혁명을 상기시키는 다수 유물을 보관 전시하고 있는데, 외부인들에게는 사소한 것으로 보일지 모르지만, 알자스인들에게는 감성적 가치(sentimental value)를 가진 것이다. 이 공동체감은 대중에 대해 높은 가치를 가진 봉건제도 타도의 상징과 원시인들의 영웅 전설의 발상지 이야기가 있는 공통의 정치적 사회적 경험 덕택으로 형성된 것이다. '위대한 민족'(La grande nation, 프랑스대혁명의 상징적 그림 이름)은 봉건농노로부터의 해방자이고, 문명의 창조자이며, 그 언어는 문명화된 언어이다. 독일어는 일상생활에서 소통하는 사투리가 된다. 그러므로 문명 언어를 사용하는 사람들에의 부착은 공통의 언어에 기초한 공동체감과 분명하게 병행되지만, 두 현상을 일치되지 않는다. 오히려 그것은 동일 문화의 부분적 소유와 정치적 경험의 공유에서 도출된 태노도 이해되어야 될 것이다."

베버는 민족 형성의 모든 구성요소 중에서, 가장 핵심에 있는 것이 그 집단 성원의 '연대 감정'(sentiment of solidarity)이라고 보았다. 성원이 민족 구성의 객관적 요소(언어·혈통·종교·문화·역사·정치의 공동) 등을 어떻게 인지하여 느끼고 평가하는가의 주관적 가치(value)에 따라, 연대감정이 형성되고 고양의 정도가 결정된다고 본 것이다. 필자는 이를 '민족의식'(national consciousness)라는 용어와 개념에 포함했는데, 베버는 이 주관적 요소인 '민족의식'을 어떠한 객관적 요소들 보다도 중요한 요소로 보고 있는 것이다.

4) 마르크스주의 학파의 '민족' 개념

한편 마르크스(Karl Marx)는 '민족'을 간헐적으로 언급했을 뿐 정면으로 깊이 다루지 않았다. 초기 마르크스의 논설들에서 단편적으로 논급한 것들을 모아보면, "민족은 자연적 기초(지역의 공동)에 바탕을 두고 사회적, 역사적 발전과정에서 공동의 전통과 언어와 동일한 일반적 성격을 갖게 된 다수의 사람들의 집합체"로 간주하고 있음을 알 수 있다.[22]

---

22 Anderson, Kevin B., 2014, *Marx at the Margins: On Nationalism, Ethnicity, and Non-Western Societies*, The University Press of Chicago 참조. 마르크스는 청년기와 『신 라인신문』 기고시기에 다윈과 헤겔의 영향을 크게 받고, 우승열패의 원리에 따라 세계사에서 강대국 민족들에 의해 약소민족들이 병합 소멸되는 것을 불가피한 현상으로 생각하였다. 그는 민족을 양분하여 프롤레타리아 혁명을 일으킬 의욕과 능력이 있는 민족을 '역사적 민족' '혁명적 민족' 프롤레타리아 혁명을 일으킬 의욕과 능력이 없는 민족을 '역사없는 민족' '반혁명적 민족'이라고 구분하였다. 전자에 속하는 민족이 영국·프랑스·스페인·독일·오스트리아·헝가리·노르웨이·스페인·슬라브 민족 등이며, 그가 중시한 민족이다. 그는 "프롤레타리아트가 민족의 주도계급이 되어야 하며 프롤레타리아트 자신이 민족이 되어야 한다, "개인의 다른 개인에 대한 착취가 종식되어야 하는 것과 마찬가지로 한 민족의 다른 민족에 대한 착취가 종식되어야 한다"고 선언하면서도, 그 내용은 강대민족 프롤레타리아를 지칭하였다. 그는 자본주의 사회체제에서의 노동자의 빈곤과 수탈과 소외에는 민감하면서도, 강대국 제국주의의 침략에 수탈당하며 사멸되어 가면서 구원을 절규하는 불우한 수천 개 작은 민족들에게는 자기의 출신민족인 유태민족에게까지도

칼 마르크스

칼 카우츠키

마르크스의 민족 개념이 확실하지 않
으므로, 마르크스주의자 가운데 바우어
(Otto Bauer)와 카우츠키(Karl Kautsky) 사
이에 '민족' 개념 논쟁이 일어났다. 바우
어는 민족을 일정한 ①지리적 생활권(지
역의 공동) 안에서 ②공동의 기원과 계
통(혈연의 공동), ③ 공동의 언어 ④ 공
동의 성격 ⑤ 공동의 문화 ⑥ 공동의 운
명을 갖게 된 운명공동체이며 성격공동

오토 바우어

체·문화공동체로 보았다. 이에 대하여 카우츠키는 바우어의 개념이 혈연

관심이 적었다. 그의 '역사적 민족' '역사없는 민족'은 프롤레타리아 혁명 의욕과
역량을 기준으로 구분한 혁명전략전술상의 2분법이며, 객관적인 학문적 고찰과 구
분이 아니었다. 마르크스 사상은 계급에 매몰되어 '민족 자결권' 민족의 '인권' 사
상이 부족한 것이었다고 말할 수 있다

등에 집착되어 생물학적이라고 비판하면서 '민족'의 특징은 '언어공동체'와 공통의 사회경제생활에 있고, 민족형성은 사회경제적으로 자본주의 성립에 동반하는 공통의 사회경제생활 형성에 관련되어 있다고 주장하였다.[23]

레닌(Vladimir Lenin)은 민족문제에 관심이 매우 컸으므로, 독일에서의 바우어-카우츠키 민족이론 논쟁을 잘 알고 있었다. 특히 바우어의 '민족' 개념에 대한 사회민주당 당원들의 질문이 있었으므로 이에 답변 준비로 이 논쟁을 세밀히 검토했었다. 레닌이 스위스에 망명해 있을 때인 1908년 10월 조지아(구르지아)에서 스타린(Josef Vissarionovich Stalin)이라는 청년이 방문하여 '민족' 개념과 바우어-카우츠키의 민족이론 논쟁에 대한 질문과 토론을 갖게 되었다. 따라서 그 후 스타린의 민족 개념과 이론은 레닌과의 이 때의 토론의 결과물이기 때문에 레닌의 견해가 담겨져 있음을 바로 알 수 있다. E. H. 카(Edward H. Carr) 교수는 아예 스타린의 민족 이론은 레닌의 교시(敎示, inspiration)에 의한 것이라고 하였다.[24]

스타린은 자기 이름으로 1914년 처음 『민족문제와 마르크스주의』(The National Question and marxism)의 소책자를 내면서, "민족은 언어·지역·경제생활의 공동과 문화의 공동에 나타나는 심리상태의 공동에 기초하여 발생한 역사적으로 형성된 공고한 공동체"라고 개념 정의하였다.[25]

스타린의 정의는 ① '언어의 공동'과 ② 경제생활의 공동은 카우츠키의 주장에서 가져오고, 나머지 ③ 지역의 공동 ④ 문화의 공동 ⑤ 심리상태의 공동은 바우어에서 가져온 것이다.[26] 스탈린의 '민족' 정의는 전세계에 보

---

23 Kautsky, Karl, 1887, "Die moderne Nationltät", *Die Neue Zeit*, 5, Jahrgang, p.392 참조.

24 Carr, E. H., 1964, *The Volshevik Revolution*, Vol. 1. Macmillan, pp.425~426 참조.

25 Stalin, Joseph V., 1914, *Marxism and the National Question*.Works, Vol 2. 1954, Foreign Language Publishing House, Moscow.

26 Davis, Horace B., 1978, *Toward A Marxist Thoery of Nationalism*, Monthly Review Press, pp.71~73 참조.

급되어 큰 영향을 끼쳤다.

그러나 이 민족 개념은 이 글의 처음 개념에 비해서도 ① 혈연의 공동 ② 정치의 공동 ③ 역사의 공동 ④ 민족의식의 4대 요소가 빠져 있다. 이 요소들을 살펴보면 모두가 소련 내의 소수민족들의 '독립'과 관련된 요소들임을 알 수 있다. 이것은 스탈린의 '민족' 정의가 당시 소련방 내의 소수민족의 독립을 예방하는 정치적 목적에 관련된 불충분한 것임을 시사하고 있다.

2. 민족과 인종의 구분

'민족' 개념과 가장 혼란을 일으키는 것이 '인종'(race)이다. 그러나 '민족'과 '인종'은 전혀 다르다.

'민족'은 앞에서 고찰한 바와 같이, 공통의 언어, 지역, 혈연, 문화, 사회경제생활, 정치, 역사와 민족의식으로 결합된 인간공동체로서 사회학적 개념의 인간집단이다.

반면에 "인종"은 ① 피부 색 ② 모발 ③ 눈의 색 ④ 얼굴 모양 ⑤ 두개골 지수 ⑥ 등 높이 … 등을 지표로 하여 생물학적으로 인류를 분류하는 생물학적 인간의 분류 개념이다.

민족은 중규모 이상의 것만 들어도 현재 수백개 존재하고, 작은 민족들까지 합치면 수천개 존재하고 있다.

그러나, 인종은 현재 황인종(Mongoloid), 흑인종(Negroid), 백인종(Caucasoid)의 3종 밖에 없다. 고인류학자들의 연구 결과를 종합해 간단히 정리하면, 종(species)으로서의 호모 사피엔스(homo sapiens, 슬기 사람)는 동아프리카에서 탄생하여 호모 에렉투스(homo erectus, 곧선 사람) 단계에 진화하자, 약 20만년전에 지금의 아시아와 유럽 대륙 등으로 이동하기 시작하였다. 그러므로 모든 황인종·흑인종·백인종 등 인종은 동일 기원을 가진 것이다. 그들이 약 1만 2천년 전 신석기시대에 농경을 시작하면서 한 지역에 정착하자, 그 지역 환경(토지·기후·온도·태양광 노출 기간… 등)에의 적응 최적자와 최적응 돌연변이가 유전인자에 들어가서 피부색·모발색·눈의 색·얼굴모양·두개골 지수·키 등에 차이가 있는 인종이 지역별로 형성된 것이다. 그러나 모든 인종은 기원이 동일하고 기관의 구조와 기능도 완전히 동일하다. 약간 오래 되었지만 표에 큰 변동이 없으므로 전세계가 가장 많이 사용하는 세계 인종 분포표를 제시하면 <표 1>과 같다. 이 표의 황인종·흑인종·백인종의 분류에는 누구도 다른 의견이 없지만 그 하위분류에는 다른 견해들이 있다.

여기서 거듭 주의할 것은 <표 1>에 제시된 '인종'은 '민족'과는 전혀 별개의 것이라는 점이다.[27] 문제는 인류사회에서 '인종'과 '민족'별로 편견과 차별이 존재 지배하고 있다는 사실이다.

필자는 그러나 민족과 인종은 과학적으로 각각 완전히 평등하다는 견해를 갖고 있다. '개인'은 생물 유기체이므로 유전으로 말미암아 지능과 신체와 용모에 차이가 존재한다. 그러나 통계적으로 모집단이 1천이 넘으면 모든 대상 측정의 오차가 최소화하는데서도 유추되는 바와 같이, 유기체 개인이 아닌 전체 집단들 사이의 지능지수의 평균과 우수 재능 담지자의 빈도는 어느 인종집단이나 민족집단에서도 동일수준에 근접할 것이다. 민족은 아무리 작아도 수십만명 이상이고, 인종은 수십억씩이므로, 전체를 조사 측정할 수 있다면 그들 집단의 지능지수의 평균과 우수 지능 소지자의 빈도는 거의 완전히 동일할 것이 틀림없다.

---

27 예컨대, 한국에서 미국 흑인 부부가 거주하다가 아이를 낳아 양육해서, 그 아이가 한국어를 모국어로 사용하면서 한국문화를 습득하고 한국인으로 입적하면 그는 '민족'으로서는 완벽한 한국민족의 일원이고, '인종'으로서만 흑인종이다. 만일 한국에서 미국 흑인을 아버지로 하고 한국인을 어머니로 하여 출생한 트로트가수가 한국어를 모국어로 하고 한국문화를 습득하여 활동한다면 그 역시 완벽한 한국민족 성원이다.

황인종(Mongoloid)	흑인종(Negroid)	백인종(Caucasoid)	분류 논쟁중인 원주민
1. 고전적 황인종 (classical Mongoloid) ㄱ) 몽고인 (Mongolian) ㄴ) 티베트인 (Tibetan) ㄷ) 중국인(Chinese) ㄹ) 한국인(Korean) ㅁ) 일본인(Japanese) ㅂ) 코리야크 족 (Koryaken) ㅅ) 길리야크 족 (Gilyaken) 2. 북극 황인종 (Arctic Mongoloid) ㄱ) 에스키모족 (Eskimo) ㄴ) 에벵키족(Evenki) ㄷ) 캄차카족 (Kamtchakales) ㄹ) 알류트족(Aleuts) 3. 아메리칸 인디안 (American Indians) ㄱ) 남북 아메리카에 거주하는 원주민 4. 인도· 말레이 인종 (Indo-Malay) ㄱ) 인도네시아인 (Indonesian) ㄴ) 태국인 (Thailander)	1. 아프리카 흑인종 (African Negros) ㄱ) 진 니그로 (True Negro) ㄴ) 반 하미트 (Half-Hamites) ㄷ) 삼림 니그로 (Forest Negro) ㄹ) 반투어 니그로종 (Bantu-Speaking Negroid) ㅁ) 닐로트 니그로 (Nilotic Negro) ㅂ) 부시맨-호텐토트 (Bushman-Hottent ot) 2. 대양주 흑인종 (Ocieanic Negroid) ㄱ) 파푸아인 (Papuan) ㄴ) 뉴기니 원주민 (New Guinean) ㄷ) 멜라네시아인 (Melanesian) 3. 아프리카 피그미 또는 니그릴로 (African Pygmies or Nigrillos) ㄱ) 피그미(Pigmies) 4. 아시아 피그미 또는 네그리토	기본 지중해인(Basic Mediterranean) ㄱ) 노르딕(Nordic) ㄴ) 동 발트인 (East Baltic) ㄷ) 랩족(Lapp) ㄹ) 디나릭(Dinaric) ㅁ) 아르멘인 (Armenoid) ㅂ) 인도-드라비다인 (Indo-Dravidian)	ㄱ) 폴리네시아인 (Polynesian) ㄴ) 오스트레일리아 원주민 (Australian) ㄷ) 베다인(Vedd) ㄹ) 전 드라비다인 (Pre-Dravidian) ㅁ) 아이누(Ainu)

ㄷ) 미얀마인 (Myanmar) ㄹ) 말레이인 (Malaysians) ㅁ) 필리핀인 (Filipinos)	(Asiatic Pygmies or Negritos) ㄱ) 안다만인 (Andamaneses) ㄴ) 세망인족 (Semang) ㄷ) 아에타족(Aeta) 5. 대양주 피그미 또는 네그리토 (Oceanic Pygmies or Negritos) ㄱ) 뉴기니 피그미 (New Guinea Pygmies)		

아르튀르 드 고비노

과학적 관점에서 민족은 본질적으로 큰 민족이든 작은 민족이든 모두 완전히 평등한 것이다. 인종은 황인종이든, 흑인종이든, 백인종이든 모두 평등한 것이다. 인종 사이에, 그리고 민족 사이에 본래 우열과 불평등이 있다는 생각은 완전히 편견에 불과하다.

프랑스에서 고비노(Joseph Arthure Gobineau) 백작이 1853년~1855년 『인종불평등론(Essai sur l'inegalité des races humaines)』을 발표한 이래 서양 학계에서 '인종주의'(racism) 성립 시대가 있었다. 고비노는 인간의 3인종 중에서 ① 흑인종은 신체는 강하나 지능적 사고는 약하다 ② 황인종은 신체와 지능이 중간급인데 물질주의는 매우 강해서 일정한 결실을 성취할 수 있다 ③ 백인종은 신체와 지능이 가장 우수해서, 원래 모든 아름다움과 지능과 힘을 독점적으로 갖고 있다. 백인종 가운데서도 백인종의 유전자를 순수하게 가장 많이 가진 귀족들이 가장 아름답고 우수하다. 인종의 우수성은 문명과 문화의 창조에서 증명되는데 흑인종이 창조한 문명은 하나도 없고, 세계 10대 문명을 모두 백인종이 창조하였다. 그 밖의 문명과 문화의 성취들은 백인종이 정복을 통한 이종교배(異種交配)의 결과로 이루어진 것이라고 고비노는 주장하였다.

고비노는 순수한 백인종 아리안(Aryans)은 북방 시베리아의 어느 곳에서 형성되어 남하하면서 사방으로 정복 이동해 나간 것이며, 남방 이동의 백인종은 흑인종과, 동남방 이동의 백인종은 황인종(아시아인)과 교배되어 최고 우수한 질이 저하되었다. 대륙 북방의 게르만족에 순수 아리안종이 가장 많이 남아있다. 순수 아리안(게르만족)이 전세계에서 최고의 신체적 아름다움과 큰 키와 최고의 지능을 갖고 있으므로, 이를 잘 보존하여 활용하면 순수 아리안(게르만족)이 높은 문명과 문화를 창조하면서 세계를 지배할 것이라고 설명하였다.[28]

고비노의 인종주의 학설은 원래 백인 귀족신분 옹호를 겨냥한 것이었지

28 Gobineau, J. A. de, 1967, *The Inequality of Human Races*(translated by A. Collins), Howard Fertg, New York. 고비노(1816~1882)는 프랑스의 귀족(백작) 출신 외교관·수필가로서 구체제(앙시앙 레짐)를 붕괴시킨 1789년 프랑스대혁명 및 1848년 혁명과 '민주주의'에 매우 비판적 견해를 갖고, 이상적 중세 봉건제도와 카톨릭 체제를 적극 옹호하였다. 그의 『인종불평등론』은 전문적 연구결과물이 아니라, 귀족출신 외교관·수필가·소설가로서 개인적인 내적 동기와 여러 지역 여행에서 얻은 표면적 관찰에 기초하여 1848년 혁명에 극도의 위기의식을 갖고 쓴 평민에 대한 귀족의 선천적(유전적) 우수성을 주장한 귀족신분 옹호론이었다. 그는 흑인종·황인종에 대한 백인종의 우수성을 주장하면서 이를 백인종 중에서 혼혈이 적은 백인종을 아리안(Aryan)으로 지칭하고, '아리안'을 게르만종(Germanic race)으로 서술했을 뿐 아니라, 아리안종이 선천적으로 신체가 가장 수려하고 매우 장신이며, 탁월한 재능과 엄청난 힘과 에너지를 갖고 태어나서 위대한 창조력으로 예술과 문명을 창조하고 전쟁과 정복을 사랑해 왔다고 서술하였다. 이 부분이 그의 저서가 발간 직후 독일에서 호응과 인기가 폭발한 뇌관이 되었다.

만, 그 내용이 게르만민족을 순수 아리안의 최고 담지족으로 기술했기 때문에 독일에서 먼저 폭발적 호응이 일어났다. 슈만(Ludwig Schmann) 등이 1894년 '고비노 협회'를 창립하고 작곡가 바그너(Richard Wagner) 등 유명인사들이 고비노 학설을 지지 전파하였다. 독일에서 고비노의 인종주의 학설은 챔벌린(Houston S. Chamberlain, 1855~1929)의 『19세기의 기초(Die Crundlagen des Neunzehnten Jahrhunderts)』 등 저술과 활동에 의하여 게르만민족의 수월성과 '反유대주의'(anti-semitism) 이론으로 변환되어 히틀러와도 연결되었다.[29] 이어서 인종주의는 독일의 나치당의 이론으로 확립되고,

---

29 Field, Geoffrey G., 1981, *Evangelist of Race: The Germanic Vision of Houston Stewart Chamberlain*, Columbia University Press. 참조. 챔벌린은 영국에서 해군제독의 아들로 태어나 스위스 제네바대학에서 생물학을 전공하였다. 바그너 작곡 음악에 심취했다가, 바그너가 활동하는 '고비노협회'에 가입하고 고비노의 『인종불평등론』에 크게 공감하였다. 고비노를 계승하면서 자기의 견해를 넣어 1899년 『19세기의 기초』를 간행하였다. 그는 이 책에서 '아리안 종'(Aryan race)의 개념을 확대하여 비단 게르만 족(Germans) 뿐 아니라 켈트족(Celts)·슬라브족(Slavs)·그리스족(Grees)·라틴족(Latins) 등을 '아리안 종'에 포함시켰다. 그리고 그리스문명·로마문명을 비롯하여 1800년까지 19세기의 기초가 된 모든 찬란한 서양의 문명·문학·예술 등은 '아리안 종'이 창조한 것이라고 주장하였다. 그는 호머·단테·지오토·도나텔로·알브레흐트 뒤러·레오나르도 다빈치·마틴 루터·윌리암 셰익스피어·렘브란트·베토벤·칸트·괴테 등 위대한 예술가·사상가들도 모두 아리안 종이라고 제시하였다. 챔벌린은 이러한 '아리안종'은 코카서스(Caucasus, 카프카스) 지방에서 기원하며, 순수혈통이 중부유럽 지방에 가장 많이 남아 있다고 주장하면서 게르만 민족(또는 튜톤족)이 순수혈통을 가장 많이 가진 가장 우수한 민족이라고 설명하였다. 그는 백인종을 3분하여 ①최상위에 게르만인(독일 민족) ② 다음에 로마 지배하의 잡종인 스페인인·프랑스인 등 라틴계 ③ 최하위에 유태인을 등급화하였다. 챔벌린에 의하면, 문제는 최하위의 유태인이 각지에 분산 거주하면서 '화폐' '금융'을 장악하여 '아리안 문명'(Aryan Civilization)을 붕괴시켜간다고 보는 것이다. 그는 역사상 모든 전쟁들은 유태인의 금융 공작과 관련되어 있다고 주장하였다. 장래 게르만민족이 세계의 지도자가 되기 위해서는 이에 대한 대책이 필요하다고 강조하면서, 그 구체적 대책에 대해서는 독자에게 맡긴다고 하였다. 챔벌린의 『19세기의 기초』는 발간 즉시 독일 등지에서 폭발적 베스트셀러가 되었

로젠베르그(Alfred Rosenberg, 1893~1946) 등 다수의 나치 이론가들과 히틀러 등에 의해 우월한 게르만 민족의 세계지배와 유태인 배척 학살, 극단적 인종차별 이론과 정책으로 전개되어 인류사회에 큰 재앙을 초래하였다.[30]

이에 대하여 제2차 세계대전 전쟁 전후에 인류학자들과 사회학자들을 비롯한 다수의 사회과학자들이 앞장서서 인종주의 이론의 비과학성을 적극 비판하고, 전혀 과학적 근거없는 인종주의 학설을 극복하기 위한 학문적 사회적 활동을 적극 전개하였다.[31]

다. 1938년까지 24판에 약 25만책이 판매되었다. 히틀러(Adolf Hitler)와 괴벨스 (Joseph Goebbels)도 애독자였다. 히틀러는 1923년에 챔벌린을 방문하여 그를 멘토로 모셨고, 챔벌린의 인종주의는 나치즘의 형성에 매우 큰 영향을 끼쳤다. 1927년 챔버린의 임종 전의 병석에는 히틀러와 괴벨스가 문병하여 나치당의 이념 정립에 대한 공로를 감사하였다. 고비노의 프랑스대혁명의 귀족신분 폐지에 대항하여 북방 아리안 귀족층을 변호한 인종불평등론이 챔벌린에 의해 민족차별과 반유태주의가 첨가된 인종주의로 변환 진전된 것이다.

30 ① Rosenberg, Alfred 1930, *Der Mythus des 20, Jahrhunderts.*
② Cevil, Robert. 1972. *The Myth of the Master Race: Alfred Rosenberg and Nazi Ideology*, Dodd Mead and Co. 참조. 로젠베르그는 리투아니아에서 출생한 후 대학생 시기에 고비노와 챔벌린의 저서를 읽고 감동하여 독일로 귀화해서 나치당이 창립되자 입당하여 그 이론가로 활동하기 시작하였다. 그는 1930년 간행한 『20세기의 기적』(Der Mythus des zwanzigsten Jahrhenderts)에서 챔벌린이 독자에게 남긴 아리안 인종의 순수혈통의 보론문제를 다루었다.
그는 이 책에서 먼저 프랑스의 민주주의를 비판하였다. 그에 의하면 유럽 근대문화의 부패 타락은 유태인의 영향으로 일어나고 있는 프랑스의 민주정치는 유태인과 흑인을 백인과 평등하게 해방시켜 유럽문화를 타락시키고 있다는 것이다. 그는 아리안종의 순수혈통을 보전하여 유럽문화를 발전시키기 위한 예방 대책이 필요한데, 그 첫째는 체질적 병자와 삽승범에 단종수술을 시행하는 것처럼 인종에 대해서도 유사방법을 시행할 필요가 있다고 하였다. 둘째는 기독교 성서와 교리에서도 유태적 요소(『구약성서』를 의미)를 삭제하여 문화와 신앙을 순결하게 만들어야 한다고 주장하였다. 반유태주의와 유태인 학살에 추동되고 있는 것이다. 이 범죄적 제안과 논의로 제2차 세계대전 종전후 전쟁범죄자 재판에서 로젠베르그에게는 사형언도가 내려지고 1946년 집행되었다.
31 ① Benedict, Ruth, 1950, *Race: Science and Politics, Revised Edition*, The Viking

제2차 세계대전 종전 후 국제사회는 나치주의자들의 범죄를 처벌하고, 근거없는 인종주의와 인종적 편견을 소멸시키기 위한 협동적 연구노력을 전개하였다. 그 대표적 결실의 하나가 1950년 유네스코(UNESCO)가 '전문가위원회'를 설치하여 '인종'(race) 용어의 과학적 사용에 대한 정밀한 연구 검토와 회의 끝에 1951년부터 발표하기 시작한 "인종과 인종차별에 대한 선언"이다. 비교적 최근인 1978년 "인종과 인종적 편견에 대한 선언"(Declaration on Race and Racial Prejudice) 10개조를 보면, 모든 인종의 평등을 정확하게 과학적으로 증명 선언하면서 현존하는 각종 인종차별과 인종적 편견을 신랄하게 비판하고 이의 극복을 선언하고 있다.[32] 이 유네스코 1978년 선언부터는 인종차별과 함께 에스닉 집단(ethnic group)의 차별 비판도 포함하고 있는 것이 또한 주목된다. 이제 인종차별이 상당히 남아 있는 미국과 유럽에서도 '민족'과 '인종'은 전혀 다른 것이 인지되었으며, '지역'과 함께 '인종'의 차별은 사회과학에서 과학성이 전혀 없는 '옛날의 신화'가 되었다.[33]

이러한 인종주의 및 인종차별 비판론의 공통점을 간단히 요약하면 다음을 지적할 수 있다.

① 인종은 피부색, 두개골 지수 등 생물학적 기준에 의거하여 인류를 분류하는 생물학적 개념에 불과하다. 민족 및 에스니시티는 사회학적 문화적 분류 개념으로서, 인종과는 다른 개념이다. 인종은 황인종·백인종·흑인종

Press, New York.

② Rex, John, 1967, *Race, Community, and Conflict*, Oxford University Press.

③ Rex, John, 1970, *Race Relations in Sociological Theory*, Weindenfeld and Nicholson, London.

④ Rex, John, 1996, *Ethnic Minorities and the Modern Nation State*, Macmillan.

32 Hazard Jr., Anthony J., 2012, *Postwar Anti-Racism: The United States, UNESCO, and 'Race'*, 1945~1968, Macmillan.

33 Shaffer, Boyd C., 1972, *Faces of Nationalism: New Realities and Old Myths*, Harcourt Brace Jovanovich, New York, pp.319~327 참조.

의 3대 분류에만 합의되어 있다.

② 황인종·백인종·흑인종의 능력과 지능지수는 모두 평등하다. 동일 사회문화의 동일 교육 수준의 인종 1000명 이상의 지능지수 평균과 우수지능의 빈도는 균등해 지는데, 3인종은 수십억명씩이므로 모든 인종이 평등함은 명백한 것이다. 백인종이 흑인종보다 우수하다는 일부 통계들은 재검증과정에서 모두 조사방법의 오류임이 밝혀졌다. 조사방법을 바꾸면 흑인종이 백인종보다 우수한 결과도 다수 나왔다.

③ 인종 간에 문화적 차이가 나타나는 것은 인종의 차이에서 발생한 것이 아니라, 그 인종이 속한 민족 또는 에스니시티의 교육과 정치적 경제적 사회적 환경의 차이에 의한 것이다. 모두 후천적인 사회적 차이이다.

④ 인류역사에서 '순혈'은 거의 없고, '혼혈'이 지배적이다. 고대부터 현대까지 인종의 역사는 혼혈 진행의 역사였다. 혼혈이 순혈보다 불리한 결과를 낳는다는 증거는 전혀 없으며, 오히려 혼혈이 순혈보다 신체상 더 강인하고 외모가 수려하다는 사실은 다수 관찰되어 있다.

⑤ 그러므로 인종주의와 인종차별은 완전히 편견에 의한 것이다. 가치평가를 붙인다면, 인종주의와 인종차별은 인류가 하루속히 폐기해야 할 매우 유해한 편견이다.

그러므로 민족 연구와 논의에서 민족은 사회학적 개념과 실체이고, 인종은 생물학적 개념과 실체로서 전혀 다른 것을 항상 주의할 필요가 있다.

III. 민족의 구성요소와 구성요소 비율의 변동

1. 민족의 8대 구성요소

민족은 다수의 구성 요소가 오랜 역사기간에 걸쳐 공고히 융합된 인간

공동체이기 때문에, 피상적 관찰은 누구나 말할 수 있지만, 본질적 내용을 뚫고 들어가기는 쉽지 않다. 민족의 본질을 알기 위한 방법의 하나는 민족의 중요한 구성요소들을 분해해 보고 그들이 어떠한 비율과 비중으로 융합되어 어떠한 동태(dynamics)로 변동하는가를 관찰하는 것이다.

1) 언어의 공동 또는 공통의 언어

민족의 가장 중요한 구성요소의 하나는 '언어의 공동' 즉 '공통의 언어'이다.

민족 구성 요소로서의 언어의 결정적 중요성을 헤르더가 잘 인지하여 설명한 이래, 루소, 피히테, 꽁트, 훔볼트, 마르크스, 카우츠키, 주시경 등을 비롯하여 다수의 학자들에 의해 언어공동의 중요성은 정확히 강조되어 왔다.[34]

주시경

인간에게 어머니가 가르쳐주는 언어는 영어가 잘 표현하듯이 '어머니의 혀'이며, 모국어(mother tongue)이다. 인간은 어머니의 젖을 빨 때부터 모국어를 배우면서 '애정'과 '논리'를 습득한다. 어머니가 가르치는 수많은 단어들은 중요한 '애정'의 전달자이며, 문장어는 논리와 지성의 교사이다. 가족에서 습득한 언어는 정서와 의지를 함께 담은 강력한 응집력을 가진 접착제가 된다. 모국어의 접착력은 강제성이 전혀 없는 오히려 즐겁고 자발적인 강력한 사회적 접

---

34 ① 주시경, 『국문연구』(1976, 『주시경전집』 상권, 아세아문화사, p.254).
　② 신용하, 1977, 「주시경의 애국계몽사상」, 『한국사회학연구』(서울대학교 사회학연구회) 제1집 참조.

착력이다.

또한 공통의 언어는 아이의 언어 학습 때 언어가 담고 있는 그 사회의 공통의 문화와 가치의 정수(에토스)를 학습하여 그 아이가 그 사회의 민족문화를 체현한 사회의 성원이 되게 한다. 그러므로 공통의 언어는 공통의 생활양식과 민족문화의 중핵이 된다.[35]

언어의 공동은 또한 인간의 집단생활에서 성원 상호의 공통의 이해(common understanding)와 의사소통(communication)의 최고의 매체이다. 모국어 사용자끼리는 언어의 행간에 함축된 의미까지도 전달하여 이해할 수 있다.[36] 그리하여 언어의 공동은 충분한 '소통'과 '이해'로 성원을 하나로 융합시킨다.[37]

그러므로 언어의 공동은 인간을 공동체로 응집시키는 강력한 접착력을 가진 문화적 요소이다. 외국에서 모국어를 사용하는 전혀 낯선 사람을 만났을 때의 반가움은 모국어의 접착력의 증명의 하나가 된다.

특히 주목할 것은 동태적으로 민족 구성요소로서의 '언어의 장기지속성'이다. 민족 구성에서 '언어'의 요소는 필자가 제시한 '원민족' 형성에서부터 핵심적 구성요소가 되어 민족이 소멸될 때까지 장구(長久)하게 존속한다. 공통의 언어가 소멸되면, 결국 민족도 소멸한다. '민족'에서 언어의 구성요소는 민족형성의 처음에서 끝까지 함께 가는 필수불가결의 동태적 구성요소이다.

---

35 언어의 공동은 또한 어린애가 학습하는 과정에서 언어가 담고 있는 사회의 가치(value)를 흡수하며, 자기의 동기(motivation)과 결합시켜 퍼스널리티와 성격을 형성하고, 이들이 집합하여 공동의 사회적 민족적 성격이 형성된다. 즉 공통의 언어가 민족적 성격의 중핵을 만드는 것이다.

36 아무리 외국어를 잘 잘 구사하는 사람도 모국어가 아니면 텔레비전의 외국어 우스개에 즉각 반응하여 함께 웃지 못한다. 오직 모국어에서만 이 순발력이 형성된다.

37 Deutsch, Karl W., 1969, *Nationalism and Social Communication: An Inquiry into the Foundation of Nationality*, pp 41~46 참조.

이러한 견해에 회의를 표시한 것이 르낭과 베버의 견해이다.[38] 그러나 르낭과 베버가 민족형성에서 언어의 필수 요소임을 부정한 증거로 제시한 스위스의 사례는 정확하지 않다. 르낭과 베버에 의하면 스위스는 연방국가로서 독일어·프랑스어·이탈리아어·로만슈어를 사용하는 4개 언어집단으로 구성되어 있음에도 4개 국가를 구성하지 않고 1개 국가 스위스 민족을 구성하고 있으니, 언어는 '민족'의 필수적 구성요소가 아니라는 것이다.[39]

그러나 필자의 생각으로 이것은 '국민'(people of the state)와 '민족'(nation)을 잠깐 혼동한 것이라고 본다. 이것은 알프스 지방의 원주민과 '지역의 공동'을 같이 하는 일부 소수 독일민족·일부 소수 프랑스민족·일부 소수 이태리민족이 사회계약으로 결합하여 스위스 '국가'를 건설해서 그 '국민'이 된 것이다. 스위스 '민족'은 현재도 없고, 스위스 '국민'만 존재한다. 스위스는 4개민족의 일부가 '지역의 공동' 등에 기초하여 연방국가로 사회계약하여 건국한 '다민족 국가'로 해석해야 할 것이다.[40]

---

38 Weber, Max., 1968, *Economy and Society*, Vol. 1, p. 395 및 Vol. 2, pp.923~924에서, 베버는 독일어 사용 주민의 일부가 프랑스 국적을 택한 것을 설명하여 '언어' 요소의 비중을 절감하고 '정치'의 요소와 '위신' '감정'의 요소를 더 크게 강조하였다. 그러나 베버도 '언어'의 요소를 '민족' 구성요소에서 제외시키지는 않았다. 필자의 견해로는 르낭의 견해는 객관적 관찰에 의거한 것이 아니라 알자스 로렌지방의 독일 귀속에 대한 그의 정치적 생각이 투영된 것이다. 비스마르크가 1876년 프러시아·프랑스 전쟁에서 승리하자 알자스 주민의 언어가 독일어이기 때문에 알자스를 독일영토에 포함시킨 것을 비판하는 함축으로 언어를 민족 구성의 필수조건이 아니라고 강연한 것이었다고 해석된다. 베버가 독일어를 말하는 알자스 주민의 일부가 투표에서 독일 귀속을 원하지 않고 프랑스 귀속을 원한 사실을 두고 언어의 요소를 비중 저하시킨 것도 정확치 않다고 본다. 민족의 구성요소로서의 언어의 비중을 고찰하려면 충분히 많은 세계 민족들을 관찰 대상 모집단으로 선택해야지 1871년 알자스·로렌 지방의 언어문제만으로는 설명은 필요하지만 예외적인 사례가 될 뿐이다.

39 ① Renan, Ernest Qu'est-ce qu'une nation? op. cit. pp.45~47 참조.
   ② Weber, Max. 1968, 『*Economy and Society*』, Vol. 2, p.922

‘언어의 공동’ ‘공통의 언어’를 민족 구성요소에서 아예 제외한 견해는 스미스 교수에 의해 제시되었다. 그는 앞서 본 바와 같이 민족 구성 요소로 공통의 ① 영토 ② 신화와 기억 ③ 민중문화 ④ 하나의 경제 ⑤ 공동의 권리와 의무(정치)의 5대 요소를 들면서 ‘언어의 공동’ 요소를 제외하였다. 그는 이 견해의 선행 계보로 르낭과 베버를 들었다. 그러나 베버는 ‘언어’ 요소의 비중을 낮추었지 완전히 제외하지는 않았었다. 스미스가 ‘언어 공동’의 요소를 제외한 것이 아니라 ‘상징’에 포함시켰다고 해석할 수도 있다.[41] 그러나 민족 구성 요소에서 ‘언어의 공동’은 극히 중요하여 독립구성요소로 정립해야지 ‘상징’ 속에 숨겨서는 안 되는 요소이다. 스미스가 ‘언어의 공동’을 경시한 내적 동기는 정확히 알 수는 없으나 ‘유대 민족’의 경우를 관찰대상 사실로 해서 추론했고, 또 그가 ‘민족’을 민족주의의 결과로 설명하려는 동기 때문이 아닌가 추정되지만, 이것은 그의 이론의 결함이라고 본다.[42]

‘언어의 공동’ 요소는 민족의 구성요소의 중핵이며, 동태적으로 민족의 ‘장기 지속’의 가장 기본적 요소이다.

40 신용하, 1984, 「민족형성의 이론」 참조.
41 Riley, Matthew and Anthony D. Smith. 2016, *Nation and Classical Music*, The Boydell Press, U.K. pp.6~8 참조
42 히브리어를 사용하던 ‘유대 원민족’은 로마에게 정복당한 후 전세계에 흩어져 사는 동안에 민중은 대부분 히브리어를 잃어버리고 거주지 다른 민족의 언어를 사용하였다. 유대 민족은 제2차세계대전 종전 후 1948년 이스라엘 건국 후에야 다시 히브리어를 재생시켜 공용어로 사용하고 있다. ‘공통의 언어’를 천수백년간 잃었다가 재생한 민족은 유대 원민족밖에 없다. 유대민족의 ‘언어’ 요소 문제는 일반적 사회현상과는 다른 극히 예외적인 경우이다. 만일 스미스가 유대민족의 사례를 참고하여 ‘공통의 언어’ 요소를 민족 구성에서 제외했다면, 예외적인 사회적 사실을 보편적인 것으로 가정하여 보편적 이론을 정립하려 한 오류에 빠진 것이고, 또는 민족주의를 민족에 선행시켜 근대 민족주의가 ‘민족’을 탄생시켰다고 설명하려고 했다면 인과관계를 혼동한 오류에 빠진 것이라고 본다.

2) 지역의 공동 또는 공통의 지역

민족의 다음 구성 요소는 '지역의 공동' '공통의 지역' 즉 '영토'이다. 이 것은 민족공동체 성원이 밀접하게 상호작용하는 일정의 경계(boundary) 안 의 공간 '영토'(territory)를 의미한다.

일정의 영토에 거주하는 사람들이 공통의 언어를 사용하면서 상호교섭 을 하면 공통의 문화가 형성되면서 민족이 형성되기 시작한다. 그러므로 '지역의 공동'은 민족 형성의 필수적 구성요소이다.

'지역의 공동'이 세대를 거듭하면, 지역에 대한 기억이 축적되고 전승되 어 지역의 역사화가 진행된다. 성원들의 조상이 묻혀있고, 자기가 태어나 서 영원히 묻힐 지역에 애정을 부착하게 되어, 지역·영토는 민족 형성의 분가분리의 확고한 요소가 된다.

'지역의 공동'이 민족 형성에 필수적 요소이기 때문에, 민족을 사랑하는 사람들은 동시에 '영토'에 애정을 넣어서 자기민족의 '영토' '지역'을 '고토' (故土, homeland), '아버지 땅'(父土, fatherland), 어머니 땅(母土, motherland) 이라고 호칭하기도 한다.

유대인들은 원래 히브리어를 공유하면서 아라비아 반도의 지중해 연안 에서 일정의 영토를 갖고 '원민족'을 형성했었다. BC 2세기 경에 로마군에 정복당해 '영토'를 잃고 세계 각지에 흩어져 살다가 2천 2백년 후인 1948 년 옛 영토에 '이스라엘' 독립 국가를 수립하면서 다시 '토지의 공동' '영 토'를 회복하여 완전한 근대민족으로 부활하였다. 그러나 BC 13세기 이전 부터 그 자리에 거주하던 원주민인 팔레스타인 민족은 '영토'를 잃고 부근 지역에 흩어져서 살면서 '영토'와 다시 결합하여 완전한 민족을 회복하고 자 싸우고 있다. 민족 구성 요소에서 영토의 본질적 중요성을 보여주는 사 례의 하나이다.

시카고 학파를 창도한 사회학자 파크는 인간공동체의 본질을 '지역의 공동'으로 보았다.[43] 지역공동체가 하나의 '민족'을 만들어가는 사례가 미국이다. 미국은 '지역의 공동' 요소를 제공하여 그것이 '녹이는 도가니'(melting pot)가 되어 그 안에 들어오는 세계 각지로부터의 모든 이민자들을 녹여서 동화시켜 결국 하나의 '아메리카 민족'을 형성해 나가고 있다는 지역중심적 동화주의 이론이 정립되어 있다.[44]

민족의 구성 요소로 '지역의 공동'을 드는 견해에는 모든 사회과학자들이 합의하고 있는 추세이다.

3) 혈연의 공동 또는 공통의 혈연

민족 구성요소로서의 '혈연의 공동' '공통의 혈연'은 민족을 확대된 친족(extended kinship)으로 보는 견해에서 나온 것이다.[45]

사회학적으로, '가족'과 '씨족'은 혈연공동체이지만, '부족'은 지연공동체와 혈연공동체의 통합이다. 하물며 부족이 확대되고 진화하여 '군장사회'(chiefdom)가 되고, 군장사회들이 통합되면서 한 단계 더 비약적으로 발전하여 형성된 최초의 민족공동체 형태인 '원민족' 부터는 생물학적 '혈연의 공동'은 과거의 것으로 사라지고 사회학적으로 그 유제와 민족 형성의 '계보'를 내용으로 담은 것이다.

그러므로 필자는 사회학적 관점에서 '혈연의 공동'은 '민족'의 생물학적 구성요소가 아니고, '공통의 기원과 민족형성의 계보'(genealogy of common origin and national formation)의 '관계'와 '의식'(consciousness)이라고 본다.[46]

---

43 Park, Robert E., 1952, *Human Communities: The City and Human Ecology*, Glenoe Ⅲ, The Free Press, P.148 참조.
44 Gordon, Milton, 1978, *Human Nature, Class and Ethnicity*, Oxford University Press, pp.65~93 참조.
45 Van Den Berghe, Pierre L., 1987, *The Ethnic Phenomenon*, Praege, London, pp.15~36 및 pp.251~261 참조.

'민족'의 뿌리를 소급하여 공통의 조상(common ancestors)을 가진 그 후예라는 혈족(kith)[47]의 계보와 의식을 주민이 갖고 있기 때문에 '혈연 공동'이 민족 구성요소의 하나로 간주되고 있는 것이라고 본다.

혈연을 생물학적으로 보면, 인류의 모든 민족들은 모두 혼혈(混血) 민족이다. 민족학 전문학자들이 유라시아 대륙의 민족들 가운데서 가장 순혈 계통이라고 보는 서방의 노르웨이 민족이나 동방의 한국민족도 과학적 조사연구를 시작해 보면 '혼혈'이 충만되어 있다.

물론 학계에서도 19세기에는 '민족'과 '인종'을 구분하지 못하고 혼동한 시대가 있었고, 20세기에도 나치스와 파시스트 계통 학자들 사이에서는 '민족'을 '인종' 개념으로 설명하려는 시도가 있었다. 그러나 이러한 시도는 모두 사회과학적으로 객관적 사실이 아님이 증명되어 완전히 실패로 돌아갔다.

민족 구성요소로서의 '혈연의 공동'은 근대에 이르러서는 객관적인 현재의 사회적 사실은 아니지만, 그 기원과 민족계보에 대한 관념은 여전히 존재하는 경우가 많다. 예컨대 민족 성원이 갖고 있는 '공동의 조상', '동포'등의 용어는 '혈연의 공동'의 유제에 대한 문화와 의식을 나타낸 말이라고 볼 수 있다.

오늘날의 '혈연의 공동'은 현재의 실제 객관적 사실이 아니라, 기원적으로 원민족 형성기부터 공통의 조상과 민족적 계보를 갖고 있다는 역사적 사실과 '의식'이 전승되어 결합력을 갖는 것으로 보는 추세에 있다.

---

46 신채호, 『조선상고사』 총론(1977, 『개정판 단재신채호 전집』, 상권, 신채호선생기념사업회, pp.31~62) 참조.
47 Van Den Berghe, Pierre L., 1975, *Man in Society: A Biosocial View*, Elsevier, New York, pp.65~88 참조.

4) 문화의 공동 또는 공통의 문화

민족의 또 하나의 구성요소는 '문화의 공동', 즉 '공통의 문화'이다. 여기서 '문화'는 '인간의 생활양식' 전체를 의미하는 넓은 개념의 문화가 아니라, 의·식·주 등 일상 사회생활에 관련된 생활문화와 관습, 원규, 도덕, 관혼상제 의식 및 세시풍속, 건축, 민담, 전설, 민요, 춤, 신앙, 의례 등 민속문화에 지식인들 및 예술가들이 창조한 공동체의 고급문화를 포함한 중범위 개념의 문화이다. 또한 이때의 문화는 개인의 창작물이 아니라 주민의 '공중문화'(public culture)를 가리킴은 물론이다.

민족은 오랜 기간 주변 환경에 적응하면서 형성되는 과정에서 복식·음식·건축 등을 비롯하여, 위의 모든 문화항목에서 독특한 공통의 문화 양식을 정립하여 갖고 있다. 한 개 사례라도 들라고 요구받는다면, 한국민족의 경우에 복식의 '한복', 음식의 '김치', 주거의 '온돌'과 같은 것이다. 이 밖에 수많은 독특한 문화항목들을 각각 모든 민족들이 형성하여 갖고 있다.

또한 모든 민족은 각기 독특한 관습(custom)·원규(mores)·도덕(morals)을 형성하여 갖고 있다. 모든 민족은 또한 독자적 문학·민담·시가·전설·미술·장식·상징·음악·민요·무용 등 문학예술을 형성하여 갖고 있다. 한국에서는 박은식이 풍속과 국성(國性)을 혈연·토지·언어와 함께 민족 구성요소로 함께 강조했었다. 또한 모든 민족은 인생관·세계관·사고방식에도 공통의 양식을 갖고 있다.[48] 모든 민족은 또한 독자적 신

박은식

앙을 갖고 있으며, 민족에 따라서는 '민족종교'를 창조하여 갖기도 한다.

이상의 독특한 문화요소들의 융합이 민족문화, 민족적 전통을 형성하며, 이러한 공통의 민족문화는 성원을 결합시키는 지속적인 친화력(affinity)을 형성하여 민족의 중요한 구성요소가 되는 것이다.

학자에 따라서는 민족 구성요소로 '공통의 종교'를 드는 경우가 있다.[49] 그러나 필자는 이를 한정하여 '문화의 공동'의 한 항목으로 축소해 포함시켰다. 왜냐하면, 종교는 원래 개인과 인간 전체의 정신적 구제와 도덕을 주기 위해 창안된 것이므로, 본질적으로 민족을 초월하여 인류 보편성을 갖고 있기 때문이다. 그러나 종교와 신앙에 따라서는 자기민족에만 한정하여 적용하는 '민족종교'도 존재할 수 있기 때문에 특수한 민족종교는 별도로 다루어야 할 것이다. 예컨대 유대민족의 '유대교'와 같은 것이다. 이러한 민족 종교는 민족의 결속을 가져오는 매우 강력한 응집력을 갖고 있다. 여기서는 대부분의 종교가 원래 인간과 인류 보편적 종교이기 때문에 다루지 않을 뿐이다.

5) 정치의 공동 또는 공통의 정치

모든 인간(개인)은 자유로운 생활을 추구하며, '자기의 운명을 자기가 결정'(자결, 自決, self-determination)하고자 한다. 개인이 속한 인간공동체인 '민족'도 그 구성원 개인의 의지(루소의 경우는 일반의지)를 반영하여 '국가' 등 제도적 수단을 발명해서 민족이 주권(sovereignty)을 갖고 자기민족의 운명을 자기 민족이 스스로 결정하려는 강력한 경향을 갖고 있다.[50] 즉,

---

48 Znaniecki, Florian, 1952, *Modern Nationalities: A Sociological Study*, The University of Illinois Press, pp.23~79 참조.

49 Enloe, Cynthia, 1996, "Religion and Ethnicity", in John Hutchinson and Anthony D. Smith(eds.) *Ethnicity*, Oxford University Press, pp.197~202.

50 ① Cobban, Alfred, 1970. *The Nation State and National Self-Determination*, Thomasy

민족은 자기의 운명을 자기가 결정하는 '민족자결권'을 가지며, 이를 실행하는 수단으로서 '국가'를 구성하고, 공통의 법률과 규범과 권리와 의무를 제정하여 민족 공동체의 질서있는 결합과 융합을 실현하는 것이다.

에밀르 뒤르-겜

일찍이(1915) 뒤르-겜(Emile Durkheim)은 "민족은 민족적 이유로 또는 단순히 역사적 이유로 동일한 법률(the same law) 아래, 크던지 작던지간에 하나의 국가(a single state)를 형성하여 살기를 욕망하는 사람들의 집단이다. 이것은 이제 문명인들 사이에서 인지된 원리이며, 이 공통의 욕망은 지속적으로 확인되었고, 존중되었으며, 국가의 유일하고도 공고한 기초가 되었다"[51]고 하였다. 민족 구성요소로 '동일한 법률'과 '하나의 국가'를 강조한 것이었다.

그러므로 모든 민족은 '정치의 공동' '공통의 정치'를 구성요소로 결합하여 합법적 권력(또는 폭력)을 위임한 '국가'(state) 또는 정치체(polity)와 성원에게 공통으로 평등하게 적용되는 법률·규범을 만들어서 온갖 문제들을 해결하고 자기 민족의 운명을 자기 민족이 결정해 왔다.[52] 이에 모든 형태의 민족은 '정치공동체'(political community)가 되었고, 공통의 정치제도

Crowell, New York,

② Hroch, Miroslav, 1995, "National Self-Determination from a Historical Perspective' in Sukumar Periwal(ed.) *Notions of Nationalism*, Central European University Press, Budapest, pp.65~82 참조.

51 Durkheim, Emile, 1915, 'Germany Above All: German Mentality and the War', Cited in Paul James, 1996, *Nation Formation*, p.83.

52 Seton-Watson, Hugh 1977, *Nations and States: An Inquiry into the Origins of Nations and Political Nationalism*, Methuen, London, pp.1~87 참조.

로서 주권을 가진 민족과 함께 주권(sovereignty)를 가진 국가와 공통의 법률·규범을 발명하여 갖게 되었다.[53]

따라서 원래의 정상적 상태로서는 한 개 '민족'이 한 개의 '국가'를 수립해서 '민족 국가'를 형성하여 수단적 제도로 삼는 것이 당연하였다.

사회학적으로 인간공동체인 민족은 형성과 동시병행하면서 집단욕망과 집단의지로서 민족공동체 자신의 도구·수단으로서 합법적 강제력을 사용할 수 있는 '국가'와 '법률'을 발명하여 접합시키고 목표(목적)을 달성하려고 '민족국가'(nation-state)를 수립한다고 보는 것이다.

그러나 인간이 '국가'를 발명하여 합법적 권력(강제력)은 위임받은 수장(首長, Chief, King)이 출현하자, 야심을 가진 수장들은 '국가'를 '왕국'으로 만들고 자기 자손들에게 왕위를 세습시키는 제도를 만들었다. 국가에는 세습 왕을 권력자로 하는 '군주 국가'와 정치공동체 성원들의 피선출자를 권력자로 하는 '공화정 국가'의 대립이 나타나게 되었다.

뿐만 아니라, 탐욕스러운 국왕들은 다른 왕국들을 자기의 지배권력 아래 종속시키는 '제국'(empire)을 만들고 영토와 자원을 확장하기 위해 다른 민족국가들을 침략하는 제국주의 침략을 자행하였다. 그 누적적 결과로 인류에게는 제국주의 국가를 가진 민족들과 국가와 주권을 상실한 식민지 민족들이 출현하여 세계는 폭력과 전쟁이 난무하게 되었다. 특히 17세기부터 20세기까지 4백년 동안은 전세계적으로 각종 형태의 제국주의 침략 국가들과 잃어버린 국가와 주권을 회복하려는 식민지 민족들 사이의 투쟁이

---

53 ① Commons, John R. 1965, *A Sociological View of Sovereignty*, Columbia University reprint classics, pp.16~61.
② Laski, Harold J. 1968, *Studies in the Problems of Sovereignty*, George Allen and Unwin, pp.1~15 및 pp.267~285 참조.
③ 김석준, 2020, 『바로 찾는 한국 고대국가학: 고조선의 국가와 행정』, 대영문화사, pp.325-392

격렬하게 전개되었다.[54]

최근 겔너, 홉스봄 등 서양학자들은 '민족' 형성을 논의하면서 전근대의 '정치의 공동' 요소의 하나인 '군주국가' '왕국'의 기능과 역할을 제외하고 있다. 그러나 루소 이후 '공화국'에서만 국가 권력이 민족 형성에 작용하여 '민족국가'를 형성한 것이 아니다. 이미 군주국가 시기에 국왕은 강력한 강제력(폭력)으로 왕국 내의 문화적 요소와 정치제도·법률·규범 등 정치적 요소들은 통일·통합했으며, '제국'(empire)과 제국주의(imperialism)를 형성해서 대외적으로도 영토를 확장하면서 약한 민족과 다른 왕국들을 굴복시켜 민족 형성에 큰 작용을 하였다.

그러므로 군주국가·왕국도 '정치의 공동'의 요소에 포함해서, 국가가 어떻게 군주제 국가에서 공화제 국가로 변혁되는가, 지방분권적 봉건국가에서 중앙집권적 국가로 이행하는가를 고찰해야 할 것이다.

필자의 견해로는 민족은 전근대와 근대에 모두 주권을 가진 국가 또는 정치체를 갖고 공통의 법률과 규범을 가진 '정치의 공동'을 민족 형성 요소로 갖고 있다고 본다. 오직 '정치의 공동' 요소에서 주로 근대에 이르러 주권이 국왕으로부터 국민에게 이동 변혁하여 국가와 법률의 구조가 민주화된 것이라고 본다.

6) 사회경제생활의 공동 또는 공통의 사회경제생활

인간이 하나의 사회경제 생활권(圈), 하나의 시장권(市場圈)에서 생활하면, 그것은 주민을 하나의 '민족'으로 결합시키는 요소가 된다.

전근대 시대에도 중앙집권적 국가가 수립된 곳에서는 순환적 시장제도가 수립되어 전국이 하나의 느슨한 시장권이 형성되기도 하였다. 예컨대

---

54 Miller, Herbert Adolphus, 1922, Races, *Nations, and Classes*, J.B. Lippincott Company, Philadelphia, pp.113~128 참조

한국의 전근대 시대에는 각 지역이 서로 다른 순번으로 순환하면서 5일마다 큰 시장을 열었으므로, 전국이 하나의 시장권으로 자동 연결되었다. 중앙집권적 고대국가나 중세국가가 성립한 지역에서는 국가의 국경이 사회경제적 목적뿐만 아니라 군사적, 행정적 목적으로도 경계 단위가 되어 '사회경제생활의 공동', 공통의 '사회경제생활권'이 저급 수준이라도 형성되어 있었다.

그러나 중세에 지방분권적 봉건사회와 영주경제가 수립된 곳에서는 영주마다 불수불입권(不輸不入權; Immunitat)을 설정하여 각 지방이 고립 분절되었다. 이러한 곳에서는 관세동맹(Zollverein)이나 자본주의 성립에 의해 시장통일이 성취되어야 '사회경제생활의 공동'이 실현되었다고 볼 수 있다. 마르크스주의 학파가 경제적으로 '민족'을 자본주의 성립과 궤도를 같이 했다고 보는 것은 이러한 중세의 지방분권적 봉건제도를 전제 사실로한 견해라고 볼 수 있다.

한국·중국 등 전근대에 이미 중앙집권적 국가를 수립한 곳에서는 '사회경제생활의 공동' 요소는 전근대 중앙집권적 국가 기간에 이미 낮은 단계로라도 형성되어 '민족' 형성 요소로 작용하다가, 자본주의 시대에 들어오자 높은 단계로 시장경제의 범위와 유통 속도와 강도가 더욱 확대 강화되었다.

그러므로 민족 형성의 '사회경제생활의 공동' 요소는 특정 지역의 사실을 일반화하지 않고, 최소한 전근대시대의 정치사회체제가 중앙집권적 체제였는가, 지방분권적 체제였는가를 구분해 보아야 한다고 생각한다. 중앙집권적 전근대국가 체제에서는 '국경' 까지 '사회경제생활의 공동'이 기본적으로는 실현되어 민족 형성의 요소로 들어갔음이 관찰된다.

7) 역사의 공동 또는 공통의 역사

공통의 기억으로서 자기들과 조상들이 겪은 '공동의 경험' '역사의 공동'을 가진 사람들은 하나의 '민족'으로 결합하는 경향이 있다.

'세계체제'[55]가 형성되기 이전까지, 인류는 주로 민족별로 나뉘어 다른 민족과 교류하면서 생활했기 때문에 실제 역사에서는 '민족사'가 오히려 더 사실에 일치한 역사였다. 보편적 세계사는 사실은 아직도 몇 개 강대국들의 역사의 집합을 학자들의 세계관과 연구방법에 의해 정리한 학문상의 역사의 성격이 많았다.

모든 민족은 오랜 역사기간에 걸쳐 집단생활을 해오는 동안에 공동의 '신화'와 '영웅'을 갖고 생활하게 되며, 이것은 민족 결합의 한 요소가 된다.[56] 대체로 신화는 시조의 탄생과 업적을 영광화한 것이다. 모든 민족의 역사는 영광화된 시조의 신화에서 시작된다.

앤서니 스미스는 '신화'를 특히 중요시하여, 건국신화와 같은 '구성적인 정치적 신화'(constitutive political myths)는 민족 또는 에스니 형성에서 '신화원동기'(mythomoteur)라고 설명하였다.[57] 그는 "'신화원동기'가 없으면 하나의 집단은 그 자신을 스스로에게 또는 다른 집단에게 정의할 수 없으며, 집단행동을 고무하거나 인도할 수 없다"고 까지 강조하였다.[58]

역사가 오랜 민족은 영고성쇠(榮枯盛衰)가 끊임없이 순환한다. 영광과 환희를 가져 온 큰 사건도 큰 기억을 남기지만, '전쟁'과 같은 큰 고난과 큰 위기와 큰 고통이 더 큰 기억을 남긴다. 이 전쟁과 같은 큰 고난과 고통

---

55 Wallerstein, Immanuel 1974, *The Modern World System*, Academic Press, New York, Chap. 3.

56 Smith, Anthony D., 1999, *Myths and Memories of the Nation*. Oxford University Press, pp.57~95.

57 Smith, Anthony D., 1986, *The Ethnic Origins of Nations*, p.15, pp.58~68; 2000, *The Nations in History*, p. 71 참조. 이 용어는 비니알스(Ramon d'Abadai de Vinyals)가 1958년에 만든 것을 암스트롱(Armstrong)이 1982년 발굴해 사용한 것인데, 스미스가 특히 애용한 것이다.

50 Smith, Anthony D., 1986, Ibid, pp 24~25.

의 절망상태를 구해준 인물이 '영웅'이 되기 때문에, 영웅은 전쟁에서 승리를 갖다준 '무장'(武將)이 되는 것이 보통이다. 물론 민족의 번영기에 큰 업적을 내어 성원에게 큰 혜택을 준 인물도 추존하지만, 이들은 '영웅'이 아니라 '위인'(偉人)으로 존경한다. 모든 민족은 이러한 위대한 전설적 영웅을 추존하여 공유한다. 대대로 전승되는 '공통의 기억'(a common memory)이다. 이 '공통의 기억' '역사의 공동'은 사람들을 '민족'으로 결합시키는 요소가 된다.

학술적으로 역사는 반드시 '역사과학'으로서 과학적으로 서술되어야 한다. 그러나 민족 성원에게는 역사는 과학임과 동시에 집합적 기억과 '모범'과 '영광'과 '기쁨'과 '교훈'과 '소망'의 보존으로 간직되는 것이다.[59]

그러므로 모든 민족은 역사를 애국심 배양의 학문으로 '민족의식'과 관련시켜 교육해왔다. 한국에서는 신채호(申采浩)가 이 점을 가장 잘 인식하여 '역사는 애국심의 원천'이라고 강조하였다.[60]

신채호

민족 구성요소로서의 '역사의 공동'과 관련하여 종래 전통적으로 민족을 '운명공동체'로 보는 견해가 오랫동안 존속해 왔다. 필자는 '운명공동체'의 '운명'은 민족의 '구성요소'가 아니라 민족의 역사과정에서 보이는 '결과'라고 본다. 그러므로 '운

59 김영범, 2010, 『민중사 심화와 기억사회학: 민중의 귀환, 기억의 호출』, 한국학술정보, pp.145~426 참조.
60 신채호, 『독사신론』(1977, 『개정판 단재신채호전집』 상권, 신채호선생기념사업회, pp.471~473) 참조.

명'을 민족 구성요소로 볼 수는 없다. 민족은 역사적 전개과정에서 '영고성쇠'를 같이 하는 '운명공동체적 성격'을 갖고 있음을 자주 관찰할 수 있다.

8) 민족의식과 변동

민족의식(national consciousness)은 민족 형성의 주관적 요소로서 민족의 성원과 한 집단으로서의 민족이 자기의 지위와 역할을 자각한 민족적 집단의식이다.[61]

여기서 "민족의식은 성원이 민족에의 공속을 인지하여 각성하고, 그 민족의 가치와 이해관계와 위신을 자기자신의 그것과 동일시하여 인지하고 사랑하는 정서를 가진 집합적 의식과 태도"라고 정의할 수 있다. 동양식으로 표현하면, 민족의식을 가진 성원은 자기를 소아(小我), 민족을 대아(大我)로 인식하여 자기와 자기가 속한 민족을 하나로 합치시켜 인지하고 그에 애착을 갖는 것이다.

민족의식은 인지적 측면과 정서적 측면과 행동적 측면을 나누어 볼 수 있다. 인지적 측면은 성원이 자기의 특정 민족의 공속을 인지하는 '공속의식'의 측면이다. 서양에서는 이를 중시하며 '민족 정체성'(national identity) 이라고 말하기도 한다. 스미스는 '민족정체성'의 개념을 "민족의 특수한 유산을 구성하는 가치, 상징, 기억, 신화, 전통의 지속적 재생산 및 재해석과, 개인의 그러한 유형과 유산에의 동일시"[62]라고 정의하였다. 그는 즉 '민족정체성'을 ① 동일성(sameness) 인지와 ② 민족적 성격(national character)으로 설명하였다.[63]

---

61 Znaniecki, Florian, 1952, *Modern Nationalities: A Sociological Study*, The University of Illinois Press, pp.81~111 참조.
62 Smith, Anthony D., 2008, *The Cultural Foundations of Nations*, Blackwell Publishing, Oxford, p.19.
63 Smith, Anthony D., *National Identity*, p.75 참조.

한편 정서적 측면은 성원이 자기의 특정 민족에의 공속을 인지하고 그에 애정을 갖는 정서의 측면이다. 베버는 이를 주목하여 민족을 '연대의 감정'(sentiment of solidarity)라고 하였다.[64] 또한 민족의식에는 인지적 측면과 정서적 측면을 통합하면서 자기의 이해관계(interests)와 위신(prestige)을 민족에 통합시켜 행동하려는 측면이 있다.[65]

민족의식은 이와 같이 성원에게 공속의식을 인지케하여 민족과 자기를 합치시키고, 민족에 대한 애착을 형성시키며, 민족의 이해관계와 위신을 자기의 그것으로 생각하여, 태도와 행동에 연결시키므로, 민족 구성의 동역학에서 매우 중요한 것이다. 민족의식은 민족성원에게, 민족을 위한 '행동'을 고취하는 특징이 있다. 민족의식이 강렬한 성원은 민족이 위기에 처하면 소아(小我)인 자기를 기꺼이 희생하여 대아(大我)인 민족을 구제하는 고귀한 행동을 한다.

필자는 민족 구성요소에서 '객관적 요소'를 매우 중시한다. 그리하여 공통의 '언어'·'지역'·'혈연'·'문화'·'정치'·'사회경제생활'·'역사' 등 객관적 요소만으로도 '민족'은 형성된다고 본다. 그러나 이것은 '즉자적(卽自的) 민족'(Nation an sich, nation in itself)이다. 여기에 주관적 요소인 '민족의식'이 첨가되면 '대자적(對自的) 민족'(Nation für sich, nation for itself)이 형성되어 민족의 주체성이 강력하게 형성된다고 밝힌 바 있다.[66]

대자적 민족은 민족주체성을 가진 능동적 민족이므로 다른 민족 또는 제국주의자들의 침략을 받을 때에는 자기민족의 보존·자유독립·통일·발전을 위하여 능동적 행동을 전개하게 된다.

대자적 민족이 갖고 있는 민족의식의 작동에서 민족주의(nationalism)가 형성 발전되는 것이다.

---

64 Weber, Max 1968, *Economy and Society*, Vol. 2., p. 921.
65 Weber, Max 1968, *Economy and Society*, Vol. 2., p. 925.
66 신용하, 1984, 「민족형성의 이론」 참조.

2. 구성요소 비율의 변동

민족의 구성요소들은 결합·융합하여 하나의 민족을 형성하면서도, 그 요소의 구성비율은 민족이 처해진 상황에의 대응 방식에 따라 또는 시대에 따라 항상 동태적으로 상당히 큰 변동을 보이는 것이 관찰된다. 필자는 1984년의 논문에서 이에 대해 원민족 형성에서 비중이 있었던 '혈연 공동'의 요소는 근대에 오면 거의 의미없는 유제로 축소되고, 대신 '민족의식'과 '사회경제생활의 공동' 요소가 대폭 증가·확대되어 '즉자적 민족'인 전근대민족의 '대자적 민족'인 '근대민족'으로 변혁된다는 사실을 설명했었다.

이 글에서는 이를 보완하여 민족 형성의 구성요소들의 결합 비율 변동을 다음과 같이 약간 이론적으로 보충하여 설명하기로 한다.

(1) 민족은 최초에 형성된 '원민족'으로부터 '전근대민족'을 거쳐 '근대민족'으로 진화하는 '장기지속'에서 ㉠ 천천히 변동하기 때문에 상대적 '항성'(恒性)으로 보이는 요소와[67] ㉡ 크게 변동하기 때문에 민족의 외양에 '변성'(變性)으로 보이는 요소가 있다.[68] 대체로 전자에 속하는 요소가 '언어의 공동' '지역의 공동' 등을 비롯한 일부 다른 요소들이고, 후자에 속하는 것이 '사회경제생활의 공동' '민족의식'을 비롯한 일부 다른 요소들이다. 그러나 이들 8대요소의 구성 비율은 요소별 편차를 보이면서도 실제는 항상 변동한다.

(2) 민족 구성요소의 비율 변동을 촉구하는 압력은 ㉠ 민족공동체를 둘러싼 환경의 압력에 의한 사회적 필요와 ㉡ 민족 성원의 집단의지(또는 집

---

67 여기서 恒性이라고 하여 항상 固定的이라는 뜻은 아니다. 여기서는 變動하는데, 오직 천천히 변동하기 때문에 8대구성요소의 변동 비율을 2개로 나누어 범주화할 때 천천히 변동하는 범주에 분류된다는 뜻일 뿐이다. 8대 구성요소의 비율은 항상 '變動'하는 상태에 있다.
68 신채호, 『조선상고사』 총론(1977, 『개정판 단재신채호전집』 상권, p.71) 참조.

단욕구)의 두 가지가 가장 큰 것으로 관찰된다. 환경의 압력은 ⓐ 자연재해와 ⓑ 외부로부터의 다른 집단의 침략·갈등 ⓐ 자연재해나 외부로부터의 침략·갈등에 대한 대응 등과 ⓑ 내부에서 발생한 내란·위기 등, ⓒ 민족의 목표 설정과 그 달성을 위한 민족성원 동원 등에서 자주 관찰된다.

(3) 장기지속에서 구성요소 비율의 변동은 여러 측면에서 관찰될 수 있다. 우선 구성요소 ㉠ 배열의 우선순위에서 순서 위치의 변동으로 관찰될 수 있고, ㉡ 중심과 주변의 모형을 적용하여 관찰할 수도 있으며, ㉢ 구성요소의 비중·무게중심의 변동에서도 관찰된다. ㉣ 구성요소의 집중도(intensity), 강도(強度)의 변동에서도 관찰될 수 있으며, ㉤ 구성요소별 지도력(leadership)에서도 관찰된다.

(4) 중심과 주변의 모형을 적용하여 관찰하면, 일반적으로 중심에는 '언어의 공동' '지역의 공동' '정치(국가)의 공동'을 구심점으로 하여 '문화의 공동' '혈연의 공동' '사회경제생활의 공동' '역사의 공동' '민족의식'의 구성요소가 변동한다. 그러나 경우에 따라서는 다른 구성요소들이 중심에 들어갈 수 있다. 이 구성 위치는 유동적이다.

(5) 민족공동체 외부로부터의 침략이 있을 때나 전쟁이 있을 때나 또는 '민족적 위기'에는 일반적으로 '정치(국가)의 공동'과 '지역의 공동' '민족의식'의 요소가 주도하고, 평화의 시대에는 '문화의 공동' '역사의 공동'의 비율이 증가한다. 그러나 지도력의 성격에 따라서 이 구성비율은 얼마든지 변동할 수 있다.

(6) 최초의 민족인 '원민족'에서는 모든 구성요소가 필요하지만, 일반적으로 '언어의 공동' '지역의 공동' '혈연의 공동' '정치(국가)의 공동'이 특히 전면에 강조된다. '전근대 민족'에서는 '언어의 공동' '문화의 공동' '역사의 공동'이 전면에 강조된다. '근대민족'에서는 '민족의식' '정치(국가)의 공동' '사회경제생활의 공동'이 전면에 강조된다. '신민족'에서는 '정치(국가)의 공동' '언어의 공동'이 전면에 강조된다. 그러나 각 민족공동체의 필

요에 따라서 이 배열과 구성 비율은 얼마든지 변동할 수 있다.

(7) 민족공동체가 일단 형성되면 그것은 하나의 거대한 인간공동체로서 집합적 주체(collective self)가 되어 상황의 요구와 변화에 대응해서 자유로운 생존유지와 발전을 위하여 내부 구성 요소의 비율과 조합을 주체적으로 변동시키게 된다. 이 때 가장 중요한 2개의 도구로 필수적인 요소가 '언어의 공동'과 '정치의 공동' 가운데 '국가'이다. 민족공동체의 '정치 공동' 요소의 국가는 '주권'(sovereignty)과 '합법적 권력'(legitimate power)을 위임받고 민족이 자기의 운명과 진로를 자기가 결정하는 자유와 권리인 민족 자결권(the right of national self-determination)을 보장하는 가장 효율적인 도구가 된다.

(8) 민족공동체의 모든 형태는 각각 자기 공동체의 국가를 갖는다. 고대에 원민족을 형성하면 원민족은 고대민족으로서 고대국가를 형성하여 가지며, 중세 전근대민족은 중세 국가를 갖고, 근대민족은 근대국가를 갖는다. 새로 형성되는 신민족은 처음부터 현대국가를 형성하여 갖는다. 서유럽의 일부학자들처럼 민족의 구성요소를 '문화적 요소'와 '정치적 요소'로 나누거나 민족을 '문화공동체'와 '정치공동체'로 구분하는 것은 정확한 것이 아니다. 예컨대 '정치의 공동'인 '국가'는 원민족·전근대민족·근대민족·신민족의 모든 민족공동체 형태에 처음부터 끝까지 동반했으며, '언어의 공동'의 요소는 문화적 요소의 핵심인데 서유럽 일부 학자들이 '정치공동체'라고 주장하는 '근대민족'에서도 '언어의 공동'이 국가와 함께 두 기둥이 되었다. 민족은 모든 형태에서 문화적 요소들과 정치적 요소들이 함께 결합하여 형성되어 있다.

(9) 민족의 장기지속 과정에 '원민족'에서 '전근대민족'으로, '전근대민족'에서 '근대민족'으로의 대변혁기에는 구성요소의 비율·비중·위치에 큰 변화(variation)가 있을 뿐 아니라, 구성요소들의 전체 조합(combination)에 큰 변동이 익어나서 구성요소들의 새로운 조합(new combination)이 형성된

다. 이러한 민족구성요소의 큰 변동과 새로운 조합 형성을 추진하는 원동력은 각 민족공동체 내부의 사회구조의 큰 변혁 및 새로운 지배층과 민중의 정책 및 사회운동이다.

(10) 민족 구성요소 비율 변동의 방향은 거시적으로 진보(progressive)의 방향이다. 민족은 진화하고 진보한다. 물론 이러한 진보는 일직선으로 이루어지는 것은 아니다. 그것은 교란될 수도 있고, 일시 저지될 수도 있다. 그러나 그 진보의 요동은 진보의 속도에 수정이 가해지는 정도이지, 장기 지속에서 민족 공동체 전체의 진보가 총체적으로 진행되지 않는 일은 드물다. 그러나 특수한 예외적 경우로서 민족이 정체·퇴화 또는 소멸되는 경우도 있다. 이러한 경우는 대체로 한 민족이 다른 민족의 외부 정복자에 의하여 정복당해서 국가 주권을 상실하여 민족 존속의 방어력을 잃고 정복자에게 계속 수탈당하거나, 민족성원이 자발적으로 또는 강제로 정복자에게 '동화'되는 경우에 일어난다.

필자가 여기서 말한 '민족의 구성요소 비율 변동론'은 일반론을 제시한 것뿐이다. 여기서는 일반적으로 민족의 형성과 발전을 한 눈으로 관찰할 수 있는 원리와 척도 하나를 제의한 것일 뿐이다. 실제 역사와 사회에서는 민족에 따라 상당한 편차가 있을 수 있다.

IV. '원민족'·'전근대 민족'과 '폴크스(Volks)'·'나로 드노스티(Narodnosti)' 및 '에스니(Ethnie)'

1. '원민족' 및 '전근대민족'의 개념과 이론

1) 원민족의 개념

사회과학과 역사과학에서 페르낭 브로델의 '장기지속'(la longue durée)

을 당연한 하나의 시간 단위로 받아들이게 된 이후, 민족과 국가의 연구도 '장기지속'에서의 형태 변동의 비교분석을 당연한 것으로 관찰하게 되었다. '국가'를 근대 민주공화국만 국가로 보는 것이 아니라, 국가의 '장기지속'에서 고대왕국도 국가의 한 형태로 봄과 같은 것이다.

'원민족'(protonation)은 민족의 '장기 지속'에서 출현하는 몇 개의 민족 형태에서 '최초의 민족' 형태이다.[69] 그것은 '부족들 또는 군장사회들의 연맹'에 의해서 또는 대부족 군장사회의 한 단계 비약적 발전에 의해 형성된다.

원민족 형성에서 가장 큰 역할 수행하는 구성요소는 '정치의 공동'의 '국가'의 형성이다. 국가는 부족들 또는 군장사회들이 연맹 또는 통합하여 최초의 국가를 형성한다. 그리고 국가의 수장인 왕(King)을 세워, 일반적으로 군주제도를 수립한다. 물론 예외적으로 도시국가에서는 공화정의 초기 형태도 출현하였다. 왕(군주)은 처음에 부족장들의 선출제였지만, 다음에는 세습제로 고착된다. 국가와 왕은 부족장들과 부족 성원들을 강력한 합법적 권력(강제력)으로 통합시켜서 하나의 '민족'을 형성하는데 작용하게 된다.

또한 국가의 강력한 통합력은 이전 부족들의 언어를 점진적으로 통합하여 결국 완전히 소통할 수 있는 '공통의 언어' '언어의 공동'을 만든다. 즉 '원민족'에서 최초의 민족어가 형성되며, 그것은 왕을 배출한 부족어를 중심으로 다수 부족어가 통합된 것이어서 풍부한 어휘를 가진 '원민족 언어'가 된다.

또한 국가와 국왕은 강력한 권력으로 통치하는 토지의 국경(boundary)을 정하여 '영토'(territory)를 명백하게 규정한다. 정해진 영역의 범위 안에서 공통의 언어를 사용하여 소통하는 사람들은 그들의 환경에 적응하면서 독

---

69 필자의 '원민족'(protonation)의 용어와 개념은 처음(1984)에는 '선민족'으로 표현했다가 바로 '원민족'으로 바꾸었다. 이 용어의 개념이 담은 내용은 동일했지만, '원민족'이 '선민족'보다 담은 내용에 더 일치되고 적합한 용어라고 판단되었기 때문이다.

특한 생활양식을 만들어 '공통의 문화' '문화의 공동'을 형성한다.

공통의 지역에서 공통의 언어를 사용하는 사람들은 경험상 퇴화를 피하여 '족외혼'(exogamy)을 장려한다. 그 결과 '혼혈'이 광범위하게 진행되는데, 그들은 이 '혼혈'을 국가의 내부 통일의 영향으로 발생한 하나의 '혈통'으로 생각하게 된다. 그리하여 시간과 함께 '혼혈'이 확대 진행됨에도 불구하고, 그들의 의식은 모두가 공통의 조상과 혈통을 같이한 사람들로 생각하게 된다.

'원민족' 형성에서 새로 동반 출현한 또 하나의 큰 변동은 '사회신분제'의 확립이다. 국왕과 그 가족들은 '왕족'이 되고, 부족장들과 무장들의 가족들은 새로 '귀족'이 되며, 주민은 '평민'이 되고, 전쟁포로와 범죄자는 '노예'가 된다. 이 4개 신분은 세습되면서 사회신분제도가 고착되기 시작하는 것이다. 원민족 내에서 신분제도는 원민족 성원의 내부 소통과 통합을 저해하는 요소가 된다.

아직 인구에 비해 지역이 넓고, 교통·통신은 발전되어 있지 않았으므로, 국내의 사회경제생활의 공동은 상당히 낮은 단계에 있다. 그러나 국가 영토 자체가 아직 절대적으로 광대하지 않으므로 중앙집권적 국가의 지방행정이 닿는 지역까지는 부정기적 상업과 무역과 낮은 단계의 사회경제생활의 공동이 진행된다.

'원민족' 형태에서는 역사의 공동은 시조의 '신화'와 '전설', 전쟁의 '영웅' 전설이 거의 전부였다. 아직 문자가 발명되지 않았거나, 발명된 지역에서도 보급 수준이 낮았으므로, 문자로 쓰여진 역사는 거의 없었다. 역사는 학문이 아니라, 시조의 '신화'와 영웅의 '이야기', 역대 국왕의 이야기, '민담' '전설'의 형태로 시작되었다고 볼 수 있다.

'원민족' 형태에서는 민족의식은 소수 권력층과 지식인들에게만 있었고, 일반주민은 아직 '민족의식'이 거의 없었으며, 약한 연대감만 있었다고 볼 수 있다. 주민은 국가 시조왕을 민족 시조로 숭배하면서 백성은 모두 그의 자손이라는 '공통의 조상'과 '공통 조상 후예'라는 소박한 연대의식이 정립되어 있었다고 추론된다.

그러므로 '원민족'에서도 민족 구성의 8대 요소는 구성 비율은 다르지만 모두 형성되어 융합되어 있음을 알 수 있다. 이 요소들 중에서, 가장 큰 비중으로 역할을 한 것이 최초의 '국가'를 형성하고 왕권(kingship)을 정립한 '정치의 공동'의 강력한 국가 통합기능과 '언어의 공동' 및 '지역의 공동'의 성립에 의한 국내 모든 주민들의 자유로운 소통의 성립이다. 이 '정치의 공동'과 '지역의 공동'과 '언어의 공동'의 요소들의 융합이 다수 부족들을 하나의 '원민족'으로 형성시키는 구심점이 되었다.

원민족 형성에서 구성비율과 강도가 가장 약한 요소는 '사회경제생활의 공동'과 '민족의식'의 요소라고 할 수 있다.

여기서 주의할 것은 '원민족'은 '문화공동체'만은 아니라는 점이다. '첫' 국가와 국왕의 막강한 합법적 통합 권력의 역할에서 볼 수 있는 바와 같이, 그것은 동시에 '정치공동체'이기도 하였다.[70] 그러므로 서양의 일부 학자들이 근대 이전의 민족적 결합체를 '원민족'으로 정립하지 않고 '비정치적' '문화공동체적' 느슨한 결합으로 설정하는 것은 고대 또는 전근대에 중앙집권적 국가를 형성한 곳에는 적용될 수 없다. 일부 서양학자들의 그러한 이론은 근대에 이르러서 처음으로 민족과 중앙집권적 국가를 형성한 곳에만 적용할 수 있는 개념과 이론으로 본다. 인류사회에는 고대에 '원민족'을 형성하여 '고대민족'이 되거나, 중세에 원민족이 형성되어 '중세민족'이 형성된 경우들이 다수 실재했었다.

한국민족의 원민족은 약 5000년전 고조선 국가와 함께 형성된 '고조선민족'이다.[71] 고조선민족은 '한'··'맥'··'예' 3대부족(3대 군장사회)이 결합하

---

70 김석준, 2020, 『바로 찾는 한국 고대국가학: 고조선의 국가와 행정』, 대영문화사, pp.429-464 참조.

여 한 단계 더 진화 발전해서 한국민족의 '원민족'으로 형성됨과 동시에 '고대민족'으로 형성되었다.

2) '전근대민족'의 개념

역사가 오랜 민족의 장기지속에서는 '원민족'으로부터 다음단계의 '전근대 민족'을 분리하여 독립 개념을 정립할 수 있다.

'전근대 민족'을 한마디로 정의하면, "역사적으로 전근대 시기에 일차적으로 정치·언어·문화·혈연의 공동과 이차적으로 사회경제생활의 공동 및 역사의 공동을 기초로 하여 공고하게 결합된 즉자적 민족"이라고 말할 수 있다. 전근대 민족의 특징으로서는 다음을 들 수 있다.

첫째, '정치의 공동' 요소에서 '국가'가 중앙집권적 전근대 국가와 지방분권적 전근대 국가의 두 유형으로 분화되었다. 중앙집권적 전근대 국가에서는 군주의 전제왕권 아래 영토 내 통일적 주민 통치가 이루어졌다. 중앙집권적 전근대 국가가 오래 지속된 곳에서는 전근대민족 형성의 결합도가 매우 강하였다. 그러나 지방분권적 전근대 국가에서는 수많은 각급 영주가 여전히 각각 '불수불입권'(Immunität)을 가지고 국왕의 지배를 받음이 없이 자기의 영지를 통치하였다. 국왕도 자기의 직령지 이외에는 통치권한이 전혀 없었다. 따라서 지방분권적 전근대 국가에서는 국가는 주민의 통합·통일 역할과 기능을 잘 수행하지 못하였다. 최근에 가트(Azar Gat)는 역사상 '전근대 민족국가'(premodern national state)의 실재를 인정함으로서 필자의

---

71 신용하, ① 2000, 「한국민족의 기원과 형성」, 『한국학보』 제100집.

② 2008, 고조선국가의 형성: 3부족 결합에 의한 고조선 개국과 아사달」, 『사회와 역사』(한국사회사학회) 제80집.

③ 2016, 「한국민족의 기원과 형성에 관한 '한' '맥' '예' 3부족 결합설」, 『학술원논문집』 인문·사회과학편, 제55집 1호.

④ 2017, 『한국민족의 기원과 형성 연구』, 서울대학교 출판문화원, pp.8~211 참조.

견해와 같은 의견을 제시하였다.[72]

둘째, 그러나 '언어의 공동' '공통의 언어'는 중앙집권적 전근대 국가에서나 지방분권적 봉건국가에서나 모두 잘 형성되어 소통되었다. 언어는 모든 성원들의 일상 문화적 도구였고, 정치권력이 관여할 수 없는 요소였기 때문이다.

셋째, '지역의 공동' '영토'는 비교적 안정되었다. 중앙집권적 전근대 국가의 야심적 군주가 전쟁과 정복을 자행하여 영토를 확장하거나 잃기도 했으나, 중심지역은 고착되었다. 유럽에서도 훈족의 침입에서 시작된 게르만족의 대이동에 의해 '민족 대이동'이 시작되었으나, 843년 베르됭 조약(Treaty of Verdun) 이후에는 이동한 민족들의 영토가 비교적 고착되어 오늘날과 같은 서유럽 민족의 지역적 영토가 형성되었다고 일찍이 르낭은 설명하였다.[73]

넷째, 문화의 영역에서 한편으로 종교의 이념과 조직이 정치의 지배세력과 결합하여 막강한 세력을 갖고 주민을 교화하여 지배하였다. 다른 한편 평민과 천민들은 자신들의 민담·시가·민요·무용·놀이들을 창조하여 평민문화가 성립되고 발전하였다. 전근대 사회에서 이 평민문화와 귀족문화는 소통하지 않고 분리되어 있으면서도 구조적으로는 통합되어 '민족문화'와 '민속문화'가 형성 발전하였다.

다섯째, 평민층과 천민층 가운데서 '인권'의 개념이 성립되어 사회신분제를 개혁 또는 폐지하려는 운동이 대두하였다. 특히 노예 등 천민층의 신분제 폐지운동은 '민란'까지 일으키는 강력한 것이었으므로 전근대민족 전체 성원이 큰 충격과 영향을 받았다. 이에 먼저 노예가 농노로 약간 신분 상승되고, 매매되는 천민 신분이 폐지되는 등 세습 신분제에 변화가 진행

---

72 Gat, Azar, 2013, *Nations*, Cambridge University Press, pp.83~110 참조.
73 Renan, Ernest, 1882(1991), *Qu'est ce qu'une nation?*, op. cit., pp.35~36 참조.

되기 시작하였다.

여섯째, '혈연의 공동'의 요소는 거의 사라지고, 잔존 유제에 연결된 의식으로만 남게 되었다. 그러나 '공통의 조상'을 가졌고, '공통의 후손'이라는 의식은 실제 사실 여부와 관계없이 성원들의 의식으로 상당히 강력하게 존속하였다.

일곱째, '사회경제생활의 공동' 요소는 중앙집권적 중세국가에서는 전체 영토에서 비교적 크게 진전되었고, 영주의 불수불입권이 정립되어 있는 지방분권적 봉건국가에서는 제한적으로 진전되었다. 상업의 발전은 이 제한의 폐지를 강력히 요구하고 있었다.

여덟째, '역사의 공동' '공통의 역사'는 여전히 건국 시조의 신화가 존속했으나 '영웅' 전설은 대체로 약화되었다. 그 대신 당대 '군주'와 왕조 및 왕족을 정당화하고 영광화하는 서술형 '역사'(historiography)가 만들어지고 정치적 목적으로 전파되었다.

아홉째, '민족의식'의 주관적 요소는 서민 문화의 발흥과 동반하여 형성되기 시작했으나, 여러 가지 요인에 의해 저해당하였다. 특히 강력한 '신분의식'이 '민족의식'의 성장을 강력히 저해하여 민족의식은 크게 성장하지 못하였다. 그러나 낮은 수준이지만 연대감의 '민족의식'의 요소는 전근대 민족의 주관적 결합요소로 실재하고 있어서, 외부 침략 등 민족의 큰 위기 때에는 전면에 '민족의식'이 부각되는 경우도 있었다.

한국민족의 '전근대민족'은 BC 108년 고조선연방제국 해체 후 부여·옥저·고구려·백제·신라·가라·탐라·발해·고려·조선 시대 18세기경 까지의 한국민족이 이에 해당된다.[74]

---

74 신용하, 2017, 『한국민족의 기원과 형성 연구』, 서울대학교 출판문화원, pp.212~240 참조.

3) '원민족'에서 '전근대' 민족으로

'원민족'이 최초의 민족공동체 형태임에 비하여, '전근대민족'은 원민족이 전근대시대(예 중세시기)에 원민족으로부터 변혁되어 형성된 다음 단계의 민족공동체 형태이다.

'원민족'과 '전근대 민족'은 근저에서 동질적인 전근대 시기의 민족공동체이므로 큰 차이가 없는 경우도 있다. 그러나, 다음의 몇 가지 계기가 있을 때에는 차이와 큰 변동이 결과될 수 있으며, 개념을 나누어 정립할 필요가 나올 수 있다.

첫째는 군주제 국가의 지속 안에서도 큰 변혁을 성취한 새 왕조(dynasty) 출현의 변동이다. 새 왕조는 이전 왕조와의 차별성을 나타내는 '대개혁'을 단행하는 경우가 때때로 존재하는데, 이 결과가 미미할 때는 별개이지만, 큰 성과 있을 때에는 민족 내부에도 상당한 변혁이 일어난다.

둘째는 국왕과 무장집단의 지휘 아래 '민족 이동'을 단행하여 다른 영토에 정착하는 경우이다. 이 경우에는 원민족이 새로운 환경에 적응하여 다른 내용과 형태의 전근대 민족으로 변동할 수 있다.

셋째는 사회신분제도의 변동과 분화가 급진전되는 경우이다. 귀족 신분 내에서 권력을 분배받은 귀족과 그렇지 못한 귀족, 귀족과 평민 사이의 중간 신분의 분화 출현, 평민층 내부의 계층 분화, 노예층의 매매되는 노예와 매매할 수 없는 상승된 노예의 분화는 치열한 신분갈등과 신분투쟁을 수반하면서 민족공동체 내부 구조를 변동시킨다. 마르크스주의 학파에서는 고대 노예제 사회와 중세 봉건제(농노제) 사회를 준별하는데, 만일 고대노예제 시기에 민족형성을 동반하면 이것은 '원민족'이면서 '고대민족'이고, 중세 농노제는 '전근대민족'이면서 동시에 '중세민족'으로 변혁된다고 해석할 수 있다.

넷째, 왕 및 왕족과 귀족신분층의 권력투쟁이다. 유라시아 대륙의 동방에서는 왕권이 승리할 때는 중앙집권적 군현제(郡縣制)가 실행되고, 귀족 신분층이 승리할 때는 봉건제가 실행되는 경우가 많았다. 서양에서는 왕권이 승리한 시기는 기간이 짧았고, 무장출신 귀족층이 승리한 경우가 장기 간이어서 지방분권적 봉건제(封建制)가 지배하였다.

다섯째, 종교와 철학의 이념이 정치권력층과 결합하여 거대한 사회세력 과 정치세력을 형성해서 새 제도를 만들면서 민족공동체 내부 구조의 변 동에 작용하는 경우이다. 모든 거대 종교와 철학은 민족공동체 내부의 특 정 신분과 사회세력에 결합되어 전파되면서 큰 세력을 갖고 민족공동체 성원의 내부구조와 행동양식을 변형시켰다.

여섯째, 귀족신분층 뿐만 아니라 평민층의 경험을 담은 독자적 문학·민 담·민요·무용·민화 등 평민문화를 창조 형성한 경우이다. 이 때에는 원민 족의 귀족층과 학자들이 창조한 고급문화와 평민문화가 합해져서 '민족문 화의 유형이 정립되고 발전되어 변동을 추동하였다.

일곱째, 원민족 내부에 과학과 기술을 발견하고 발명한 새로운 지식집 단이 출현하여 원민족공동체 성원의 사고방식과 지식에 큰 변화를 일으킨 경우이다. 이 때에는 원민족 내의 우수한 재능 집단에 의해 과학이 정립되 고 기술이 발전하여 원민족의 다음 단계로의 발전을 추동하였다.

'원민족' 공동체 내부에서 이상과 같은 요소들이 결합하여 동조집단이 나 동조세력을 얻어서 행동하면 '원민족'에서 '전근대민족'으로의 이행이 이루어진다고 볼 수 있다.

그러나 '원민족'과 '전근대민족'은 근본적으로 동질적 구조이므로, 전근 대 시기의 역사가 오래인 민족에게서는 뚜렷하게 보이지만, 전근대 시기가 짧은 민족에게는 중첩되어 통합해서 관찰될 수도 있다.

4) '전근대민족'에서 '근대민족'으로

전근대민족은 그의 전근대 사회체제가 근대적 사회체제로 변동하기 시작하면 그에 동반하여 전근대 민족 내부 구성요소의 비율과 조합에 큰 변혁이 일어나서 근대민족으로 이행하기 시작한다. '전근대민족'이 '근대민족'으로 이행 발전하는 동인으로는 다음의 요소가 중요한 것이라고 볼 수 있다.

첫째, '국가'의 '군주국가'로부터 '국민국가'로의 발전이다. 중앙집권적 군주국가에서는 군주의 전제권을 제한 또는 폐지하여 국민이 주권과 참정권을 갖는 국민국가(nation-state)의 수립운동이 일어났다. 서유럽과 같은 지방분권적 봉건국가에서는 한 단계가 더 들어가서 먼저 지방분권적 봉건국가를 폐지하고 중앙집권적 절대국가(absolute state)를 수립했다가[75], 다음 단계에서 절대 군주의 전제권·절대권을 제한 또는 폐지하고, 국민의 주권·참정권을 허용하는 국민국가 수립 운동이 일어나게 되었다. 민족성원인 국민이 주권을 갖는 방법은 기본적으로 '의회'를 설립하여 '헌법' 등 '민주적 법률'을 제정하고, 사법부를 독립시켜서 3권분립 체제를 추진하는 것이었다.

둘째, 사회신분 제도의 폐지이다. 전근대민족 내부에서 완전한 소통과 공고한 결합을 저해하던 사회신분제가 폐지되면 공동체 내의 소통과 융합을 저해하던 사회적 장벽이 철폐되어 가일층의 공고한 공동체적 결합이 성취됨으로서 '전근대민족'은 '근대민족'으로 이행 발전하게 되는 것이다.

셋째, 자본주의의 발흥과 국민경제의 성립이다. 자본주의의 발흥은 전국 영토와 국민을 하나의 시장경제권으로 통일하여 국민경제를 성립시키므로, 지방분권적 중세사회경제의 조각난 영주경제를 각종 방법으로 폐지해 버리며, 중세국가의 제한적 시장경제를 하나의 완전한 통일적 시장경제권

---

75 Marx, Anthony W., 2003, *Faith in Nation: Exclusionary Origins of Nationalism*, Oxford University Press, pp.12~72에서, 앤서니 맑스는 서유럽에서 민족과 민족주의 형성에서 17세기 초 유럽 '절대국가'의 출현을 중시하고 이 때에 '근대민족'과 민족주의가 서양학계의 통설보다 약 2세기 앞서 형성되었다고 주장하였다. 이러한 견해는 필자의 1984년 논문의 견해와 같다

으로 성립시킨다. 이것은 전근대민족을 근대민족으로 이행 발전시키는 큰 동인이 된다.

넷째, 국민교육의 보급이다. 전근대 시대에 주로 귀족층과 일부 소수 지식인만 실제로 독점했던 교육이 사회신분제 개혁 또는 폐지에 동반하여 과거의 평민과 천민 등 하위계층에게도 개방되고, 온 국민이 교육을 받아서 '지식'을 갖게 된다. 이것은 하위 신분계층의 자각을 촉진하고 지위를 실제로 향상시켜 '전근대민족'을 '근대민족'으로 이행 발전시키는데 역시 큰 동인이 된다.

다섯째, '민권' '인권' 사상과 의식의 형성 발전이다. 국민교육의 보급에 따라 이전의 평민층과 천민층을 중심으로 민권의식·인권의식이 비약적으로 발전한다. 이 '민권' '인권' 사상과 의식의 발전은 민족 성원의 평등한 소통과 민족 공동체에 대한 인지와 애착을 증폭시킨다. 이것은 '전근대 민족'의 '근대민족'으로의 변혁 이행 형성에 큰 작용을 하게 된다.

여섯째, 민족문화의 발전이다. 국민교육의 보급에 동반하여, 국문(한국민족의 경우에는 한글)또는 지방 어문으로 된 시·소설·가요 등 민족문학과 평민문학이 크게 발전되고, 이를 평민층이 주도하게 된다. 과거 등한시 되었던 민중들의 시가·민담·전설들이 수집되고, 민요·가요·놀이들이 새롭게 발굴되어 연구되고 교육되며, 보급된다. 새로운 민중의 작가·시인들이 출현하여 국문 또는 지방어문으로 새로운 민족문학 작품을 창작하고 보급한다. 이러한 민족문화의 발흥은 전근대민족을 근대민족으로 변혁 이행시키는데 큰 역할을 하게 된다.

일곱째, 민족역사의 보급이다. 종래 군주나 교회 중심의 왕조역사는 폐기되거나 약화되고, 객관적으로 '민족사'를 체계화하려는 역사가들과 지식인들이 출현하여 주인공 주체를 '민족'으로 한 새로운 민족사를 연구하고 발표하며 교육하기 시작한다. 새로운 민족 역사의 정립과 보급은 전근대민족을 근대민족으로 변혁 이행 형성시키는데 역시 큰 역할을 하게 된다.

여덟째, 주관적 요소인 민족의식의 고양이다. 민족성원들은 위에 든 민족 구성의 객관적 요소들의 변동에 기초하여, '민족' 공동체에 자기가 공속(共屬)한다는 사실을 자각하고 인지하며 민족에 대한 정서적 '애정'을 갖게 되어 민족의식이 크게 고양된다. 이것은 종래의 수동적 '즉자적 민족'을 능동적 '대자적' 민족으로 만들며, 전근대민족을 '근대민족'으로 변혁시키는 큰 동인이 되는 것이다.

아홉째, 민족주의의 발흥이다. 민족의식이 크게 발흥되면, 이를 체계화하여 민족의 자유독립·통일·존엄·발전을 추구하는 이념으로서 '민족주의'가 형성 발전된다. 민족주의는 민족 구성의 객관적 요소들의 변동과 동반하여 전근대민족의 근대민족으로의 이행 변혁 형성에 큰 역할을 하게 된다.

2. '폴크스(Volks)' 및 '나로드노스티(Narodnosti)'의 개념과 이론

1) '폴크스(Volks)'의 개념

독일 철학자이며 문학인 헤르더(Johann Gottfried Herder, 1785~1803)가 민족(Nation)에 선행하는 공동체로서 'Volks'(nationalities, 민족체)를 제시하여 강조한 이래, 그의 '폴크스 학설'은 민족 관련 학계에서 매우 중요한 첫 학설로 존중되어 왔다.

헤르더에 의하면 '민족'은 오랜 기간에 걸쳐 형성된 '폴크스'가 발전하여 형성된 것이다. 폴크스는 "지리적 풍토적 조건에 따라 그에 적응한 사람들의 공통의 언어, 시가, 관습 등으로 구성된 문화공동체" 라고 그는 서술하였다.[76] 여기서 헤르더가 말한 '폴크스(Volks)'는 아직 '나치온(Nation, 민족)'으로 발전하기 직전의 '백성·인민·민중들의 언어·민요·관습·문화 등의 공동체'로

---

76 최문환, 1958 『민족주의의 전개과정』(1976, 『최문환전집』 상권, pp.280~283).

요한 헤르더

해석된다.[77]

헤르더는 이 폴크스와 애국심 (애국정신)을 극도로 중시하고 강조하였다. 그는 국가 안에 있는 유일한 계급이 있다면 그것은 폴크스이다. 폴크스는 '오합지중'이 아니다. 국왕도 농민과 함께 이 계급에 속한다고 역설하였다. 헤르더는 '폴크스'에는 정신(Volksgeist)·영혼(Soul)이 형성되어 있다고까지 강조하였다.

그는 언어가 사람의 사고와 성격을 형성한다고 보아, 각 폴크스의 언어가 각 폴크스의 개성을 형성한다고 주장하면서, 독일어를 모국어로 하는 사람이 독일민족 성격을 만들게 되므로, 각급 학교에서 라틴어로 수업하는 대신 반드시 독일어로 수업할 것을 주장하였다. 그는 백성들의 민요와 시가에는 그들의 정신과 영혼이 스며있다고 주장하면서, 스스로 게르만족의 전통 민담·민요와 민간 시가를 수집해서 1773년 『민요 속의 민중의 소리』(Stimmen der Völker in ihren Liedern)라는 민요·시가집을 간행하였다.[78]

헤르더는 또한 이러한 문화적 요소들이 모두 포함된 종합으로서 '역사'를 강조하였다. 역사는 '진정한 애국정신' 배양의 도구이며, 역사가는 '과거의 현대적 재탄생'을 서술해야 한다고 주장하였다. 이러한 입장에서 그는 1784년 『인류사에 대한 철학적 고찰(Ideen Zur Philosophie der Geschichte

---

77 Vierkandt, Alfred, 1923, *Gesellschaftlehre*, Ferdinand Enke, Stutgart, p.319 참조.
78 Rocker, Rudolf, 1936, *Nationalism and Culture*, Rocker Publication Committee, pp.151~160 참조.

der Menschheit)』을 저술하였다. 그는 여기서 인류사는 각각 지리적 풍토적 조건에 적응하여 각각 개성을 가진 언어·시가·관습·성격을 형성한 수많은 폴크스들이 각각 고유문화를 갖고 상호 교류하면서 전체적으로 하나의 인류를 구성하여 발전해온 과정이라고 설명하였다. 따라서 인류문화는 수많은 민족들의 고유한 성격과 문화들이 모여서 풍부해진 것이다. 비유하면 인류라는 거대한 꽃밭은 각 민족체의 고유문화인 각각 아름다운 다수의 꽃들이 모여서 더욱 아름다운 정원으로 성장해온 것이라고 설명하였다.[79]

헤르더는 계몽사상과 프랑스대혁명을 긍정적으로 수용하였다. 그는 인간의 자유와 평등 중시에 동의했으며, 모든 민족체들은 각각 자기 조국에 대한 애국심을 갖고 조국 발전에 노력하면서도 다른 민족체와 평화 공존하고 상호 협조해야 한다고 강조하였다. 그는 독일 거주 유대인에 대해서도 독일인과 완전히 동일한 권리와 의무를 부여하고, 세계는 유대인을 수세기 동안 학대해온 잘못의 부채가 있으므로, 유대인들이 정치적 독립주권을 원하면 적극적으로 협조해 주어야 할 것이라고 서술하였다. 그는 각 민족체가 각각 고유문화를 갖고 각각 행복을 추구해야 한다고 설파하여 각 민족체의 특수성과 개성과 자유를 강조하였다.

헤르더는 지구상의 모든 인종은 원래 하나의 종에서 나온 것이라고 보아, 당시 프랑스에서 대두하고 있던 인종주의는 거부하였다.

헤르더는 이러한 '폴크스 학설'을 정립했으나, '폴크스'로부터 '민족 (Nation)' 형성으로 이행해 가는 이론은 과학적으로 상세히 정립하지 않았다. 그는 단지 문화 공동체의 성격을 가진 '폴크스'가 생명체처럼 '유기적으로' 성장하여 '민족'을 형성한다고 서술했을 뿐이다.

헤르더의 '폴크스 학설'은 그의 시대와 그 후 독일을 비롯한 전 유럽 학계·문화계에 널리 수용되어 큰 영향을 끼쳤다.

---

79 진덕규, 1983, 『현대민족주의의 이론구조』, 지식산업사, pp.129~134 참조.

2) '폴크스(Volks)'로부터 '민족(Nation)' 형성으로

헤르더의 '폴크스 학설'을 계승하여 전 독일에 독자적으로 변형 보급시킨 학자는 피히테(Johann Gottlieb Fichte, 1762~1814)와 그의 동료·후학들이었다. 신학도이며 철학자인 피히테는 '지식학'이라는 과목을 개척하여 다수 저작을 낸 가운데서도 1807년 『독일 국민에게 고함(Reden an die deutsche Nation)』이라는 강연과 책을 내어 참으로 심대한 영향을 끼쳤다.

피히테 사상의 특징은, 1804년 나폴레옹의 독일 영역 침략의 진군 소리를 들어가면서, 헤르더의 문화공동체 개념을 수용한 위에 '독일 민족(Nation)'의 형성을 위하여 정치적 경제적 개념을 도입해서 폴크스(Volks)로부터 민족(Nation)으로 이행 발전의 논리를 명백히 설명한 점이다.[80]

피히테는 사물 관찰에서 '자아'(自我)와 '비아'(非我)의 양분법을 제시하고, 독일인에게는 나폴레옹의 침입에 대응하여 독일 국민들의 '실천적 자아'가 요구된다고 역설하였다. 이를 위해 필요한 것이 정치적으로 '강력한 국가'이며, 경제적으로 '봉쇄상업국가'라고 그는 주장하였다.[81] '강력한 국가'를 형성하는 데 가장 중요한 것은 '민족교육'과 '조국애'라고 그는 강조하였다.[82]

요한 피히테

---

80 Hertz, Frederick, 1945, *Nationality in History and Politics*, Kegan Paul, London, pp.336~344 참조.
81 Rocker, Rodolf 1937, *Nationalism and Culture*, pp.188~189 참조.
82 최문환, 1958, 『민족주의 전개과정』(1976, 『최문환전집』 상, pp.306~313) 참조.

피히테는 독일인의 긴급한 과제는 게르만 민족의 분산된 다수의 폴크스들을 통일 통합하여 '강력한 민족국가'를 만들어야 하는 것이라고 지적하였다. 이를 위한 '민족교육'에서는 특히 인간의 '도덕적 개조'와 '조국에 대한 사랑'을 배양해야 한다고 역설하였다. 그리고 선진 영국과 프랑스의 상품이 독일 시장을 침투해 들어오는 데 대해서는 게르만 민족의 '관세동맹'을 통한 경제 국경을 봉쇄하여 게르만 민족의 상업을 보호 발전시켜야 한다고 주장하였다.

피히테는 '민족'과 '국가'를 '유기체'로 보는 버크(Edmund Burk) 등 영국 보수주의 학설을 받아들여 '민족유기체설'과 '국가유기체설'을 주장하고 해설하였다. 그는 이와 동시에 유럽 각국의 언어들은 게르만 언어를 분유하여 형성 발전되었으므로 게르만 민족이 전세계의 '기준민족체'(Normalvolk)이며, 여기에 민족교육과 조국애가 융합되면 독일 민족이 신(神)의 위임을 받은 사명을 갖고 인류의 세계사적 발전의 지도자가 된다고 역설하였다.

피히테는 게르만 '민족'은 부족에서부터 시작하여 형성된 영원한 것이라는 '원초주의자'(primordialist)의 입장을 취하면서, 계몽주의와 프랑스혁명이 나폴레옹의 대륙침략처럼 실패로 귀결되었으므로, 미래는 게르만 민족이 지도국이 되어 전세계 인류의 자유와 평등을 보장해야 한다고 주장하였다. 피히테는 게르만민족의 세계사적 사명은 말했지만, 유대인을 포함하여 다른 민족들에 대한 배타적 주장은 없었다.

피히테의 폴크스(Volks)로부터 민족(Nation)으로의 이행 발전 이론은 ① 국가의 강력한 통합과 통일 역할 ② 국경의 상업적 봉쇄와 관세동맹에 의한 역내 민족체 산업의 보호와 성장, ③ 언어·민요·문예 등 폴크스 문화의 육성 ④ 민족교육에 의한 애국심의 배양 등으로 요약 정리할 수 있다. 피히테의 설명에 따라 노이만은 인간의 공동체는 부족(Stamm, 종족) → 폴크스(Volks) → 민족(Nation)으로 발전했으며, 민족은 근대국가의 형성과 함께 형성되었다고 설명하였다.[83]

피히테 이후 독일에서는 문화계 전반에 '낭만주의' 운동이 대두하였고, 사회과학계에는 '역사학파'가 대두하여 큰 조류를 형성하였다.[84] 이 학파들과 그 후 수많은 독일 지식인들은 폴크스가 ① 정치적으로 '국가'의 형성과 역할에 의하여 ② 경제적으로 국민경제의 형성에 의하여 ③ 문화적으로 민족문화의 육성에 의하여 ④ 교육적으로 민족교육의 강화에 의하여 민족(Nation)으로 이행 발전되었다는 각종 이론을 정립하게 되었다.

3) 나로드노스티(Narodnosti, 준민족)의 개념과 이론

독일의 헤르더와 피히테 등의 '민족' 개념과 이론은 마르크스주의의 민족 개념과 이론에도 영향을 끼쳤다.

독일에서 마르크스주의 민족이론을 처음 정립한 바우어(Otto Bauer)는 헤르더의 이론을 전폭적으로 수용하여 민족을 문화공동체로 정의하고, 민족 구성요소로서 지리적 풍토·언어 등을 강조하였다. 그리고 폴크스(Volks)로부터 민족(Nation)으로의 발전도, 헤르더와 '신'(神)을 떼어버린 피히테를 마르크스주의 식으로 수정하여, '민족문화' 요소의 발전으로 설명하였다.

카우츠키는 이에 대하여 바우어가 주관적 요소를 강조했다고 지적하면서, 민족 구성요소로서 헤르더·피히테·마르크스 등이 모두 강조한 '언어'만을 특히 객관적 요소로 강조하였다. 그리고 폴크스(Volks)로부터 민족(Nation)으로의 이행 발전은 자본주의의 성립과 발전에 의거한 것이라고 주장하였다. 카우츠키는 문화적으로 '언어'와 경제적으로 자본주의 '시장경제'의 통일 형성을 특별히 강조한 것이었다.

그 후 스타린은 언어문제를 논의하면서 '민족'에 선행하는 사회구성체에 대하여 러시아어로 '나로드노스티(Narodnosti)'를 언급하였다. 즉 씨족

---

83 Neumann, Franz J. *Volk und Nation*, Dunker and Humbolt, Leipzig, 1888, p.74 참조.
84 최문환, 1958, 『민족주의 전개과정』(1976, 『최문환전집』 상, pp.133~159) 참조.

(Clan)의 언어에서 부족(tribe)의 언어로, 부족의 언어에서 나로드노스티 (Narodnosti, nationalities, 준민족)의 언어로, 나로드노스티 언어에서 민족 언어(national language)로 발전했다는 것이다.[85] 즉 러시아어로 민족(Natsiya, Nation)의 선행 사회구성체가 '나로드노스티(Narodnosti)'라는 것이다.

바우어-카우츠키-레닌-스타린의 토론 사실을 고려할 때, 러시아어 '나로드노스티'는 독일어 '폴크스(Volks)'에 해당하는 실체임을 추론할 수 있다. 러시아 '민족' 형성 이전의 슬라브 언어·문화·민요·예술·도덕으로 형성된 사회구성체를 러시아어 '나로드노스티(Narodnosti)'의 용어로 레닌과 스타린이 사용한 것이라고 해석된다.

마르크스주의가 동아시아에 들어왔을 때 한국·중국·일본에서는 '나로드노스티(Narodnosti)'를 '준민족'(準民族)으로 번역하여 사용했었다.

블라디미르 레닌   죠세프 스타린

---

85 Stalin, Joseph V., 1951, *Marxism and Linguistics*, International Publishers, New York. p. 14 참고.

레닌과 스타린은 '나로드노스티'의 '민족'으로의 이행 형성에 대하여 카
우츠키의 견해를 채택 보완하였다. 즉 '민족'(Natsiya, Nation)의 형성은 ①
자본주의 성립에 의하여 경제의 공동성이 형성되고 ②중앙집권적 국가의
형성에 의하여 정치적 통합력이 강화되면서 '나로드노스티'로부터 '민족'
형성으로 이행 발전이 이루어진다고 설명하였다.

스타린은 뒤에 이 때 형성된 '민족'은 '부르죠아 민족'이라고 한정하고,
'민족'을 '부르죠아적 민족'과 '사회주의적 민족'으로 구분하였다.[86] 그러나

---

86 ① Lenin, Vladimir, 1951, *Critical Remarks on the National Question*, Progress
Publishers.

② Lenin, Vladimir, 1970, *Questions of National Policy and Proletarian Internationalism*,
Progress Publishers.

③ Lenin, Vladimir, 1986, *On National Liberation and Social Emancipation*, Progress
Publishers.

④ Stalin, Joseph V., 1951, *Marxism and Linguistics*, International Publishers, New York.

⑤ Low, Alfred D., 1958, *Lenin on the Question of Nationality*, Book Associates, New
York.

⑥ Davis, Horace B. 1978, *Toward a Marxist Theory of Nationalism*, Monthly Review
Press, New York.

⑦ Connor, Walker 1984, *The National Question in Marxist Leninist Theory and
Strategy*, Princeton University Press.

⑧ Nahaylo, Bohdan and Swoboda, Victor, 1989, *Soviet Disunion: A history of the
Nationalities Problem in the U.S.S.R.*, The Free Press, New York.

⑨ d'Encausse, Hélène Carrère, 1992. *The Great Challenge: Nationalities and the
Bolshevik State*, 1917-1930. Holmes and Meier, New York.

⑩ Brundy, Yizhak M. 2000, *Reinventing Russia: Russian Nationalism and the Soviet
States*, 1951~1953, Harvard University Press.

⑪ Fourkes, Ben, 2002, *Ethnicity and Ethnic Conflict in the Post-Communist World*,
Palgrave.

⑫ Anderson, Kevin B., 2014. *Marx at the Margins: On Nationalism, Ethnicity, and
Non-Western Societies*, The University of Chicago Press.

⑬ Kottjarchuk, Andrei and Sundström, Olle(eds.), 2017. *Ethnic and Religious
minorities in Stalin's Soviet Union*, Sodertorn University Press, Stockholm.

레닌과 스탈린은 '민족' 개념에서는 견해가 동일했으나, '민족자결'에 대해서는 견해가 달랐다. 레닌은 민족자결에 원칙적으로 동의하고, 이를 소비에트 연방과 그 외 세계 약소민족에게 적용할 때 2중의 차별적 견해를 발표했었다. 소비에트 연방 내에 포함된 제정 러시아 지배하에 있던 약 120개 민족에 대해서는 그들이 결국 사회주의 혁명을 수용한다고 낙관하고 혁명 전에 약속하여 지지를 얻어낸 대로 모든 소수민족에게 '민족자결권'을 승인하였다. 그 결과 1917~1922년까지 소련방내에 수많은 공화국들이 탄생하였다. 레닌은 그러나 세계 약소민족들에 대해서는 조건부로 장차 사회주의 혁명을 수행할 의욕과 역량을 명백하게 가진 민족의 '민족자결'만을 인정하고, 그러한 민족의 부르주아 민족주의와 민족운동을 '프롤레타리아 국제주의'의 이름으로 인정하였다. 한국민족은 이에 분류되어 레닌은 한인사회당과 대한민국 임시정부의 민족독립운동을 지원하였다. 레닌은 러시아 민족 출생이었으면서도 소련내에서의 크고 작은 백여개 민족의 상호 평등관계와 민족언어 사용을 주장하고, '대러시아 중심주의'(Great Russian Chauvinism)는 강력히 반대하였다.

스탈린은 1924년 실권을 장악한 이후부터 소련방 내의 소수 민족의 '민족 자결'은 오직 '문화부문'의 자결만 인정하였다. 정치적 민족자결은 종파주의라고 탄압했으며, 언어는 러시아어를 제1공용어로 하고, 소수 민족어는 제2공용어로 승인하였다. 문자는 모두 키릴문자로 통일하였다. 그 결과 '대러시아 주의'가 묵인되어 전 소련방이 점차 사실상의 대러시아로 통일되어 가는 변동이 시작되었다. 이에 대한 소수민족의 저항은 소련공산당의 철권으로 단호하게 철저히 탄압되어 소수민족들의 저항으로 수백만명이 처형 또는 희생된 것으로 기록되어 있다. 1930년대에는 스탈린의 민족주의 '종파 잔재'의 뿌리를 뽑기 위한 소수 민족 이주정책으로 8개 소수 민족이 강제 이주당하였다. 극동의 한국인(카레스키), 크리미아의 타타르족, 볼가강 유역의 게르만족, 칼미크족, 발가르족, 카라차이족, 잉그쉬족, 체첸족 등이었다. 한국인들에게는 극동 연해주에서 1937년 9월 아무런 사전 예고 없이 갑자기 이주명령을 발하여 열차에 싣고 중앙아시아의 카자흐스탄과 우즈베키스탄 지역 황무지에 강제 이주시키고 자활케 하였다. 소련방 해체 직전 1979년의 중앙아시아 한국인(카레스키, 고려인) 인구는 43만 7,335명(Soviet Disunion, p.361)이었다. 스탈린은 소련방 이외의 '민족자결' 또는 민족주의는 '프롤레타리아 국제주의'의 이름으로 인정하지 않았다. 그는 모스코바에 본부를 둔 제3차 국제공산당(코민테른: Communist International: Comintern, 1919~1943)을 지휘하면서, 각국 공산당을 국제공산당의 지부로 편제하여 제도화하고, 1930년 각국(또는 각 민족)은 1당만 허용하는 '1국 1당 제도'를 만들어서 전세계 공산당들을 총지휘하면서 '민족주의'를 '반동'으로 규정했으며, 전세계 약소민족의 민족독립운동도 공산당의 운동만을 인정하였다. 스타린의 정책은 사실상 소련의 국제공산당을 통한 제국주의 정책을 수립하여 실천하

이것은 학술적 분류가 아니라 소련방 내의 소수민족의 동요에 대비한 개념의 정략적 성격이 강하므로 여기서는 논외에 두기로 한다.[87]

독일의 폴크스(Volks)와 러시아의 나로드노스티(Narodnosti)에 대하여, 영국의 겔너는 이 문화요소들에 주목하면서도, 이들이 민족주의자들에 의해 외래문화에 대항하는 민족해방 작업의 하나로서 '순수한 민족문화'(a putative folk culture)의 이름으로 근대 민족 형성에 활용되지만, 민족형성 후에는 이것을 전래의 지방 하급문화로 취급하고, 자신의 전문가들의 발명품인 새로운 고급문화를 민족문화의 중심으로 삼는다고 설명하였다.[88]

3. '에스니(ethnie)'의 개념과 이론

1) '에스니(ethnie)'의 개념

영국의 역사사회학자 앤서니 스미스(Anthony D. Smith)는 전근대 시대의 민족적 공동체를 독자적으로 '에스니(ethnie)'라는 프랑스어를 차용해서 개념화하였다.

스미스는 '민족'(nation)이 근대에 처음으로 형성되었음만 강조하면서 근대 이전 시대와의 지속성을 부정하거나 도외시하는 견해를 '근대주의자'(modernists)로 호칭하고, 부족 시기 처음부터 '민족'이 존재했다고 주장하는 견해를 '원초주의자'(primordialists)로 호칭하면서 양 극단의 견해에 반대하였다.[89] 그는 부족(tribe)에서 민족(nation)으로의 역사적 변동과정에 '에

다가 실패한 것이었다. 스탈린은 소련방내의 한국 독립운동도 엄격히 금지했으며, 소련 밖의 한국의 민족 독립운동도 인정하지 않았고, 따라서 지원하지도 않았다.

87 Cobban, Alfred, 1970, *The Nation State and National Self-Determination*, Thomas Y. Crowell, New York, pp.187~242 참조.

88 Gellner, Ernest 1983, *Nation and Nationalism*, p.57 참조.

89 Smith, Anthony D., 2009, *Ethno-Symbolism and Nationalism*, Routledge, London, pp.3~40 참조. 스미스는 서유럽 학계의 민족이론 경향을 네 가지로 나누었다. 첫째

스니(ethnie)'라는 개념의 인간 공동체를 정립하려고 하였다.[90]

스미스는 에스니(ethnie)의 개념을 "하나의 인간 집단이 명칭을 가지면서 조상으로부터 전래된 공동의 신화, 공동의 역사, 공동의 독자적 문화, 공동의 영역(토지/영토)과 함께 하나의 연대감을 가진 인간공동체"라고 정의하였다.[91]

즉 스미스는 '에스니(ethnie)'의 특징으로서 ① 집단 명칭(a collective name) ② 전래의 공동 신화(a common myth of descent)와 공유한 역사(a shared history) ③ 독자적인 공유한 문화(a distinctive shared culture) ④ 특정 영역

는 원초주의자(premordialist)의 견해이다. 이는 태초부터 민족이 형성되었다는 견해이다. 구약성서의 서술처럼 민족이 태초에 형성되었다고 해석하는 것인데, 스미스는 사회과학적 견해가 아니므로 채택하지 않는다고 하였다.

둘째는 영속주의자(perennialist)의 견해이다. 이것은 근대 이전의 고대 또는 중세의 어느 시기에 문화적 요소들을 기초로 하여 문화공동체로서의 민족이 형성되었고 미래에도 영구할 것이라는 견해이다. 스미스는 이 견해에서 근대 이전에 민족은 형성되지 않았지만 문화적 요소의 공동체적 결합인 ethnie가 근대에 계승되어 '민족'이 형성되었다고 보았다. 스미스는 '민족'은 근대에 형성되었지만, 그 전제로서 전근대 시대의 ethnie에 의거하여 근대에 '민족'이 형성된다고 하였다.

셋째는 근대주의자(modernist)의 견해이다. 서양의 대부분의 사회과학자들이 주장하는 견해로서 이 견해는 대부분 민족은 전근대와 연결 없이 새로운 민족국가와 함께 근대민족으로 형성되었고, 민족주의의 활동 결과로 민족이 형성되었다는 견해이다. 스미스는 이 견해에 찬동하여 채택하되, 단 전근대에 민족은 형성되지 않았지만 그 형성의 기반이 된 문화적 요소의 집합체인 ethnie를 계승해서 '근대에 민족이 형성'이 되었다고 전근대와의 지속적 연결을 주장하였다. 단, 스미스는 민족을 '상상의 정치공동체'(a imagined political community)로 보는 앤더슨 등의 견해에는 동의하지 않는다고 하였다.

넷째는 에스노 상징주의(ethnosymbolic paradigm)의 견해이다. 스미스의 주장으로서 민족은 전근대의 문화적 상징들과 근대의 정치적 상징이 계승 결합하여 형성된 '에스노·상징적 공동체'(ethnosymbolic community)로 본다는 것이다.

90 Smith, Anthony D., 1986, *The Ethnic Origins of nations*. Blackwell, pp.6-13 참조.
91 Smith, Anthony D., 2000, *The Nation in History*, University Press of New England, Hanover, p.65 참조.

과의 결합(an association with a specific territory) ⑤ 연대감(a sense of solidarity)의 5개 요소를 든 것이다.[92]

스미스의 에스니(ethnie)의 개념이 '민족'의 보편적 개념에서 빠진 것은 '언어의 공동' '사회경제생활의 공동' '정치의 공동' 등이고, '민족의식' 대신 '연대감'이 포함된 것이었다.[93]

스미스는 인류사회의 역사에서 '부족'으로부터 '민족'으로 가는 긴 시간

---

[92] Smith, Anthony D., 2008, *The Cultural Foundations of Nations*, Blackwell, London, pp.22-31 참조.

[93] Smiith, Anthony D., 2003, *Nationalism: Theory, Ideology, History*, Polity Press, p.13에서는 '에스니'와 '민족'의 개념 정의를 설명하면서 그 차이를 다음과 같이 대조표를 작성하여 제시하였다.

〈표 〉 앤서니 스미스의 에스니와 민족의 정의 대조표

에스니(ethnie)	민족(nation)
① 고유명칭(proper name)	① 고유명칭(proper name)
② 공동의 선조신화 등(common myth of ancestry etc.)	② 공동의 신화(common myth)
③ 기억의 공유(shared memories)	③ 역사의 공유(shared history)
④ 문화적 차이(cultural differentiation)	④ 공동의 공중문화(common public culture)
⑤ 국토와의 연결(link with homeland)	⑤ 국토의 점유(occupation of homeland)
⑥ 일부의 (엘리트) 연대 (some (elite) solidarity)	⑥ 공동의 권리와 의무(common rights and duties)
	⑦ 단일 경제(single economy)
(정의) 국토와 연결되고, 공동의 조상신화를 가지며, 기억을 공유하고, 하나 또는 다수 요소의 문화를 공유하며, 적어도 엘리트 사이에 일정의 연대가 있는 하나의 명칭을 가진 인간공동체 (a named human community connected to a homeland, possessing common myths of ancestry, shared memories, one or more elements of shared culture, and a measure of solidarity, at least among the elites)	(정의) 국토를 점유하고, 공동의 신화와 역사를 공유하며, 공동의 공중문화와 단일 경제와 모든 성원에 대한 공동의 권리와 의무가 있는 하나의 명칭을 가진 인간공동체 (a named human community occupying a homeland, and having common myth and a shared history, a common public culture, a single economy and common rights and duties for all members)

에 이러한 '에스니(ethnie)'의 인간 결합체가 존재했다고 강조하였다.[94] 그
가 근대주의적 견해를 비판하고, 민족이 근대에 갑자기 돌출한 것이 아니
라 장구한 역사기간에 '에스니(ethnie)'라는 인간결합체를 거쳐 '민족'이 형
성되었다고 본 것은 지방분권적 봉건사회를 거친 서유럽 사회에는 적용할
수 있는 탁견이라고 볼 수 있다.

2) 에스니(ethnie)로부터 민족(nation) 형성으로

스미스는 이어서 근대 이전의 오래된 에스니(ethnie)에서 근대의 민족
(nation) 형성으로 가는 이론적 모델을 서유럽 역사에서 정립하려고 시도하
였다.[95] 그는 민족형성의 경로를 밝히기 위해 다음 3종류의 '에스니)'를 설
정하였다.[96]

① '수평적' 또는 귀족적 에스니("lateral" or aristocratic ethnie)
② '수직적' 또는 민중적 에스니("vertical" or demotic ethnie)
③ '단편적' 또는 이민적 에스니("fragmentary" or immigrant ethnie)

스미스에 의하면, 첫째의 수평적 귀족적 에스니로부터의 민족형성은 울
툭불툭한 넓은 경계(ragged boundaries)를 가지면서 사회적 깊이는 별로 없
는 에스니들의 유형이다. 이 유형은 '인민'(the people)의 문화적 침투에 호
소하는 일이 드물기 때문에, 동부 유럽에서 보이는 것처럼 인민은 이 에스
니를 '그들의 것'으로 인지하는데 실패하기 쉽다.

---

94 Smith, Anthony D., 1986, *The Ethnic Origins of nations*. Blackwell, pp.92-125 참조.
95 Smith, Anthony D., 1986, *The Ethnic Origins of Nations*, pp.129~208 참조.
96 Smith, Anthony D., 2000, *The Nation in History*, University Press of New England,
　Hanover, pp.71-72 참조.

이 첫째 유형의 근대 민족형성으로 가는 길은 귀족에 의한 강력한 중앙집권제 국가의 건설 과정과 국가와 귀족 문화에 의한 외곽지역 및 하층계급의 관료적 통합(bureaucratic incorporation) 과정의 진행으로 이루어진 것이다. 이것은 서부유럽에서 보이는 유형이며, 또한 서유럽 국가들의 아시아와 사하라이남 아프리카 이전 식민지에서 성패간에 반복된 유형이다.

둘째의 수직적 민중적 에스니의 경우는 토착 지식인이 하층계급의 토착민중문화(vernacular cultures)를 재발견하여 증명하고 사용해서 하층계급을 정치적 행동에 일어서게 할 목적으로 토착민중동원(vernacular mobilization)을 통하여 '에스니적(ethnic) 민족'을 창출(create)한 유형이다. 동부 유럽과 중동에서 공통적으로 보이는 유형이다.

셋째의 단편적 이민적 에스니의 경우는, 실제로는 부분 에스니(part-ethnie)로서, 그 성원이 원래의 자기 공동체로부터 경제적 종교적 정치적 이유로 다른 지역에 이민하여 새로운 식민지(a new colony)를 형성한 경우의 것이다. 시간 경과에 따라 이러한 단편적 에스니는 원래의 에스니의 이방인이 되어 이민 간 지역에 새로운 민족(a new nation)을 형성하는 것이다. 스미스는 그 예로서 아메리카, 캐나다, 남아프리카, 오스트레일리아의 '개척적 이민 민족'(pioneering immigrant nations)을 들었다.

스미스에 의하면, 이러한 세 유형의 에스니를 근대에 와서 '민족'(nation)으로 형성시키는 역할을 수행하는 것은 민족주의 이데올로기이다. 그는 민족주의 이데올로기의 기본적 교의를 다음과 같이 요약하였다.[97]

(1) 세계는 민족들로 분할되어 있으며, 각 민족은 하나의 특징적 성격, 역사, 운명을 갖는다.

(2) 정치권력은 오직 민족 안에 존재하며, 민족에 대한 충성은 모든 다른

---

97 Smith, Anthony D., 2000, *The Nation in History*, University Press of New England, Hanover, pp.72-73 참조.

것에 대한 충성에 우선한다.

(3) 자유롭기 위해서 인간은 민족과 행동을 같이해야(identify with) 한다.

(4) 확실하게 믿을 수 있기 위해서, 민족들은 최대의 자치권(maximum autonomy)을 가져야 한다.

(5) 세계평화와 정의는 오직 자치권을 가진 민족들의 사회에서만 세워질 수 있다.

스미스에 의하면, 이러한 교의는 정치적으로 민족자치(national autonomy), 민족 통일(national unity), 민족정체성(national identity)의 세 기본적 이념을 치켜들고 있다.

민족주의자들은 이 세 이념을 자유사회의 필수 요건일 뿐 아니라 세계 평화와 국제질서에도 필수 요건으로 주장하는 것이라고 스미스는 지적하였다. 그러므로 민족주의가 모든 형성될 민족들에게 희망과 해방의 청사진을 공급하는 것이라고 그는 설명하였다.

스미스에 의하면 민족주의의 힘은 단지 이데올로기의 문제에 한정된 것만은 아니다. 민족주의 원리보다 더 강력한 것이 민족적 상징들(national symbols)이다. 민족주의의 추상성에 대하여 이 민족적 상징들은 구체적 의미와 가시성(visibility)을 제공한다. 민족의 표상(representation)과 이미지들은, 정확히 매체들에 의해 매우 광범위하게 전파 보급되기 때문에 다수의 민중들에게 심대한 영향을 발휘하게 된다. 즉 이들 각 매체들에 의해 민족과 민족해방의 특정 이미지, 과거의 민족 영웅, 영광스러운 미래가 창출될 수 있고 조달될 수 있다고 그는 설명하였다. 그 결과 민족은 지식인들의 추상적 자산이었음을 끝내고 그 성원과 시민들이 그렇게 설계한 대로의 오래된 상상의 공동체(immemorial imagined community)가 되는 것이다.[98]

---

98 Smith, Anthony D., 2000, *The Nation in History*, University Press of New England, Hanover, pp.73 참조.

스미스는 예술가들이 오페라, 음악, 드라마, 소설, 영화, 텔레비전 등을 통하여 그들의 영웅적 과거를 드라마틱하고 예술적으로 확실하게 재창조해냄으로써 그들의 민족의 힘과 실체성을 계속적으로 조달해왔음을 설명하였다. 그는 전 유럽에서 이러한 '역사적 동원'(historical mobility)과 '고고학적 진실인듯한 증명'(archeological verisimilitude)이 계속 인기를 점증해왔다고 지적하였다.

즉 스미스는 근대 이전의 에스니에 근거를 두고 지식인과 예술가가 그들의 추상적 민족주의 이데올로기를 '역사적 동원'과 '고고학적 그럴듯한 증명'으로 각종 매체를 통하여 '영광스러운 과거'를 민중에게 보급함으로써 에스니에서 근대에 이르러 '오래된 상상의 공동체'로서의 민족(nation)이 형성되었다는 이론을 정립한 것이다.[99]

스미스는 자기의 이 방법을 '에스노상징적 접근'(ethnosymbolic approach)이라고 이름붙였다. 그러나 스미스는 에스니(ethnie)의 독자적 설정 이후 민족형성에서 '언어의 공동' '공통의 언어' 요소를 빼어버리고 앤더슨의 민족을 '상상의 공동체'(imagined community)로 보는 견해에 너무 의존하고 있어서 '객관적 실체'로서의 민족이 크게 소멸되어간 측면이 있음을 주목할 필요가 있다.

스미스의 '에스니'와 필자의 '원민족' 및 '전근대민족'의 큰 차이점은, 첫째 '에스니'가 정치적 주권을 가진 '국가'를 핵심으로 한 '정치의 공동' '정치 공동체'를 빼어버린 '문화공동체'인데 비하여, 필자의 '원민족'과 '전근대민족'은 정치적 주권을 가진 국가를 포함한 '정치의 공동' 즉 '정치공동체'와 '문화공동체'를 모두 통합한 통합 공동체라는 점이다. 둘째 스미스의 '에스니'는 민족 형성 이전의 문화공동체인데 비하여, 필자의 '원민족'

---

99 Smith, Anthony D., 2013, *The Nation Made Real: Art and National Identity in Western Europe 1600~1850.* Oxford University Press, pp.168~180참조.

과 '전근대민족'은 이미 형성된 민족공동체의 한 형태라는 점이다. 한편 스미스의 '에스니'와 필자의 '원민족' 및 '전근대민족'의 공통점은 모두 '근대민족'에 선행하는 민족공동체적 요소들을 추적하여 '민족'의 전근대시기와의 역사사회적 연속성을 밝히려고 한 점이다.

V. '근대민족'의 특징

1. 근대민족의 특징

전근대민족에 기초하여 한 단계 더 이행 발전한 '근대민족'은 민족 구성 요소 중에서 특히 '정치의 공동' '사회경제생활의 공동' '민족의식' 요소들에서 혁명적인 획기적 변동을 일으켜 특히 다음과 같은 '이념형'의 특징을 가진 근대민족으로 형성 발전되었다.

첫째, 모든 민족성원이 '정치의 공동'에서 평등하게 생명과 신체의 자유권, 재산의 자유권, 언론·집회·결사·출판의 자유권, 평등권, 주권, 참정권, 저항권 등 인권과 민권을 정립하여 갖고, 이를 수호하는 수단과 제도로서 '국가'를 '헌법'과 '의회'를 가진 '공화국'으로 개조 또는 수립하였다. 물론 '입헌군주국'도 존재하지만, 이것은 전제군주국을 폐지할 때 '군주'가 살아남게 두기 위해 허여한 후진적 '유제'에 불과하였다. 민주공화국에서는 모든 민족 성원에게 자유권·평등권·주권·참정권·저항권을 부여하고 정확히 평등하게 적용하는 동일한 공동의 법률과 규범과 행정을 갖도록 제도화하였다.

둘째, 모든 민족 성원의 사회적 상·하 이동과 소통을 저해하는 세습적 비세습적 모든 신분제도를 완전 폐지하고, 수직적으로도 완전히 평등하게 상·하이동의 장벽을 철폐하였다. 일부 민족이 왕족과 귀족의 신분제도를 존속시키고 있는 것은 후진적 '유제'에 불과한 것이다. 모든 민족 성원은 사회적으로 완전 평등하며, 민족공동체 내의 위치를 수직적으로나 수평적으로나 완전히 자유이동할 수 있게 되었다.

셋째, 모든 민족 성원은 영토의 경계(boundary)선까지 완전히 통일된 하나의 시장경제에 언제나 자유롭게 참여하여 사회경제생활을 할 수 있게 되었다. 이것은 근대 자본주의 경제체제가 만들어 준 것이다. 성원은 누구나 자본주의 경제의 기업 등 각종 단위와 시장에 자유롭게 참가할 수 있게 된 것이다. 뿐만 아니라 민족 성원은 이때의 사회경제 활동의 정당한 보상과 복지를 분배받아 가질 수 있게 보장되었다.

넷째, 모든 민족 성원은 원하는 수준까지 교육을 받아 인류가 창조하고 축적한 지식을 배우고 향유할 수 있게 되었다. 여기에는 이전의 남녀차별과 신분차별이 완전히 철폐되었다. 뿐만 아니라 국가는 민족성원이 합의한 일정 수준까지는 모든 민족 성원에 '의무교육'을 실시하여 민족 전체의 지식 수준을 대폭 높이게 되었다.

다섯째, 모든 민족 성원은 문학, 음악, 무용, 미술 등 문화 예술과 각종 체육 활동에 자유로이 참여할 수 있게 되었다. 그 결과 전근대민족의 전통적 민족문화가 새롭게 근대적으로 재발견되고 재해석되면서 근대 민족문화가 창조되어 크게 발전하였다. 또한 세계 모든 신앙과 종교 활동에도 자유의지로 자유롭게 선택하여 참가할 수 있게 되었다.

여섯째, 모든 민족 성원은 지식인들의 노력 결과로 재발굴하고 재해석하여 새롭게 과학적으로 체계화된 새로운 '역사의 공동' '공통의 역사'를 갖게 되었다. 이 역사는 전근대민족에서처럼 국왕과 왕조의 영광을 빛내기 위한 역사가 아니라, 객관적으로 사실에 의해 증명된 민족역사와 국민·민중의 역사가 되었다. 또한 이 역사는 자기민족의 역사 뿐만 아니라 다른 민족들의 역사를 포함한 세계사, 인류문명사가 되어 성원의 인식세계를 시간적 공간적으로 크게 확대케 하였다.

일곱째, 모든 성원의 언어생활은 일상 사용 언어를 중심으로 통일되었다. 언문일치가 실행되어, 구어체와 문어체의 구분이 소멸되었다. 모든 성원은 언어를 담는 그릇인 '문자'를 배우고 갖게 되어 자기의 의사를 문자로도 표현하고 남길 수 있게 되었다. 모든 민족성원의 문자해독을 보장하기 위해 의무교육과 성인교육이 실행되었다.

여덟째, 민족 성원의 지식이 세계적으로 확대되고 세계관이 확충됨에 동반하여 자기민족과 다른 민족의 평등 사상을 갖게 되었다. 민족 성원들은 자기 민족의 자부심을 가짐과 동시에 다른 민족을 차별하지 않고, 다른 민족이 차별해 오면 이를 비판 극복하는 활동을 전개하여 민족 존엄성(dignity)이 정립되었다.

아홉째, 민족 성원의 '민족의식'이 크게 강화되었다. 성원들은 국민주권과 참정권을 가지면서 민족에의 '공속'을 인지하고 자기 민족의 정당한 지위와 가치를 자각하며 정서적으로 자기 민족에 애정을 갖게 되었다. 민족 성원들은 자기의 위신과 명예가 민족의 위신과 명예에 결합되어 있으며, 자기 이해관계가 민족의 이해관계와 결합되어 있음을 잘 인지하고 활동하게 되었다. 이러한 민족의식의 강화는 근대민족을 매우 역동적인 행동주체로 정립되도록 작용하였다.

열째, 근대민족은 민족의식의 발전의 결과 '민족주의(nationalism)'라는 민족의 이데올로기를 갖게 되었다. 민족주의의 내용과 형태는 다양하지만, 공통점을 추출해 보면 한마디로 "민족의 자유독립·통일·존엄·발전을 추구하는 이데올로기와 태도"이다. 민족주의 본질은 민족 옹호의 이데올로기이다. 이것은 '애국주의'(patriotism)의 본질이 국가 옹호의 이데올로기임과 대비된다. 예컨대 한국민족과 같이 단일 민족국가에서는 민족주의와 애국주의는 중첩되므로 혼용되거나 거의 동일 개념으로 사용될 수도 있다. 그러나 예컨대 중국과 같이 다민족국가에서는 민족주의와 애국주의는 전혀 다른 것이다. 다민족국가 중앙정부는 소수민족의 민족주의가 그 소수민족의 자유독립을 고취할까 염려해서 민족주의를 탄압하고 애국주의만을 고취하기도 한다. 그러므로 민족주의와 애국주의 분리 관찰을 특히 강조하는 학자도 있다.[100]

위의 '근대 민족'의 특징은 '이념형'을 추출한 것이어서 현실세계에서는 특징을 모두 충족하기 못한 경우도 있고, 그 조합에 현저한 비중과 구조 차이가 있을 수 있다. 그러나 모든 '근대민족'은 비중을 달리하면서도 위의 특징을 전부 또는 대부분 갖추고 있다.

한국민족의 '근대민족' 형성은 19세기 중엽부터 개화기에 크게 진전되어 성취되었다.[101]

2. 근대민족 형성과 민족주의의 역할에 대한 서구의 최근 이론

필자는 앞에서 전근대 민족의 근대민족으로의 변혁 형성을 새로운 단계로의 큰 변혁이라고 보면서도, 이전 단계인 전근대(premodern)와의 역사적 연속성(continuity)을 전제로 하고 근대민족의 특징을 설명하였다.

서양 학계에서는 민족주의 연구가 민족국가 및 민족 형성과 결부되어 크게 일어나면서, 민족주의·민족국가·민족이 모두 '근대'의 산물이라는 견해가 지배하게 되었다. 예컨대 틸리(Charles Tilly)는 서유럽 민족국가(nation- state)가 베스트팔렌 조약(1648), 빈 회의(1814~15) 체제 기간에 성립된 근대체제임을 논증하였다.[102] 이에 전후하여 민족주의 전문 연구학자

---

100 ① Connor, Walker, 1994, *Ethno-Nationalism; The Quest for Understanding*, Princeton University Press.

② Viroli, Maurizio, 1995, *For Love of Country; An Essay on Nationalism and Patriotism*, Calldon Press, Oxford.

101 신용하, 2017, 『한국민족의 기원과 형성 연구』, 서울대학교 출판문화원, pp.243~371 참조.

102 Tilly, Charles 1975, "Reflections on the History of European State-Making" and

들인 헤이즈(Carlton Hays)[103], 콘(Hans Kohn)[104], 헤르츠(Frederick Hertz)[105], 카(Edward H. Carr)[106], 셰이퍼(Boyd C. Shafer)[107], 코반(Alfred Cobban)[108], 케두리(Elie Kedourie)[109], 스나이더(Louis Snyder)[110], 브뢸리(John Breuilly)[111], 카멘카(Eugene Kamenka)[112], 티베이(Leonard Tivey)[113], 알터(Peter Alter)[114] 그리고 거의 모든 마르크스주의 학자들이 민족국가와 민족과 민족주의가

"Western State-Making and Theories of Political Transformation", in Charles Tilly(ed.), 1975, *The Formation of National States in Western Europe*, Princeton University Press, pp.3~83 및 pp.601~638 참조.

103 Hays, Carlton, 1931, ① *The Historical Evolution of Modern Nationalism*, Smith, New York.

② 1960, *Nationalism; A Religion*, Macmillan, New York.

104 Kohn, Hans 1955, ① *Nationalism: Its Meaning and History*, Van Nostrand, New York.

② 1967, *The Idea of Nationalism*, 2nd Edition, Collier-Macmillan, London.

③ 1967, *Prelude to Nation-State; The French and German Experience*, 1789~1815, Van Nostrand.

105 Hertz, Frederick, 1944, *Nationality in History and Politics*, Routledge and Kegan Paul, London.

106 Carr, Edward H. 1945, *Nationalism and After*, Oxford University Press.

107 Shafer, Boyd C. 1955, *Nationalism: Myth and Reality*, Victor Gollancz, London.

108 Cobban, Alfred 1969, *The Nation-State and National Self-Determination*, Revised Edition, Collins, London.

109 Kedourie, Elie. 1960, ① *Nationalism*, Hutchison, London.

② 1971, (ed.) *Nationalism in Asia and Africa*, Weidenfeld and Nicolson, London.

110 Snyder, Louis L. 1954, ① *The Meaning of Nationalism*, Rutgers University Press.

② 1969, *German Nationalism: The Tragedy of a People*, Kennikat Press, New York.

111 John, Breuilly, ① 1993, Nationalism and the State, 2nd edition. Manchester University Press.

② 1996, The Transformation of German State 1800~1871, Macmillan. London.

112 Kamenka, Eugene(ed.), 1976, *Nationalism: The Nature and Evolution of an Idea*, Eduard Arnorld, London.

113 Tivey, Leonard(ed.), 1980, *Nation State*, Martin Robertson, Oxford.

114 Alter, Peter, 1989. *Nationalism*, Peter Arnold, London

18세기의 산물임을 주장하였다.

이를 이어받아서 서구의 사회학과 사회과학에서는 1980년 초부터 근대 민족 형성은 그 이전인 전근대와는 연속성이 없이 단속성(discontinuity)을 보이면서 새롭게 '근대'의 특수한 산물로 민족주의가 형성되고 민족주의가 동인이 되어 근대에 '민족'이 발명되었다는 학설이 대두하여 지배하고 있다. 여기서는 스미스에 따라 대표적 학자로 겔너, 홉스봄, 앤더슨, 앤서니 스미스의 견해를 간단히 검토하기로 한다.

1) 겔너의 '발명된 공동체' 설

영국의 언어철학자이자 사회학자이고 사회인류학자인 겔너(Ernest Gellner)는 '민족'은 시기적으로 '근대'에 '민족주의'가 '발명'(invented)한 것이라는 '발명된 공동체'(invented community) 설을 1983년경부터 발표하고 주장하였다.[115]

---

115 겔너(1925~1995)는 프랑스 파리에서 유태인 변호사의 아들로 태어나 체코 슬로바키아 프라하에서 성장하였다. 히틀러 집권 후 가족이 체코에서 1939년 영국으로 망명했고, 옥스퍼드 대학에서 철학을 전공하였다. 1947년 에딘버러 대학 조교수로 교수생활을 시작하여, 1949년 영국 사회학자 긴스버그(Morris Ginsberg, 1899~1970)의 초청으로 런던대학으로 옮겨서 '민족'과 민족주의에 관심을 가져 연구하였다. 1974년에 영국학술원 회원이 되었고, 1984년에 캠브릿지 대학 인류학과로 옮겨서 다수의 업적을 내고 은퇴하였다. 그의 '민족과 민족주의' 연구는 주로 런던대학 시대에 성취되었고, 그 업적이 높이 평가되어 캠브리지대학 시절에 널리 보급되었다. 그의 업적 가운데 사회학 및 '민족과 민족주의' 관련 주요 업적은 다음과 같다.

① *Words and Things; A Critical Account of Linguistic Philosophy and a study in Ideology*, 1959.

② *Thought and Change: The nature of Human Society*, 1964.

③ *Populism: Its Meaning and Politics*, 1969.

④ *Cause and Meaning in Social Sciences*, 1973

⑤ *Contemporary Thought and Politics*, 1974.

겔너는 유럽에서 19세기 초부터 '민족주의의 시대'가 열리면서, 민족주의가 그 이전의 모든 민족적 요소들을 그의 목적에 따라 급속히 결합시키고 변형시켜서 '민족'(nation)을 발명(invent)했다고 설명하였다.

"민족(nation)은 오직 민족주의 시대 (the age of nationalism)에 관련해서만 정의될 수 있다 (…) '민족주의 시대'란 이러저러한 민족의 각성과 정치적 자기 주장을 단순히 종합한 것이 아니다. 오히려 그것은 표준화되고 동질적이며 중앙에서 지원되는 고도문화를 만들 때 (…) 통일된 문화가 사람들로 하여금 기꺼이 그리고 열렬히 자기를 동일시 하는 바로 그러한 종류의 단위(unit)를 구성하는 상황이 일어나는 것이다. (…) 이러한 조건에서만 민족은 의지와

겔너

문화의 양자에 의해 참으로 정의될 수 있고, 또 그들과 정치적 단위의 융합에 관련하여 참으로 정의될 수 있는 것이다. (…) 의지(will)와 문화(culture)와 정치체(polity)는 규범이 되며, 누구도 쉽게 거부하지 못한다. (…) 민족을 탄생시킨 것은 다름아닌 민족주의(nationalism)이다. 아

⑥ *Nations and Nationalism*, 1983.

⑦ *Relativism and Social Sciences*, 1985.

⑧ *The Concept of Kinship and Other Essays*, 1986.

⑨ *State and Society in Soviet Thought*, 1988.

⑩ *Spectacles and Predicaments: Essays in Social Theory*, 1991

⑪ *Reason and Culture: A Sociological and Philosophical Study of the Role of Rationality and Rationalism*, 1992

⑫ *Encounters with Nationalism*, 1995.

⑬ *Nationalism*, 1997

는 바와 같이 민족주의는 기존의, 역사적으로 전승된 문화의 증식 또는 문화적 부를 매우 선택적으로 사용하며, 그것을 자주 급격하게 변형시킨다. 죽은 언어들이 부활될 수 있고, 전통들이 발명되며(invented), 매우 가상적인 본래의 순수성이 복고된다"[116]

겔너의 견해는 간단히 다음과 같이 요약 정리될 수 있다.

① 민족(nation)은 이전의 것과는 관계없이 '근대'에 새롭게 형성된 것이다. '산업사회'가 '근대의 특수한' 것과 같이 '민족'도 '근대의 특수한' 것이다.

② 민족은 근대에 민족주의(nationalism)가 출현하여, 민족주의가 만들어 낸 것이다. 유럽에서는 근대 산업사회 직전에 자연 발생적으로 민족주의가 출현하였다.

③ 근대 이전의 농경사회에서는 극소수의 엘리트가 하층 농민들로부터 분리되어 있었을 뿐만 아니라, 엘리트 자신이 자신의 문화를 농민들에게 보급할 의사가 없었고, 농민들은 수직적 계층 구조에서 자기들의 민속문화로만 생활하기 때문에 '민족주의'와 '민족'이 형성되지 않았다.

④ 민족주의가 민족을 만들어 낸 과정은 주로 '발명'(invention)에 의한 것이다. 즉 민족은 민족주의에 의해 형성된 '발명된 공동체'(a invented community)이다.

⑤ 민족주의가 민족을 발명해 낸 것은 사회학적 필요(sociological necessity) 때문이다. 근대에 경제성장을 중시하는 산업사회(industrial society)가 형성되기 시작함에 따라 문자를 알면서 일정한 기술적 교육과 훈련받은 피고용인이 필요하게 되었으며, 이에 걸맞는 공통의 공식적 교육체계가 필요하게 되었다.

⑥ 산업사회의 시작은 이전의 농업사회와는 달리 문화의 동질화와 표준

---

116 Gellner, Ernest, 1983, *Nations and Nationalism*, Cornell University Press, New York, pp.55~56.

화가 필요하게 되었다. 이것은 중앙과 교육에 의하여 고급문화를 보편화한 것이다.

⑦ 산업사회의 진전과 병행하여 농촌에서 이농하여 도시에 몰려든 새 도시이주민들은 정착하자 기존 도시민들과도 다르고 기존 농민들과도 다른 그들 자신의 새로운 민족적 문화를 만들어 내었다. 또한 산업사회에서는 언어도 각종 지방 사투리를 버리고 새로운 표준어에 의한 통일이 필요하게 되었다.

⑧ 국가의 영역에서도, 알자스·로렌 지방과 같이 영유가 중첩된 지역에서는 경쟁이 일어나서 국가의 역할이 필요하게 되었다. 이에 정치적으로 중앙집권적 정치체가 필요하게 되고, 광범위한 기능을 가진 중앙중심적 관료제가 필요하게 되었다.

⑨ 사회관계에서도 '익명성'(anonymity)과 '이동성'과 '원자적 개인성'이 강화되었다. 개인은 산업사회에 참가하지만 인격체가 아니라 기능인으로서 고용되었다.[117]

⑩ 근대 산업사회에 이와 같이 새롭게 출현한 필요에 부응하여 정치적 단위와 문화적 단위를 통일하는 정치적 원리로서 '민족주의'가 출현했고, 민족주의가 '의지'(will)와 '문화'(culture)와 정치체(polity)를 융합(convergence)하여 '민족'을 발명해 낸 것이다.

겔너의 견해는 결국 사회의 '산업화'와 근대화에 동반하여 '민족주의'가 출현하였고, 결국 민족주의가 '민족'을 발명했으며, 여기서 '민족' 형성에 결정적으로 중요한 역할을 한 것이 '민족주의'라는 것이다. 겔너의 이러한 이론을 앤서니 스미스는 민족과 민족주의 이론의 '근대주의 학파'(school of modernists)이라고 이름하였다.[118] 겔너의 철학, 사회학, 인류학, 정치학

---

117 Gellner, Ernest, 1991, *Nationalism*, Weidenfeld and Nicolson, London, pp.25~30 참조.

에 걸친 해박한 지식과 함께 이러한 민족과 민족주의에 대한 '근대주의'
이론은 그 후 전세계 학계에 매우 큰 영향을 끼쳤다.[119]

2) 홉스봄의 '발명된 공동체' 설

영국의 마르크스주의학파 역사학자 홉스봄(Eric J. Hobsbawm)도 겔너와
유사한 학설을 발표하였다.[120] 그는 이미 1983년의 편찬서에서 민족주의자

---

118 Smith, Anthony D., 1986, *The Origins of Nations*, pp.7~13 참조.
119 ① Hall, John A. and Ian Jarvie(eds.), 1996, *The Social Philosophy of Ernest Gellner*.
Brill.

② Hall, John A., 1998, *The State of the Nation: Ernest Gellner and the Theory of
Nationalism*. Cambridge University Press.

③ Lessnoff, Michael, 2002. *Ernest Gellner and Modernity*. University of Wales
Press.

④ Malesevic, Sinisa and Mark Hangaard(eds.), 2007, *Ernest Gellner and
Contemporary Social Thought*. Cambridge University Press.

⑤ Hall, John A., 2010, *Ernest Gellner: An Intellectual Biography*. Verso, London.

⑥ Simeon, Dimonye, 2012, *A Comparative Study of Historicism in Karl Marx and
Ernest Gellner: Fact Versus Value in Development, A Case Study of Karl Marx and
Ernest Gellner*, LAP LAMBERT Academic Publishing.

⑦ Stahl, Dale J., 2017, *An Analysis of Ernest Gellner's Nations and Nationalism*.
Macat International Ltd. London.

⑧ Yildirim, Kemal, 2020. *Ernest Gellenr's Approach to Nationalism and 'Conditions
of Liberty': Society and Its Rivals*. LAP LAMBERT Academic Publishing.
120 홉스봄(Eric John Ernest Hobsbawm, 1917~2012)은 영국 국적을 가진 폴란드계 유
태인 상인의 아들로 이집트의 알렉산드리아에서 태어나 영국 국적에 입적되었다.
어머니가 오스트리아계 유태인이었으므로, 홉스봄은 소년기를 오스트리아 비엔나
와 독일 베를린에서 보냈다. 그는 12세 때 아버지를, 14세때 어머니를 여의고 고
아가 되어 친척에게 입양되었다가, 1933년 나치가 집권하자 망명하는 양부모를
따라 영국으로 이주하였다. 1936년 캠브리지 대학 킹스칼리지에 입학하여 역사학
을 전공하고, 페비안주의 연구로 1950년 캠브릿지대학에서 박사학위를 받았다. 홉
스봄은 마르크스주의 역사학자들로서는 특이하게 제일차 사료를 광범위하게 조
사하였다. 홉스봄은 1947년 런던대학교 버크벡 칼리지에서 '강사'로 교수생활을

들의 강조하는 '전통'(tradition)이 민족주의의 '발명'(invention)이라는 견해를 발표했었다.[121]

홉스봄은 '민족'의 정의에 대한 마르크스주의 학파의 유일한 표준으로 되어온 스탈린의 "공통의 언어·지역·역사·경제생활·문화적 성격의 결합" 개념이 객관적 요소들만의 결합으로 된 것이어서 '실패'한 개념이라고 비판하였다.[122] 왜냐하면 이러한 결합체는 역사에서 통시적으로 보이기 때문이다. 또한 '민족'을 성원의 공속 '의식'(consciousness)으로만 정의하는 주

시작하여, 1949년~1955년 캠브리지 대학교 킹스칼리지의 전임강사(fellow)를 거쳐서, 1959년 런던대학교 버크벡 칼리지의 전임강사(reader)가 되었다가, 1970년~1982년까지 이 대학 정교수로 재직하였다. 1976년에 영국학술원 회원이 되었다. 1982년에 런던대학교에서 정년퇴임하여, 그 후 2002년까지 벅벡칼리지의 명예학장으로 있었다. 그가 95세로 별세하자, 제자와 가족들이 런던 교외 하이게이트 공동묘지의 마르크스의 묘 바로 근처에 그의 묘를 만들었다.

홉스봄의 연구관심은 그가 "긴 19세기(1789~1914)"의 유럽 역사였으나, 여기에 그치지 않고, 그는 세계사와 당시 세계 주요문제에 광범위한 관심을 가졌다. 그는 수십 책의 많은 저술 업적을 내었는 바, '민족'에 큰 관심을 보인 저작을 들면 다음과 같다.

① *Primitive Rebels : Studies in Archaic Forms of Social Movements in the 19th and 20th Centuries*, 1959.

② *The Age of Revolution ; 1789~1848*, 1962.

③ *The Age of Capital ; 1848~1875*, 1975,

④ *The Inventions of Tradition*, (eds.) 1983.

⑤ *The Age of Empire ; 1875~1914*, 1987.

⑥ *Nations and Nationalism Since 1780*, 1990.

⑦ *The Age of Extremes; The short Twentieth Century 1914~1991*, 1994.

⑧ *On History*, 1997.

⑨ *Globalism, Democracy and Terrorism*, 2007.

⑩ *Fractuated Times : Culture and Society in the 20th Century*, 2013.

121 Hobsbawm, Eric J. and Ranger, Terence (eds.), 1983, *The Inventions of Tradition*, Cambridge University Press

122 Hobsbawm, Eric J., *Nation and Nationalism Since 1780*, Cambridge University Press, 1990, pp.5~8 참조.

홉스봄

관주의적 견해에도 반대하였다. 왜냐하면 이러한 정의는 동의어의 반복일 뿐 아니라 '민족의식' 만으로는 민족이 결합체로 형성되지 않기 때문이다. '와이트 섬'(the Isle of Wight, 영·불 해협에 있는 섬) 주민이 민족의식을 가졌다고 해서 와이트 민족이 형성되지 않는 것과 같다고 하였다. 홉스봄은 "'민족'의 개념은 근대에 이르러서 민족주의에 의해 발명된 것으로 보아야 전망적으로 인지될 수 있다. 그는 실제의 '민족'은 오직 귀납적으로만 인지될 수 있다"[123]고 주장하면서 '민족'에 대한 그의 관점을 서술하였다.

그에 의하면, 민족(nations)은 특정 종류의 영역국가(territorial state) 또는 그것-광의의 프랑스혁명의 시민국가(citizen state)-을 수립하려는 소망의 기능(functions)으로서 존재할 뿐 아니라 특정 단계의 기술적 경제적 발전의 맥락에서 존재하는 것이다.[124]

홉스봄의 '민족' 개념과 민족형성론의 특징은 다음과 같이 요약할 수 있을 것이다.[125]

① '민족주의' 라는 용어는 겔너의 정의와 동일하게 "기본적으로 정치적 단위와 민족적 단위가 반드시 일치하는 원리"를 의미하는 것으로 사용되어야 한다. 겔너의 영향을 받았음을 알리는 대목이다.

② 민족은 원초적(primary) 또는 불변의(unchanging) 사회적 실체가 아니다. 민족은 전적으로 특정 시기, 역사적으로 최근 시기에 속한 것이다. 민

---

123 Hobsbawm, E. J., Ibid, p. 9.
124 Hobsbawm, E. J., 1990, Ibid, p.10.
125 Hobsbawm, E. J., 1990, Ibid, pp.9~13.

족은 오직 특정 종류의 '근대 영역국가'(modern territorial state)인 '시민국가'(citizen-state)에 관련된 사회적 실체(a social entity)이다. 양자의 관련을 제외하고 '민족'을 논의하는 것은 의미가 없다.

③ 민족과 민족주의에 관련된 '국가'는 프랑스혁명(1789년) 후 형성된 '시민국가'(citizen state)이다. 그 이전의 정치체나 국가는 민족주의와 관련이 없다.

④ 서유럽에서 민족주의와 민족국가가 처음 형성된 것은 1830년~1870년경이다. 그러므로 '민족'이 형성된 것도 대민족들의 대중적 민주주의와 정치적 민족주의가 확립된 이 시기이다. 1870년부터 1914년 제1차 세계대전 발발까지는 민족주의가 융성하여 확고한 뿌리를 내렸고, 여러 갈래의 민족언어적 민족주의와 소민족들의 우익 민족주의가 전개된 시기이다.[126] 민족주의가 전성기에 이른 것은 1918년~1950년 시기이다.[127]

⑤ 분석목적상으로는 "민족주의가 민족에 선행한다. 민족은 국가와 민족주의를 만들지 않지만 그 반대는 진이다"[128]라고 본다.

⑥ 민족주의가 근대(주로 1830~1870)에 민족을 '발명'하였다. 민족주의가 민족을 발명할 때 그들은 중세의 신화, 상징, 의례, 전통, 문화를 사용하지 않았다. 이 때 민족주의자들이 채용한 상징, 깃발, 동상, 체육 경기, 축제, 노래, 역사는 모두 근대에 민족주의자들에 의해 새로이 의도적으로 발명되어 만들어진 것들이었다. 언어도 본질적으로 민족주의에 의해 민족적 표준문어가 발명되어 공용 민족적 표준문어가 근대에 민족형성에 들어간 것이다.

⑦ 그러므로 민족 형성에 들어가는 문화적 전통들은 민족주의자들이 새로 만든 인공물(artefact)이고, 발명(invention)이며, 민족주의자 엘리트들이

---

126 Hobsbawm, E. J., 1990, Ibid, pp.101~130 참조.
127 Hobsbawm, E. J., 1990, Ibid, pp.151~162 참조
128 Hobsbawm, E. J., 1990, Ibid, p. 10.

'민족'과 '시민적 영역국가'를 형성하기 위해 사회적 기법(social engineering)으로 활용된 문화적 도구들이었다.

⑧ 민족은 특정 종류의 영역국가나 그 건국소망(예. 프랑스 혁명의 시민국가)의 기능에만 존재하는 것이 아니라, 특정 단계의 기술과 경제발전의 내용에도 관련되어 있다. 그러므로 민족과 민족관련 현상은 정치적, 기술적, 행정적, 경제적, 기타 조건들과 요건들에 관련시켜서 분석해야 한다.

⑨ 근대화의 현상은 이중현상이다. 위로부터의 근대화와 아래로부터의 근대화가 그것이다. 겔너가 위로부터의 근대화에 주목하는데 비해, 홉스봄은 아래로부터의 근대화도 중시하여, 민족의 발명 형성과정도 위·아래를 모두 분석해야 한다고 주장하였다.

⑩ 최근 체코의 흐로츠(Hroch)의 19세기 유럽 민족운동사 비교연구를 보면, 두 개의 큰 성과를 취할 수 있다.[129] 첫째는 '민족의식'이 한 나라에

---

129 흐로츠(Miroslav Horch, 1932~)는 체코의 정치학자로서, 프라하의 찰스대학에서 역사학을 전공하고 1962년에 박사학위를 받았다. 그의 체코어로 쓴 1968년에 간행한 『유럽의 민족 부활의 사회적 전제조건들(*Social Preconditions of National Revival*)』이 1985년에 영역되어 높이 평가됨으로서 세계적 학자로 알려졌다. 그는 주로 중부 및 동부 유럽 민족들의 민족운동의 형성과 발전을 연구하여 '민족 형성의 3단계설'을 제시하였다. A단계에서는 소수 연구자들이 주민의 공통 특성 자각을 증진하기 위하여 주로 문화·언어·사회와 역사의 특성을 조사연구해서 알려주는 것이다. 이것도 강제적 압력을 가하지 않고 특히 민족적 요구에 부응만 해주는 것이다. B단계는 새로운 실천가들이 출현하여 미래의 민족 창출 계획을 실현하려고 가능한 최대로 지지 동조 세력 획득을 추구하여 활동하는 단계이다. C단계는 주민의 다수가 대중운동을 형성한 단계이다. 이 단계에서 민족운동은 충만된 사회운동이 되어 보수세력·관료·자유·진보세력·민주화 세력 등도 각각 지부를 설치하고 독자적으로 계획을 수립하여 운동에 동참한다. 흐로츠는 이어서 『민족이익; 19세기 유럽 민족운동의 요구와 목표, 비교전망(*In the National Interest, Demand and Goals of European National Movements of 19th Century)*』(2000)과 『유럽 민족들의 형성 설명(*European Nations. Explaining their Formation*)』(2015)등의 저서를 발표하였다.

서도 사회집단 사이에 그리고 지역에 따라 불균등하게 발전한다는 사실이다. 둘째는 민족운동의 3국면 전개이다. A국면에서는 문화적, 문학적, 민족적 조사 연구가 이루어지고, 특정 목적의 정치적 민족적 함의는 표출되지 않는다. B국면은 '민족이념'을 실천하기 위한 선구자들과 적극적 실천가들의 단체가 출현하여 '민족이념'을 위한 정치적 캠페인을 시작한 단계이다. C국면은 민족주의자들의 계획이 대중적 지지를 획득한 단계이다. 홉스봄은 민족운동의 시기적 전개과정에서는 B국면에서 C국면으로의 이행이 매우 중요한 모멘트로 보았다. 아일랜드의 경우를 보면 이 시기가 민족국가 형성의 직전에 일어났으며, 제3세계의 경우에는 그 이후에 일어난 것이 관찰되기 때문이라고 하였다.

홉스봄의 견해는 결국 다음과 같이 간추릴 수 있다. ① 민족(nation)은 민족주의(nationalism)의 산물이다. ② 민족은 민족주의자들이 영역국가(territorial state)를 만들기 위한 정치적 목적으로 '근대'(주로 19세기)에 '발명'(invention)된 것이다. 즉 민족은 '근대'에만 출현한 하나의 발명된 정치공동체(a invented political community)라고 보아야 한다. ④ '민족'의 발명에 민족주의자들이 동원한 근대 이전의 언어, 문화, 신화, 역사, 민속, 음악, 미술 등 문화적 항목들은 사실은 계승된 것이 아니라 민족주의자들에 의해 새로 '발명된 전통'(invented traditions)들이었다. ⑤ '민족'은 민족주의의 산물이므로 민족 형성의 가장 중요한 요소인 '민족의식'이 어떻게 민족주의로 발전하여 '민족운동'을 전개해서 민족과 민족국가를 형성하는가를 연구하는 것이 중요하다.

홉스봄은 그가 귀납적으로 관찰하여 정리한 견해를 19세기 유럽 역사에서 논증하려고 하였다. 그는 1990년부터는 '민족'을 전적으로 근대(주로 19세기)의 발명된 '신고안품'(the nation as novelty)이라고 강조하였다.[130]

---

130 Hobsbawm, E. J., 1990. op. cit., pp.14·45 참조

3) 앤더슨의 '상상의 공동체' 설

아일랜드 국적을 갖고 미국에서 교수 생활을 한 정치사학자 앤더슨 (Benedict Anderson)은 주로 동남아시아와 라틴아메리카 민족주의 연구과정에서 겔너의 '발명된 공동체'설을 극단적으로 더욱 추상화하여 '민족'을 18세기 말엽 민족주의자들이 고안하여 발명해낸 '상상의 공동체'(an imagined community), '상상의 정치공동체'(an imagined political community)로 정의하였다.[131] 이 견해는 미국과 유럽에 수요가 커서 급속히 보급되어 학계에도 매우 큰 영향을 미치게 되었다. 앤더슨의 '민족'에 대한 '상상의 공동

---

[131] 앤더슨(Benedict Richard O'Gorman Anderson, 1936~2015)은 중국 해관에 근무하는 아일랜드인 아버지와 영국인 어머니 사이에서 중국 곤명(昆明 ,Kunming)에서 태어났다. 일본제국주의가 1937년 중·일 전쟁을 일으키자, 그의 가족은 1941년 미국으로 이주했다가, 1945년 아일랜드로 귀국하였다. 앤더슨은 이튼 고등학교를 거쳐 캠브릿지대학교 킹즈 칼리지에서 고전을 전공하고, 마르크스주의에 심취하여 반(反)제국주의활동에 참여하였다. 그는 미국의 코넬대학 대학원에서 정치학을 전공하여 1967년 인도네시아 연구로 박사학위를 취득하였다. 그는 코넬대학교 연구기관과 대학에서 교수직을 갖고 인도네시아 등 동남아시아 국제관계 연구와 현지조사에 참여하였다. 1994년 미국학술원 회원에 선출되었고, 2002년 코넬대학교 교수에서 은퇴하였다. 그는 은퇴 후에도 코넬대학 명예교수로서 계속 왕성한 학술활동을 했으며, 2015년 12월 인도네시아 바투의 한 장기투숙 호텔에서 자서전 『국경을 넘은 생애(A life Beyond Boundaries)』를 집필하다가 별세하였다. 그의 '민족'과 '민족주의' 관련 대표작으로서는 다음을 들 수 있다.

① *Withdrawal Symptoms*, 1976,

② *Imagined Communities: Reflections on the Origin and Spread of Nationalism*, 1983

③ *Language and Power: Exploring Political Cultures in Indonesia*, 1990

④ *The Spectre of Comparisons: Nationalism, Southeast Asia, and the World*, 1998.

⑤ *Western Nationalism and Eastern Nationalism: Is there a Difference that Matters?*, 2001

⑥ *Under Three Flags: Anarchism and the Anti-Colonial Imagination*, 2005.

⑦ *The Fate of Rural Hell: Asceticism and Desire in Buddhist Thailand*, 2012.

⑧ *A Life Beyond Boundaries: A Memoir*, 2016.

체'론의 요점은 다음과 같이 정리할 수
있다.[132]

① '민족'은 '근대'에 '민족주의'가
창조해낸 '상상의 공동체'이다.

② 민족은 대면(face to face)하여 인
지할 수 없도록 너무 대규모이어서 성
원들이 서로를 모르기 때문에 '상상'되
어진 것이다.

③ 민족은 계몽사상을 거쳐 프랑스혁
명이 군주정체를 붕괴시킨 '근대'에 나왔
기 때문에 민족이 으레 주권(sovereignty)
을 가진 것으로 상상되어진 것이다.

④ 민족은 내부에 불평등과 수탈이

앤더슨
(출처 : 코넬대 홈페이지)

엄존함에도 불구하고 민족주의자들이 '공동체'로 설명했기 때문에 '공동체'
로 상상되어진 것이다.

⑤ 민족은 근대에 과학기술과 자본주의가 발흥하여 인쇄의 신기술이 발
달하자 인쇄자본가들이 서적 판매가 수익사업이 된다고 판단해서 (민족주
의) 문필가들의 글과 서적을 대량 생산하여 대중에게 보급한 '인쇄-자본주
의'(print-capitalism)의 결과로 상상되어진 것이다.

⑥ 인쇄 자본주의가 보급한 새 서적들은 토착어(venacular)로 쓰여진 것
이어서 토착민들이 문필가들의 책을 텍스트로 읽고서 문필가들에 따라서
토착민들도 '민족'을 '상상'하게 되었다.

⑦ 민족은 그러므로 역사와 사회에 실재하는 '실재의 공동체'(real

---

132 Anderson, Benedict, 1983, *Imagined Communities; Reflections on the Origin and
   Spread of Nationalism*, Verso, London, pp.37~206 참조

community)가 아니라, 18세기에 들어와서 지식인들이 정치적 목적으로 창도한 민족주의가 상상해 낸 것을 토착민들이 공유한 '상상의 공동체(an imagined community)', '상상의 정치공동체(an imagined political community)' 이다.

⑧ 역사에서 가끔 보이는 '민족'을 위해 생명을 바치는 희생주의도 문필가들의 인쇄-언어(print-language)가 민족이 그럴만한 가치가 있다고 상상하게 만들어 주었기 때문에 그에 따라 상상물에 희생한 것이다. 그들의 '민족의식'은 상상물에 기초를 둔 '허위의식'(false consciousness)에 불과하다.

⑨ '민족'을 만들어낸 최초의 민족주의는 유럽이 아니라 유럽인들이 이주한 브라질, 미국, 중남미 스페인 식민지 등에서 백인 크리올(이주민)이 만든 크리올 민족주의(Creole Nationalism)이다.

앤더슨의 '상상의 공동체'론에 대해서 필자는 이미 별도의 독립논문을 발표했으므로, 앤더슨에 대한 검토는 그 논문에 미루기로 한다.[133]

4) 앤서니 스미스의 민족형성론과 에스노-상징주의 연구방법

영국의 역사사회학자 앤서니 스미스(Anthony D. Smith)는 '민족'이 '근대'에 형성된 공동체라고 보면서도, 위의 겔너, 홉스봄, 앤더슨 등과는 다른 견해를 발표하였다.[134] 스미스는 1980년대 초 까지는 겔너의 이론을 따

---

133 신용하, 2006, 「민족의 사회학적 설명과 '상상의 공동체'론 비판」, 『한국사회학』 제40집 제1호 참조.

134 앤서니 스미스(Anthony David Stephen Smith, 1939~2016)는 영국 런던에서 중하위층 유태인 상인의 아들로 태어났다. 어머니는 폴란드계 유태인으로서, 나치의 홀로코스트 학살 때 무려 80명의 친척이 희생되었다고 기록되어 있다. 스미스는 런던에서 초등학교와 중학교 시절부터 유태인 차별을 체험하면서 성장하였다. 이것이 그의 민족과 민족주의 연구의 동기가 되었다고 스스로 말했다고 한다. 그는 매우 성실한 우수 학생이어서 장학금으로 옥스퍼드 대학에 입학하여 고전 및 철학 전공으로 학사 학위를 받았다. 이어서 런던경제대학(London School of Economics,

르면서 유럽과 제3세계 민족들을 설명하였다. 그러나 1986년『민족의 에스니적 기원』을 발표하면서부터, '민족'이 '근대'에 형성되었다는 겔너의 이론에는 동의하지만, 그 이전 전근대(premodern)와의 '단속성' 주장에는 동의할 수 없다고 하였다. 스미스는 전근대에도 '민족'을 형성하는 기본적 요

지금의 런던 대학교) 대학원에서 사회학을 전공하여 석사와 사회학 박사 학위를 받았다. 이 때 지도교수가 겔너였고, 박사논문을 출판한 것이 그의『민족주의의 이론들(*Theories of Nationalism*, 1971)』이다. 그는 예술사, 고전음악, 고대문명에도 큰 관심을 가져서, 1970년대에 석사학위, 이어서 영국과 프랑스에서의 미술 및 조각의 18세기 부활에 대한 연구로 르뱅·카톨릭 대학에서 예술사학 박사학위를 또 받았다.

스미스는 욕(York) 대학에서 시간강사로 교수생활을 시작했지만, 9년간이나 정규 교수직을 얻지 못하였다. 1980년에 런던 경제대학 교수가 되어 2004년 정년퇴임 때까지 24년간 민족과 민족주의 담당교수로서 정력적으로 연구와 각종 학술활동에 전념하였다. 학술활동으로는 '에스니시티 및 민족주의 연구학회(Association for the Study of Ethnicity and Nationalism: ASEN)를 조직하여 초대회장이 되었고, 학술지『민족과 민족주의(*Nation and Nationalism*)』의 편집위원장으로 장기간 활동하였다. 1987년에는 영국 의회가 교육법을 제정하여 학문의 자유에 약간의 통제를 가하자, 스미스는 학문독립위원회(Council for Academic Autonomy)를 조직하여 활동해서 1988년의 교육개혁법이 학문자유를 보장하도록 개정되는데 일단 성공하였다. 그는 2004년 정년 은퇴후에도 런던대학 명예교수로서 정력적으로 연구를 계속하여 새 학설과 다수의 저서를 발표하다가, 2016년 런던에서 별세하였다. 그는 민족과 민족주의 연구에 큰 업적을 내었는데, 주요 저서를 다음과 같이 뽑을 수 있다.

① *Theories of Nationalism*, 1971.
② *Social Change*, 1976.
③ *Nationalism in the 20th Century*, 1979.
④ *The Ethnic Revival*, 1981.
⑤ *State and Nation in the Third World*, 1983.
⑥ *The Ethnic Origin of Nations*, 1986.
⑦ *National Identity*, 1991.
⑧ *Nations and Nationalism in a Global Era*, 1995.
⑨ *Nationalism and Modernism*, 1998.
⑩ *Myths and Memories of the Nation*, 1999

엔서니 스미스

소가 된 '에스니(ethnie)'가 존재했었고 그것을 기초로 민족이 형성되었으므로 근대의 민족 형성에는 전근대로부터의 역사적 연속성(historical continuity)이 있다는 독자적 견해를 발표하였다. 스미스의 새로운 견해는 다음과 같이 요약 정리할 수 있을 것이다.

① 민족은 '근대'에 형성된 공동체이다. 이 점에서는 겔너와 동일한 견해이다. 그러나 민족의 형성은 그 이전 전근대시기의 민족적 문화요소들에 강력하고 깊은 뿌리를 갖고 형성된 것이다. 이 점이 겔너와 다른 견해이다.

② 이러한 전근대의 민족적 문화형태를 '에스니(ethnie)'라고 호칭하겠다. 이 용어는 혁명 전 프랑스에 실제로 존재했던 '전근대 문화형태'인데, 그리스어로는 '에스노스(ethnos)'에 가까운 것이다. 근대의 '민족'은 '장기지속'상으로 전근대 시기의 '에스니(ethnie)'에 기원을 두고 형성된 것이다.[135]

③ 민족은 3중 혁명의 결과로 형성되었다. 그것은 ㉠ 자본주의의 발전(경제적 혁명)과, ㉡교회의 권력 상실을 대체한 관료제(행정적 혁명) 및 ㉢ 문화의 중앙집중화(문화적 혁명)에 동반한 3중 혁명의 결과로 형성된 것

⑪ *The Nation in History*, 2000.

⑫ *Chosen Peoples: Sacred Sources of National Identity*, 2003.

⑬ *The Antiquity of Nations*, 2004.

⑭ *The Cultural Foundations of Nations: Hierarchy, Covenant and Republic*,

⑮ *Ethno-Symbolism and Nationalism : A Cultural Approach*, 2009.

⑯ *The Nation Made Real: Art and National Identity in Western Europe*, 1600~1850, 2013.

⑰ *Nation and Classical Music* (Mathew Riley와의 공저), 2016.

135 Smith, Anthony D., 1986, *The Ethnic Origins of Nations*, pp.21~68 참조.

이다.

④ 민족을 형성시킨 동력은 '민족주의'(nationalism)이다. 민족주의는 "실제의 민족 또는 미래의 민족을 구성하는 성원들의 자주독립, 통일, 정체성을 획득하고 유지하기 위한 이데올로기적 운동"이다. 이 민족주의가 근대에 형성되어 전근대의 에스니(ethnie)에 뿌리를 두고 '민족'을 형성한 것이다.

⑤ 그러므로 민족주의의 근대민족 형성에는 발명의 부분도 있지만, 전근대 에스니(ethnie)로부터의 문화, 전통, 역사적 연속성(historical continuity)이 있는 것이다. 이것은 스미스가 겔너 등의 근대주의적 견해와 루소, 헬더, 르낭, 피히테 등에서 정립된 유럽의 전통적 견해들을 종합하고 있음을 나타낸 것이라 볼 수 있다.

⑥ 대부분의 민족주의는 민족 형성을 위하여 주민의 기존 역사를 근대의 정치적 민족주의적 목적에 조정되도록 재해석하여 민족정체성 소속감 강화에 도움을 주도록 하며, 그러한 역사를 공유하도록 기도한다. 그러한 역사가 학문적으로 타당하고 설득력이 있어야 함은 물론 전제되어 있다.

⑦ 민족주의는 한 민족의 성원 모두가 똑같기를 요구하지 않는다. 그러나 성원이 그 민족과 그리고 그 민족의 다른 성원과의 강력한 접착적 연대(an intense bond of solidarity)를 갖도록 요구한다.

⑧ 민족은 "하나의 역사적 영역 또는 고토(故土, Homeland)를 점유하고, 공통의 신화와 기억을 공유하며, 하나의 대중적 공공문화를 갖고, 하나의 경제를 가지며, 모든 성원이 공통의 권리와 의무를 공유한 이름을 가진 인간집단"[136]이다. 이것은 민족의 두 유형 중의 '서유럽형 또는 시민형 모델'(western 'civic' model)이다.

⑨ 한편 '민족'에는 동유럽 및 아시아 등의 '비서유럽형' 또는 '에스닉'형 모델(non-western 'ethnic' model)이 있다. 이 비서유럽형 모델의 특징은

---

136 Smith, Anthony D., 2000, *The Nation in History* p.63.

영역보다 출신 혈통과 토착적 요소를 강조하고, 법률보다 언어·관습·전통 등 토착문화를 강조하는 특징이 있다.[137]

⑩ 스미스는 이러한 민족과 민족주의의 연구방법으로 '에스노-상징주의 연구방법'(ethno-symbolic approach)을 제의하였다. 그의 에스노·상징적 연구방법은 "민족국가의 형성과 지속에서 상징(symbols), 신화(myths), 가치(values)와 전통(traditions)의 중요성을 강조하여 연구하는 접근방법"이다.

⑪ 민족과 민족주의 연구의 파라다임을 크게 분류하면 ⓐ 쉴스(Edward Shils)[138], 기어츠(Clifford Geertz)[139], 그로스비(Steven Grosby)[140] 등 원초주의자(the primordialist); ⓑ 바스(Frederik Barth)[141], 하스팅스(Hastings)[142], 워말드(Patric Wormald)[143], 길링감(John Gilligham)[144], 레이놀즈(Susan Reynolds)[145] 등 영속주의자(the perennialist) 및 신 영속주의자; ⓒ 앞서 든 수많은 근대주

---

137 Smith, Anthony D., 1991, *National Identity*, pp.8~13 참조.

138 Shils, Edward, 1957, "Primordial, Personal and Civil Ties", *British Journal of Sociology*, 7, pp.13-45

139 Geertz, Clifford, 1973, *The Interpretation of Cultures*, Fontana, New York.

140 Grosby, Steven, 2006, *A very short introduction to nationalism*, Oxford University Press.

141 Frederick, Barth(ed.), 1969, *Ethnic Groups and Boundaries*, Little, Brown and Co. Boston.

142 Hastings, Adrian, 1997, *The Construction of Nationhood: Ethnicity, Religion and Nationalism*, Cambridge University Press.

143 Wormald, Patrick, 2005, "German Power Structures: The Early English Experience", in Scales, Len and Oliver Zimmer(eds.), *Power and the Nation in European History*, Cambridge University Press.

144 Gillighan, John, 1995, "Henry Huntington and the Twelfth Century Revival of the English Nation" in Forde, Simon et al. *Concept of National Identity in the middle ages*, School of English, Leed Text and Monographe, new series 14.

145 Raynolds, Susan, 2005, "The Idea of Nation as a Pollitical Community" in Scales len and Oliver Zimmer(eds.), *Power and the Nation in European History*, Cambridge university Press.

의자(the modernist); ⓓ 에스노·상징주의 파라다임(ethnosymbolic paradigm)
으로 구분할 수 있다.[146] 이 가운데서 스미스 자신과 그의 제자 암스트롱
(John A. Armstrong), 핫친슨(John Hutchinson) 등이 사용하는 '에스노-상징
주의' 파라다임이 가장 전망이 좋은 연구 방법이라고 그는 강조하였다.

스미스의 에스노-상징주의 연구방법은 무엇보다도 근대 이전의 민족적
요소에 대한 역사사회학적 연구의 중요성을 주창하고 강조한 곳에 큰 특
징이 있다. 필자는 1984년 논문에서, '원민족' '전근대민족' '신민족' 등의
개념과 이론을 제의하면서 동일한 주장을 강조한 바 있다. 앤서니 스미스
의 2009년 『에스노-상징주의와 민족주의』는 다음과 같이 서술하고 있다.

> "이와같은 고찰은 '전근대민족'(pre-modern nation)의 가능성을 제기한
> 다. 만일 민족이 장기간에 걸쳐서 형성된다면, 결국 우리는 어떤 민족
> 들의 기원은 근대의 출현 훨씬 이전에 소급될 수 있음을 기대할 수 있
> 다. 우리가 만일 민족의 개념을 짤막한 '근대민족'과 동일시하지 않는
> 다면 우리는 중세(Middle Ages)에나 또는 고대(Antiquity)에 존재하는
> 민족들의 착상을 즐길 수 있을 것이다. (…)
> 현재 내가 오직 신호처럼 알리는 것은, 몇 분의 중세연구 역사가들이
> 특정 서유럽 주민들, 특히 영국에서는 중세시대 후기까지에는, 비록
> 몇 개 경우에는 그 이상 더 이른 시기는 아닐지라도, '전근대 민족
> 들'(pre-modern nations)을 형성한 것으로 정당하게 취급될 수 있다는 사
> 실이다. 또한 어떤 고대세계 연구 역사가들은, 고대 유태와 초기 기독
> 교도의 아르메니아처럼, 이념형의 주요 특징을 과시한 '고대 민족
> 들'(ancient nations), 즉 고대의 공동체를 추출해내기까지 한 드문 사례
> 도 있다."[147]

---

146 Smith, Anthony D., ① 2004, *The Antiquity of Nations*, Polity, London, pp.4~30.
  ② 2008, *Cultural Foundations of Nations: Hierarchy, Covenant, and Republic*,
  Blackwell Publishing, Oxford. pp.2~27.
147 Anthony D. Smith, 2009, *Ethno-Symbolism and Nationalism*, Routledge, London and

이것은 2004년까지도 '전근대민족'과 '고대민족'을 인정하지 않고 '에스니'만을 인정하던[148] 스미스가 그 후 역사가들의 연구서들을 읽고 2009년경부터는 일부 유럽 역사에서 '진근대 민족'(pre-modern nations)과 '고대민족'(ancient nations)의 실체와 개념을 인지하여 동의하고 있음을 알려주는 것이다.[149]

New York, pp.44~45.

148 Anthony D. Smith, 2004, *The Antiquity of Nations*, Polity, London, pp.184~210.
149 Anthony D. Smith, 2009, *Ethno-Symbolism and Nationalism*, Routledge, London and New York, 2009, p. 142, 각주 7 참조. 여기서 스미스가 '고대민족'을 인지 동의한 아르메니아와 고대 유태민족 경우의 분석서로는, Steven Groshy의 *Biblical Ideas of Nationality, Ancient and Modern*, Winoa Lake, 2002, Chapter I과, 역시 고대 유태민족주의와 민족의 구성요소를 연구한 David Goodblatt의 *Elements of Ancient Jewish Nationalism*, Cambridge University Press, 2006 등이다. Aviel Roshwald의 *The Endurance of Nationalism: Ancient Roots and Modern Dilemmas*, Cambridge University Press, 2006은 '고대 아테네 민족'을 주장했다고 그는 서술하였다. 고대 지중해세계를 통찰하여 개관한 연구서로서는 Sebastian Garman의 'Ethno·symbolism in ancient mediterranean World' in Leaussi and Grosby(eds.) *Nationalism and Ethno· symbolism: History, Culture and Ethnicity in Formations of Nations*, Edinburgh University Press, 2007과, Doran Mendels의 *The rise and Fall of Jewish Nationalism*, New York, Doubleday, 1992를 들면서, 이들이 헬레니즘과 로마세계의 '정치적 민족주의'를 말하면서도 이것의 에스노-정치적 전망과 정서를 근대민족주의와 구별했다고 그는 설명하였다.
스미스는 중세유럽의 '전근대민족' 가능성에 대해서는, Alfred Smyth(ed.)의 *Medieval Europeans: Studies in Ethnic Identity and National Perspective in Medieval Europe*, Palgrave, 2002에 수록한 논문들과, 그것의 근대민족과의 중요한 차이를 인정한 Susan Reynolds의 *Kingdoms and Communities in Western Europe, 900~1300*, Claredon Press, 1984와 'The Idea of the nation as a Political Community' in Scales and Zimmer(eds.) *Power and the Nation in European History*, Cambridge university press, 2005를 들었다. 프랑스의 경우는 Colette Beaune의 *The Birth of an Ideology: Myths and Symbols of the Nation in Late Medieval France*, University of California Press, 1991을 그는 들었다. 스미스에 의하면, 잉글랜드는 '중세민족'(a medieval nation)의 가장 강력한 사례로 자주 관찰되는데, 의심의 여지없이 당대 하나의 강력한 국가인 앵글로-색슨 왕국을 비록 근대민족과 동일한 의미는 아니지만 하나

3. 최근 서구의 민족이론에 대한 약간의 노트

위에서 든 네 서양 학자의 민족 개념과 이론을 검토해 보면, 장점과 함께 다음의 문제점이 있음을 간단히라도 지적하지 않을 수 없다.

1) 겔너의 민족이론에 대한 노트

겔너(Gellner)의 '민족' 개념과 이론은 근대 민족 형성에 끼친 민족주의의 강력한 동력, 그리고 사회체제 근대화와 근대민족 형성의 동반관계를 밝힌 큰 장점이 있다.

그러나 우선 그 선후 인과관계가 역전되어 있다고 본다. '민족'이 아직 존재하지 않는데 먼저 '민족주의'가 형성되어 그 동력의 결과로 '민족'이 형성된 것은 관찰되지 않는다. 먼저 '전근대민족' 또는 그와 유사한 전근대 공동체가 존재했기 때문에 그에 기초해서 '민족주의'가 형성되고, 민족주의 동력의 발휘를 동반하면서 '근대화'가 진행되었으며, 동시에 '전근대 민족'의 '근대민족'으로 변혁이 일어난 것으로 인과관계를 설명해야 할 것이다. 민족주의에 선행하여 전근대민족(또는 전근대적 민족체)이 있었다.[150] 이 선행 전근대민족(또는 전근대적 민족체)이 근대화하여 '근대민족'이 형

의 민족(nation)으로 다룬 연구서로는 Patrick Wormald의 The Emergence of Anglo-Saxon kingdom(1984) in Lesley Smith(ed.) *The Making of Britain: The Dark Ages*, Macmillan 2005와 Sarah Foot, "The Historiography of the Anglo-Saxon Nation-State' in Scales and Zimmer(eds.) *Power and Nation in European History*, Cambridge University Press, 2005를 들었다. 노르만 영국에 대한 유사한 연구로는 John Gillingham의 "The Beginnings of English Imperialism", *Journal of Historical Sociology*, 5(1992)와 "Henry Huntingdon and the Twelfth Century revival of the English Nation in Ford, Johnson and Murray(eds.) *Concept of National Identity: in the Middle Ages*, Leads Text and Monographs, 1995를 그는 들었다.

150 Armstrong, John A., 1982, *Nations Before Nationalism*, The University Press of North Carolina Press, pp.283·299 참조.

성되는 과정에서 민족주의는 성원의 근대화 집단의지를 '추동'한 역할을 한 것이었다.

또한 겔너는 민족은 '근대'에 '발명'된 것이고, 근대 이전에는 '민족'이 없었다고 보았는데, 역사적 사실과 전혀 일치하지 않는 가정이다. 민족은 인간공동체(human community)이고, 기계가 아니기 때문에 '발명'되지 않는다. 그것은 '전근대민족' 또는 그와 유사한 인간공동체가 어떠한 계기로 한 단계 더 비약적으로 진화 또는 발전한 것이다. 이 '비약' 과정에서 겔너가 '발명'한 것으로 본 여러 가지 상징과 이념과 서적과 기념물은 성원의 '민족의식'과 집단의지를 추동하고 강화하기 위한 거대한 변혁의 보조물이라고 보아야 할 것이다.

민족은 "근대에 발명된 공동체"가 아니다. 민족은 '근대 이전부터 존재한 전근대 공동체'를 사회체제의 근대화에 동반하여 근대 민족공동체로 내부의 모든 사회구조와 동태를 변혁시킨 '인간공동체'이다. 전근대민족과 근대민족(겔너의 '민족') 사이에는 겔너가 관찰하지 않은 장기지속(la longue durée)의 연속성(continuity)이 존재한다.

맥크론은 겔너가 민족을 마치 민족주의가 발명한 것처럼 설명하며, 민족주의를 근대국가의 세속종교(secular religion)처럼 간주했다고 비판하였다.[151]

2) 홉스봄의 민족이론에 대한 노트

홉스봄(Hobsbawm)의 '민족' 개념과 이론의 장점은 마르크스주의 경제결정론의 한계를 극복하여 민족을 '시민국가' 수립과 연관된 종합적 사회실체로 관찰한 것에 있다고 할 수 있다. 그러나 홉스봄은 '민족'은 인간의 '공동체'이고, 시민국가를 포함하여 모든 '국가'는 인간공동체의 도구와 수단인

---

151 Mccrone, David, 1998, *The Sociology of Nationalism*, Routledge, London, pp.64~84 참조.

'결사체'라는 사실을 충분히 인식하지 못하고 있다. 오히려 역으로 홉스봄은 '시민국가'가 '항수'이고 '민족'은 그 '기능'(변수)으로 해석하여 '민족'을 매우 경시하고 있다. 그리하여 홉스봄은 '민족'이 장기에 걸쳐 형성된 '문화공동체'와 '정치공동체'의 '통합공동체' '융합공동체'임을 인지하지 못하고 오직 정치적 강국이 일시에 '발명한 정치공동체'로만 파악하고 있다.

홉스봄의 이러한 민족관의 결함은 정치적 강대국이 아니지만 독자적 높은 문화를 가진 수많은 '약소민족들'을 전혀 이해하지 못하고 있다. 그의 '민족'과 '민족주의' 설명은 강대국 중심일 뿐이다. 홉스봄은 헤겔과 마르크스처럼 국제적 세력이 막강한 서유럽 몇 개 민족(소위 역사적 민족)의 민족국가 형성만 민족주의에 의한 발명으로 설명하고, 국제적 세력이 약한 이른바 '비역사적'(unhistorical) 소민족들은 마르크스 사후 세계사에서 줄기찬 민족해방투쟁과 수많은 독립국가 건설로 근현대 세계사를 변혁시켰음에도 불구하고 모두 오늘날의 민족이론 정립에서 제외한 큰 한계를 보였다. 그는 소련공산당이 권력을 잃자 소련방에 속해 억압받고 있던 11개 민족자치공화국의 민족주의자들이 일제히 각각 주권을 가진 완전 독립국가를 선언하고 1991년 '독립국가 연합'을 형성한 역사적 사실도 그 후에 쓴 저서에서 도외시하고 있다.

또한 홉스봄이 근대민족주의 문화 엔지니어들의 '민족'을 '발명'할 때 사용한 깃발, 국가(國歌), 체육경기, 축제, 예술, 상징, 의식 등은 근대 이전의 전통문화가 아니라 문화엘리트들이 고안한 고급문화로 본 것도 피상적 관찰이다. 그는 이면에서 엘리트주의에 기울어져 있다. 홉스봄이 발명으로 본 것들의 대다수는 자기 전통과 자기 문화의 재발견, 부활, 근대적 재해석에 자기의 창의를 첨가한 것이어서, 그 내용은 민족의식을 고취하기 위한 민중과 엘리트들의 '당대의 창의적 표현'으로 해석되어야 할 것이다. 물론 고급문화의 개별 항목들에 성원 수재들의 '발명' '고안'이 있지만, 민족 형성에 들어간 문화는 이 고급문화의 특정 항목들을 토착 민중민족문화와 함께 흡수해버린 민족적 전통을 가진 공공적(公共的) 민중문화·대중문화·민족문화들이다.

홉스봄의 근대민족주의에 의한 '민족 근대발명설'의 치명적 결함은 '언어의 공동성'을 민족 구성요소에서 약화시키거나 빼어내버리고 '근대민족' 형성에서 공통 언어의 '연속성'을 부정하면서 '불연속성'(discontinuity)을 주장하는 '공동의 언어'의 몰이해이다. 홉스봄은 민중이 사용해왔던 방언(vernacular language, 토착어, 지방어)은 근대의 '민족' 형성에는 직접 관련이 없다고 주장한다. 근대 '민족' 발명에 들어간 '언어'는 문어적 공용표준어에 익숙한 민족주의자들이 (여러 변종 및 불완전한) 방언들을 초월해 존재하는 일종의 형이상학적(platonic) 관념을 '민족'과 신비롭게 동일시하도록 민족주의자 자신들이 발명해낸 '반(半) 인위적인 가공물(semi-artificial constructs)인 공용 표준어'가 근대 '민족' 발명에 들어간 것이지,[152] 원형민족주의 형성에 들어간 근대이전의 언어가 근대민족 형성에 들어간 것은 아니라고 설명한다. 그는 "원형민족주의와 근대민족 사이의 연속성이 있거나 또는 있어 보이는 곳에서 그 연속성은 완전히 허위일 수 있다"[153]고 주장한다. 그는 '언어'에서도 전근대의 민족적 요소와 근대민족의 관계에서 '단속성'(discontinuity)를 강조하고 있는 것이다.

그러나 이것은 서유럽 언어학들의 연구결과와는 완전히 다른 주장이고 사실과 일치하지 않는 오류이다. 중세 서유럽의 지식인들의 문어적 공용 표준어는 '라틴어'였다. 민족주의자들은 라틴어와 별도로 민중들이 일상생활에서 사용해 오던 방언(vernacular)을 국어·민족어(national language)로 격상시켜서 그 안에 내재해 있는 문법을 이론적으로 정리하여 표준어로 정한

---

152 Hobsbawn, E. J., 1990, Ibid, p.54 및 p.59 참조
153 Hobsbawn, E. J., 1990, Ibid, p.76, 「Nevertheless, where there are or appear to be continuities between proto-nationalism, they may well be quite factious.」

것이 진실이었다. 그러므로 근대이전의 민족어와 근대 이후 민족어는 직접적인 연속성이 있는 것이다. 필자는 홉스봄이 그의 민족 '근대발명설' 논증으로 제시한 서유럽 방언과 서유럽 표준적 민족어의 단속성 증명은 실패했다고 본다. 홉스봄의 언어의 연속성에 대한 몰이해는 앤서니 스미스가 민족 구성요소에서 '공동의 언어'를 제외한 데 영향을 준 것으로 보인다.

홉스봄의 민족이론이 겔너의 이론을 따른 나머지 민족주의가 '민족'을 '발명' '고안'한 것으로 본 것은 진실을 크게 빗나간 것이다. 민족성원들은 대부분이 '전통'과 기존의 문화항목들 가운데 새 시대에 적합지 않은 문제가 있는 문화 요소들은 박물관에 보내어 보관하고, 새 시대에 적합한 문제가 없는 문화요소들은 재발굴하고 재해석하면서 창조적으로 민족적 전통과 문화를 계승·창조·발전시킨 것이다. 그러므로 민족 형성에 들어간 전근대 시대의 문화와 근대의 문화는 강력한 '연속성'(continuity)이 있다.

홉스봄은 겔너를 추종하여 '근대주의자'가 됨으로써 근대 이전의 민족과 민족적 요소를 중시한 루소, 르낭, 헤르더, 피히테, 마르크스, 베버 등 서양 선학들의 사상과 이론을 자기 이론에 계승 포함하지 못하게 되었다고 본다.

3) 앤더슨의 민족이론에 대한 노트

앤더슨(Benedict Anderson)의 '민족' 개념과 이론은 겔너와 홉스봄의 '발명된 공동체'론을 더욱 극단화하여 '상상된 공동체'(imagined community)로 변형 변질시키면서 '민족'과 '민족주의'를 희화한 것이다. 겔너와 홉스봄까지는 '민족'은 역사와 사회에 실재한 사회학적 공동체였다. 그러나 앤더슨의 '상상된 공동체'에서는 민족은 사회적 실재(social reality)가 아니고 사회적 사실(social fact)도 아닌 '상상된 가공물' '허구' '허상'에 불과한 것이 되었다. 앤더슨의 이러한 개념과 이론은 '민족'의 역사적 사회적 실제와 전혀 합치하지 않는다.

앤더슨이 민족은 대면적(face to face)이 아닌 집단이기 때문에 '상상된' 공동체라고 설명한 것은, 쿨리(Charles H. Cooley)의 '제1차 집단'만을 실재한 것으로 보고, 규모가 크거나 원거리의 비대면 '제2차 집단'을 모두 실재 집단이 아닌 '상상물'로 부정하는 비사회학적인 근시안적 견해이다. 물론 '민족'은 거대한 공동체이기 때문에 '제1차집단'처럼 시각적 즉각적 인지는 쉽지 않다. 모든 큰 공동체는 그러하다. 그렇다고 큰 공동체가 실재하지 않는 것은 아니다. 앤더슨은 '민족'을 실재하지 않는 '상상의 공동체'로 보기 때문에 '민족의식'도 '허위의식'에 불과한 것으로 본다. 앤더슨의 관점은 '제1차 집단' 이외에는 인지하지 못하는 근시성이 지배하고 있다. 따라서 한마디로 말하면 '민족' 같은 비대면 '거대한 공동체'는 아예 처음부터 인지할 사회학적 과학적 능력과 근거가 없으므로 겔너의 '상상된 공동체'론은 엄격한 학문적 사회학적 의미에서 검토 가치가 없는 개념과 이론이다. 앤더슨 자신도 이 근시성을 스스로 인지했을 것이므로, 그의 '상상의 공동체'론은 객관적인 사회적 사실과 진실 연구의 결과가 아니라 다분히 처음부터 '민족과 민족주의'를 부정하고자 한 동기와 결론을 갖고 이에 역추론한 의도적 입론과 주장으로 추정된다.

앤더슨의 민족과 민족주의에 대한 부정하고자 하는 생각은 '민족'이 자기민족의 미래를 자기가 결정하고자 하는 민족의 자유(freedom), 민족의 주권(sovereignty), 이를 실천하기 위해 '주권국가'(sovereign state)를 소유하려는 추구도 부정하고 있다. 앤더슨은 민족이 계몽주의와 프랑스혁명 시대에 '상상'되었기 때문에 마치 민족이 '자유'를 추구하고 이를 실천하기 위한 '주권국가'를 소유한다고 상상할 뿐이라고 주장한다.[154] 민족은 사실 공동체도 아

---

154 앤더슨의 '상상된'(imagined)의 언어적 의미는 야누스의 양면을 갖추어 사용되고 있다. 그는 이것을 주로 인위적으로 '구성(조작)된'(fabricated)의 뜻으로 사용하다

닌데 계몽주의와 혁명시대에 "민족은 언제나 하나의 깊은 수평적 동포애(박애)를 갖는다고 생각했으므로"[155] 마치 하나의 공동체(community)로 상상되고 있는 것이라고 그는 주장한다. 앤더슨의 '민족' 개념은 민족이 '공동체'이고 국가는 '결사체'라는 사회학적 기초개념도 정립되어 있지 않은 것이다.

그러나 앤더슨의 '상상의 공동체'론은 서양 학계에서의 영향력이 매우 크다. 왜 그러할까? 이것은 앤더슨의 민족이론의 과학성이나 우수성 때문이 아니라, 서유럽과 미국의 사회적 조건 및 지적 분위기에 연관된 것으로 보인다. 그것은 첫째 독일 나치와 이탈리아 파시스트들의 만행이 서유럽의 '제국주의적 민족주의'의 한 형태로서 규탄되어, '민족'과 '민족주의'가 서유럽에서 유해한 실체와 이데올로기로 평가받는 사회적 조건과 지적 분위기이다. 둘째 제3세계 약소 '민족들'의 '민족해방적 민족주의'가 거대한 힘으로 폭발하여 자유해방과 독립을 쟁취하고, 과거 서유럽의 '제국주의적 민족주의'를 격렬히 비판하는 사회적 조건과 지적 분위기이다. 이러한 조건과 지적 분위기에서 '민족'과 각종 '민족주의'를 모두 '실재'가 아닌 '허상' '가공' '허구'로 돌리는 주장의 출현은 일부 서유럽 사람들에게 '심리적 도피'의 무의식적 일시 방편으로 환영받을 수도 있을 것이기 때문이다.

앤더슨은 '민족'은 실재하지 않는 '상상된 정치공동체'에 불과하다는 개념과 주장으로, 민족(실재하지도 않는 상상물)에 '자기희생'(self-sacrifice for the nation)하여 생명을 바친 민족주의자, 수백만 민족독립운동가들을 희화하하여 "궁극적으로 지난 20세기 동안 그렇게 많은 수백만의 인민을, 죽인 것이 아니라, '그러한 제한된 상상물'(such limited imaginings, 민족)을 위하여 기꺼이 목숨바쳐 죽은 것은 바로 이 '동포애'(fraterniity, 프랑스 혁명의

가, 비판을 받거나 공격을 받을 때는 '고안 발명된'(invented) 의미로 부차적으로 설명하기도 한다. 개념이 명료해야지 이러한 모호한 의미개념은 학문적으로 바람직하지 않은 것이다.

155 Anderson, Benedict, 1983, Ibid, p 7

박애) 였다"고 조롱하듯이 설명하였다.

그러나 앤더슨의 이러한 설명은 사회학적으로 '민족'이 '가족'(family) 계열의 '대규모 공동체'로서, 공동체의 특성은 이해관계를 초월한 '정서' '애정' '애착'의 결합요소가 내재해 있으므로, 자기가 공동체의 일원이며 공동체(민족)에 애착(attachment)과 애정(love)을 가진 성원들은 공동체 전체의 큰 위기에 당면하면 공동체를 위하여 기꺼이 자기희생을 하여 목숨까지 바치는 행동도 감행한다는 사실을 이해조차 하지 못하고 있는 것이다. 앤더슨은 이것을 '민족주의의 마술'(the magic of nationalism)[156] 이라고 표현하면서 민족주의의 거대한 힘은 인지하고 있으나 조롱하여 모독하는 함의를 담고 있다. 앤더슨의 설명은 학문적 경건성도 없고 사실과 일치하지도 않으며, 사회학적 과학적 근거도 없다. 이에 대해서는 별도의 독립 논문을 썼으므로 여기서는 생략하기로 한다.[157]

최근 서양 민족이론의 이른바 '근대주의'에는 오랜 과정을 거쳐 역사적으로 형성된 '실체'인 거대한 인간공동체 '민족'을 역사적으로 그대로 관찰하지 못하는 역사적 단절성, 협소성, 측면성, 서유럽 중심주의 편견의 결함이 보인다.

근래에 앤더슨의 '상상의 공동체론'을 약간 수정하여 폴 제임스가 민족의 '추상적 공동체'(abstract community)론을 제의하였다.[158] 그러나 인류사에서 명백히 관찰되는 바와 같이, '민족'은 매우 규모가 크지만 모두 구체적 '명칭'과 '실체'까지 가진 구체적 실제적 공동체이지 추상적 공동체가 아니었다.

---

156 Anderson, Benedict, 1983, Ibid, pp.11~12 참조

157 신용하, 2006, 「민족의 사회학적 설명과 '상상의 공동체'론 비판」, 『한국사회학』 제40집 제1호 참조.

158 James, Paul. 1996, *Nation Formation: Towards a Theory of Abstract Community*, Sage Publications, London, pp.1~17 및 pp.179~195 참조.

4) 앤서니 스미스의 민족이론에 대한 노트

한편 앤서니 스미스(Anthony D. Smith)는 초기에는 겔너와 동일하게 '근대주의자'였다가, 1986년부터 독자적 이론을 발표하기 시작하여 민족과 민족주의 연구에 큰 업적을 내었다. 그의 업적은 첫째 '민족'이 '근대'에 형성되었다 할지라도 근대 이전의 민족적 문화요소의 결합체에 기초하여 역사적 '연속성'을 갖고 형성된 사회적 실재임을 지적하고, 근대 이전의 민족적 문화요소의 결합체로서 '에스니(ethnie)'의 실체와 용어를 제시한 것이다. 둘째는 '에스니(ethnie)' 등 근대 이전의 민족과 민족주의 관련 연구방법으로서 '에스노-상징주의' 접근 방법을 제시한 것이다.

그러나 스미스의 민족이론은 '민족'이 '근대'에 형성된 공동체라는 서유럽 중심주의를 벗어나진 못한 결과 두 가지 큰 결함을 내포하게 되었다고 본다. 그 하나는 '민족' 구성요소에서 '언어'를 경시하거나 빼어버린 근본적 결함을 보인 것이다. 다음은 민족을 '서유럽형'과 '비서유럽형'으로 구분하는 편견이다. 스미스는 아시아의 고대와 중세를 이해하지 못하여, '민족'이 유럽보다 아시아에서 먼저 형성된 사실을 이해하지 못하고 있다. 스미스는 그의 '서유럽형 시민형 모델'을 '아시아의 근대민족'과 비교하는 것이 아니라 '아시아의 전근대민족'(premodern nation)과 비교하여 이를 '비서유럽형 에스닉 모델'로 구분해서 설명하고 있다. 민족의 이 두 유형론을 따르는 학자들이 있지만[159], 이것은 민족의 유형이 아니라 '민족주의'의 유형으로 설명되어야 할 것이다.[160] 만일 '민족'에 '서유럽형 시민적 모델'과

---

159 Greenfeld, Liah, 2006, *Nationalism and Mind*, Oneworld, Oxford, pp.105~108 참조.
160 Smith, Anthony D. 1998, *Nationalism and Modernism*, Routledge, London, pp.9~16에서 '민족'과 '민족주의'를 명료히 구분하지 않고, '자유와 시민을 강조한 민족주의'를 중시한 미셸레(Jules Michelet), 액튼(Lord Acton), 르낭, 베버, 뒤르켐 등을 '민족'이 '근대'에서만 형성되었다는 '근대주의'의 선구자로의 '고전적 근대주의'(classical modernism)로 선명하였다. 그러나 그들은 모두 민족이 근대 이전에서

'비서유럽형 에스닉 모델'의 두 유형이 있다면, 두 유형의 공통점을 한 번 더 추상화하여 '민족'의 단일 개념을 정립해야 '민족 개념'이 과학적으로 정립될 것이다. 이 점에서 스미스는 서유럽중심수의 편견과 '민족주의' 유형을 여전히 '민족' 유형으로 혼동하는 겔너의 관점을 일부 벗어나지 못하고 있다. 스미스의 이러한 관점은 유럽 제국주의의 압박에서 해방되려는 신민족들의 민족주의 운동을 '에스닉 분리주의'로 해석하고 표현하는 데서도 그 한계를 볼 수 있다.[161]

그러나 스미스의 '에스니(ethnie)' 개념의 정립은 서유럽과 같은 지방분권적 봉건사회를 거친 지역의 '민족' 형성 설명에는 의미가 있다. 스미스의 '에스니(ethnie)'의 제시는 독일의 폴크스(Volks)나 러시아의 나로드노스티(Narodnosti)와 기본적 특징이 유사한 것이어서 유럽의 독일·러시아 등 대륙학계에는 큰 의미가 없을지 모른다. 그러나 영국과 프랑스에서는, 루소처럼 중세에 '민족'이 형성되어 있었다고 관찰한 사상가들이 다수 있었지만, 중세의 민족적 요소의 핵심 사회적 실체를 정확히 포착하여 학술용어로 개념을 정립해서 제시한 적이 없었다. 스미스는 프랑스의 '에스니(ethnie)'를 포착하여 제시하면서 이를 영국에도 적용했기 때문에, 영국·프랑스 역사에서는 큰 의미를 갖는 것이 되었다고 볼 수 있다.

스미스의 '에스노-상징주의' 방법은 근대 이전의 전근대 민족과 근대민족을 연구하는 방법으로서, '상징' '신화' '가치' '전통'의 중요성을 강조하여 이 부문 중심으로 전근대 민족 또는 전근대 민족체(예: Volks, Narodnosti, ethnie)와 근대민족의 '연속성'을 연구하는 방법이다. 필자는 이 방법을 이전부터 이미 사용해 왔으므로 이것은 당연한 것이었다. 그러나 최근 서양 학

도 형성될 수 있다고 보았으며, 민족이 '근대'에서만 형성되었다고 쓴 적이 없다. 오직 '민족주의'가 '근대'에서 형성되었다고 하였다. 그들은 '민족'과 '민족주의'를 엄격히 구별하였다.

161 Smith, Anthony D., 1991, *National Identity*, pp.126~127 참조.

계에서는 겔너와 홉스봄 등에 의하여 '단속성'의 관점이 지배하였고, 앤더슨 등에 의하여 근대민족도 허구적 상상물에 불과한 것으로 보는 풍조가 만연하였다. 이러한 지적 분위기 속에서 스미스가 이를 비판하면서 새 방법론까지 제시했으므로 서양학계에는 큰 의미를 가진 것으로 볼 수 있다.

최근 유럽의 사회학계와 역사학계에서 스미스의 에스노-상징주의 방법에 의거하여 실증연구를 진행한 업적이 나오고 있다. 그 결과 역사적 사실에 근거하여 2000년 이후에는 '전근대 민족' '고대민족'의 주장과 제의가 나오기 시작하고 있다. 스미스는 이것도 인정하여, '전근대민족'과 '고대민족'의 개념적 '이념형' 설정을 요청하였다.

서유럽과 미국 사회학계와 사회과학계의 민족 및 민족주의 연구가 단기 국면만 고립적으로 관찰하여 해석과 이론을 정립하다가, 앤서니 스미스의 '장기지속'의 '에스노-상징주의' 연구의 방법 제의로 관찰의 시간길이가 다시 확대된 것이라고 볼 수 있을 것이다.

그러나 스미스의 '에스노-상징주의' 연구 방법이 '상징' '신화' '가치' '전통'의 역사적 연속성만을 고찰하는 것은 너무 좁은 것이다. 필자는 여기에 '언어'와 '정치'(국가·법률·규범…등) 등 민족의 객관적 구성요소의 역사적 연속성을 반드시 포함시켜야 한다고 본다.

겔너·홉스봄·앤더슨·스미스 등 모두가 서유럽중심주의적 한계에 빠져 있어서, 그들의 학설은 제3세계를 포함한 전세계 인류와 모든 민족들을 분석대상으로 실제로는 충분히 포함하지 못하고 있으며, '즉자적 민족'과 '대자적 민족'을 구분하지 못하고 있고, 또한 대자적 민족과 민족주의도 명백하게 구분하지 않고 있다. '민족'은 객관적인 사회적 실재로서의 인간 공동체이다. 반면에 민족주의는 그 인간 공동체(또는 그 구성원)의 이데올로기이다. 차원과 구조가 크게 다른 것이다. 그들은 이것을 "민족주의가 민족을 만들어냈다"는 전도된 명제에 스스로 도취되어 "민족과 민족주의"를 한 단어처럼 묶어서, 길게 '민족주의'를 설명해 놓고서는 그것을 '민족' 설명의 결론으로 사용하는 비논리적 동어반복을 때때로 되풀이 하고 있다.

위의 네 학자의 민족이론 가운데서 겔너, 홉스봄의 이론은 지방분권적 봉건제기 18세기까지 존속한 지역에만 적용할 수 있는 견해이고, 앤더슨의 이론은 제3세계의 민족주의의 거대한 힘에 공포심과 반감을 가진 구 제국주의 후예들의 정서에 환상적 위로감을 주었다가 잔존될 견해라고 본다. 오직 앤서니 스미스의 견해만이 역사적 '연속성'을 사실과 일치하도록 추구하고 있기 때문에 보편적 민족이론의 하나로 정립될 때 까지 계속 연구되고 발전될 것이라고 생각한다.

VI. 신민족과 에스니시티(Ethnicity)

1. 신민족의 개념과 이론

현재 세계에는 사하라 이남의 아프리카와 태평양 섬들을 비롯하여 유라시아 대륙, 남북 아메리카 주, 오세아니아 주 도처에 1945년 제2차 세계대전 종전 후 과거 제국주의 열강의 식민지에서 해방되어 역사상 처음으로 독립국가를 가진 주민들이 다수 생활하고 있다. 이러한 곳에서는 열강의 식민지 문화를 그대로 인수하여 독립했기 때문에 국가와 국경(주로 직선형) 안에 각각 다른 언어를 사용하는 부족들을 포함하는 독립국가들이 상당히 많이 있게 되었다. 그것은 언어문제를 비롯하여 많은 난제를 풀어나가면서 1945년 이후 현재 새로 '만들어지고 있는 민족'(nation in the making)이다.[162] 이를 필자는 일단 '신민족'(new nation)으로 개념화하였다.[163]

---

162 Gordon, Robert J. "Papua New Guinea: Nation in the Making?", *National Geographic*, Vol. 16, No. 2, August, 1982 참조.
163 신용하, 1984, 「민족형성의 이론」, 『한국사회학연구』 제7집

여기서 '신민족'은 "20세기 후반 이후에 먼저 독립국가(정치의 공동)를 건국한 다음, 국가의 정책 지원 아래 공통의 언어·지역·혈연·문화·사회경제생활·역사·민족의식을 추진 강화하여 새로운 민족과 민족국가를 형성하여 나가거나 형성한 새로 탄생한 민족"을 가리킨다.

이 가운데 언어가 너무 다양하여 난제를 풀어나가면서 신민족을 형성 중인 나라의 하나로 파푸아 뉴기니를 들 수 있다.[164] 동부 뉴기니는 영국

---

164 뉴기니 섬은 필리핀 동남방과 오스트레일리아 주 사이 산호해·토러스 해협에 있는 면적 78만 6천Km²의 세계 둘째 큰 화산섬이다. 19세기 후반 서양제국주의 열강이 이 섬을 분할 점령하기 이전까지, 이 섬에는 아열대의 비교적 풍요로운 자연환경 속에서 멜라네시아·미크로네시아·폴리네시아계의 약 1500여개 부족이 군장사회 단계의 생활을 하고 있었다. '파푸아'는 말레이시아어로 '곱슬머리'의 뜻이며, 1526년 포르투갈의 탐험가 메네세스(Jorge de Meneses)가 섬의 서단부를 탐험하고 파푸아 섬(Ilhas dos Papuas)이라 이름붙였다. '뉴 기니아'는 1545년 이 섬에 도착한 스페인 탐험가인 '이니고 오르티즈 데 레테즈'(Ynigo Ortiz de Retez)가 이 섬 사람들이 서아프리카 '기니' 사람들과 비슷하다고 해서 '누에바 기이나'(Nueva Guinea)로 이름붙인 것을 영역해서 '파푸아'와 묶어 '파푸아 뉴기니'로 호칭하게 되었다고 기록되어 있다. 매우 큰 섬이지만 동서를 중앙에서 가로지르는 해발 4,884m의 '푼착 자야'(Puncak Jaya) 산이 있는 길고 높은 오웬 스탠리 산악이 뻗어 있어서 섬 전체가 남북으로 나뉘어 있다. 기후는 전형적 몬순 기후로 습하며, 늪이 많고, 연평균 기온 섭씨 20.5도, 연평균 강우량 2,683mm로 국토의 80퍼센트 이상이 열대림이다. 따라서 교통이 매우 불편하다. 그러나, 자연자원은 매우 풍부해서 세계 제 2의 동광과 풍부한 금광, 니켈, 코발트 광이 부존되어 있다. 이러한 환경에 큰 집단이민이 들어온 것이 아니라 작은 배에 수많은 소집단이 표류 또는 이주해 들어와서 자치마을공동체를 이루어 수천 수백년을 다른 마을들과 거의 소통없이 자급자족하며 생활해 왔기 때문에 천여 개의 언어를 사용하는 부족들의 큰 섬이 된 것이었다. 1828년 네덜란드가 이 섬의 절반을 나누어 서쪽을 점령해서 '네덜란드령 동인도'라는 호칭으로 식민지화했고, 1884년 나머지 동쪽 절반을 독일과 영국이 또 분할하여, 북쪽은 독일식민지, 남쪽은 영국식민지가 되었다가, 1905년 오스트레일리아에 이양되어 '파푸아 보호령'이 되었다. 제일차세계대전이 일어나 독일이 패전하자 동부 뉴기니의 북쪽 독일령은 영국 식민지에 편입되어 오스트레일리아의 관리 아래 들어갔다. 제2차 세계대전 종전 후 독립국가 인도네시아가 된 생회지 우여곡절 끝에 1969년 서부 뉴기니는 인도네시아에 편입되었다.

연방 내의 오스트레일리아 '보호령'으로 있다가 주민의 독립운동의 결과로 1975년 영연방 내의 "파푸아 뉴기니 독립국"(Independent State of Papua New Guinea)이라는 명칭의 독립국가를 세우고, 바로 유엔에 가입하였다.

여기서 파푸아 뉴기니는 국가가 먼저 성립되고, 영역을 열강이 그어준 경계선을 그대로 인수하여 46만 2800여 Km²의 영역 안의 주민을 국민으로 해서, 언어의 공동을 추진하게 되었다. 뉴기니섬의 20세기 말 언어는 약 260개 언어가 서부 뉴기니섬에서 사용되고, 동부 파푸아 뉴기니에는 무려 850종 이상의 언어가 사용되고 있었다. 1975년의 "파푸아 뉴기니 독립국" 은 영국연방(British Commonwealth) 체제 속에서 독립국가가 되었으므로 형식은 영국여왕이 국왕으로 된 입헌군주국이지만 실제로는 수상을 행정 수반으로 한 행정부와 단원제 의회 및 사법부를 갖춘 민주국가로서 민족 형성에서 '정치의 공동'은 제도상 모두 갖추고 있다. 경제체제도 자본주의 시장경제로서 '사회경제생활의 공동'이 관철되어 있다. 문제는 '언어의 공동' 실현이 가장 큰 난관에 부딪쳐 있다는 사실이다.

파푸아 뉴기니 독립국가를 1975년 건국한 민족주의자들은 850여개 언어 부족 중에서 가장 비율이 큰 모투(Motu) 족의 간소화한 '히리 모투어'를 궁극적 '공통의 언어'로 선정하고, 당시 넓게 사용되던 '영어'와 서유럽 언어를 영어 중심으로 혼합해 토착화한 '피진영어'(토크 피진어)를 그때까지 국민언어로 병용하도록 추진하는 언어정책을 채택하여 헌법 조항에도 넣었다. 독립 열기가 충만한 초기에 강습소와 초등학교 의무교육 실시 등 적극적 노력의 성과로 히리 모투어 사용 인구가 국민의 9.41 퍼센트까지도 올라갔었다. 파푸아 뉴기니 교육부가 1989년 제정한 『언어와 문자해독 정책』은 "교육의 질을 높이기 위하여, 전통적 문화와 가치의 강화를 위하여, 모든 시민의 민족적 생활 참여를 돕기 위하여, 민족적 통합을 위하여, 문자 해독 수준을 높이기 위하여, 혼합어 중에서도 토크 피진(Tok Pisin)·히리 모투어(Hiri Motu)·영어(English)의 어린이·미취학 성년 등 교육발전계획을 실시한다"[165]고 선언하고, 적극적 언어 교육을 실시하였다.

그러나 21세기에 들어와서 국민의 수용 결과를 보면, 2011년 센서스 조사 결과 문자해독율은 67.6%로 상승했지만, 히리 모투어 사용 비율은 4.7%로 오히려 줄어들었고, 토크 피진어가 가장 선호되어 57.4%이며, 영어가 48.9%(영어 사용은 피진어 사용과 중복)로 판명되었다. 정부는 모투어 보급을 위하여 간소화한 모투어인 '히리 모투어'로 그것을 개선해가면서 교육을 실시하였다. 그러나 다수 국민은 영어를 중심으로 포르투갈어·독일어·각종 토착어가 혼합되어 역사적으로 형성된 '토크 피진'어를 더 선택해 사용한 것이었다. 정부는 소수부족들의 소통을 위해 2015년부터는 전통적 '수어'(手語, sign language)도 공용어로 당분간 인정하도록 하였다.

파푸아 뉴기니의 '언어의 공동'이 지지부진함에 따라 '문화의 공동' 실현도 난관에 부딪쳤다. 정부는 매년 8월 전국 문화 축제를 성대하게 개최해서 '민족적 문화'를 창출 진흥시키려고 노력하지만, 전국 축제는 약간 큰 부족들의 '부족문화' 과시 축제의 감상을 갖게 한다고 보고되고 있다.

파푸아 뉴기니의 신민족 형성 과정은 '정치의 공동' '지역의 공동' '사회경제생활의 공동' '민족의식의 공동'은 비교적 빠르게 진전되었지만, '언어의 공동' '문화의 공동' '역사의 공동'은 지지부진하고 있음을 알려준다. 이 사실은 '민족'이 민족주의의 단기간의 '발명'이 아니라, 장기지속에 걸쳐 언어와 문화의 통합을 이루면서 역사적으로 형성된 것임을 잘 알려주고 있는 사례의 하나가 된다.

태평양의 섬들의 '신민족' 들이나 사하라 이남 아프리카의 신민족들이 모두 파푸아 뉴기니처럼 민족형성이 난관에 부딪친 것은 아니다. 다수는 독립국가를 수립한 후 나라별로 온갖 우여곡절을 거치면서 결과적으로 '신민족'이 서서히 형성되고 있다고 관찰된다.

---

165 P N G Education Department, 1989, *National Language and Literacy Policy.*

남태평양의 팔라우, 투발루, 솔로몬제도, 피지, 미크로네시아 연방, 보라보라, 마셜제도, 사모아, 쿡 아일랜드, 바누아트, 키리바시, 나우루, 타히티 등이 '신민족'을 형성 중인 나라들이다.

또한 아프리카의 큰 나라 나이지리아를 비롯하여 모리타니, 말리, 니제르, 차드, 세네갈, 소말리아, 감비아, 차드, 가나, 베냉, 중앙 아프리카, 카메룬, 가봉, 콩고, 콩고민주공화국, 우간다, 케냐, 르완다, 브룬디, 탄자니아, 앙골라, 말라위, 잠비아, 모잠비크, 나미비아, 짐바브웨, 보츠와나, 스와지랜드, 레소토, 마다가스카르, 모리셔스, 남아프리카연방 등이 '신민족' 형성 중이면서 여러 가지 문제를 안고 있다.

사하라 이남 아프리카의 이러한 나라들은 일찍이 고대에 국가와 문명을 창조한 민족부터 근대에도 원시적 소부족 상태에 있던 부족들까지 수백 개 민족체들이 동시 병존하면서 풍부한 자원을 환경으로 평화공존하고 있었는데, 19세기에 서양제국주의자들이 침략하여, 콤파스로 선을 그어 가면서 식민지 경계를 만들어서 분할 점령하여 각각 자기의 식민지로 만들었다. 20세기 후반에 이 식민지 유산을 그대로 인수인계하여 독립국가들을 수립했기 때문에, 한 국가 안에 언어를 달리 하는 수많은 부족들이 포함되게 되었다. 이 나라들에서는 국민을 모두 하나의 주권국가안에 통합하고자 하나, 수많은 난제에 부딪쳐 있는 것이다.[166] 여기서 이들의 '신민족' 형성이론 정립은 사후적 귀납적 관찰이 아니므로 시기상조이지만, 현재 진행 중인 현상의 관찰로서 잠정적으로 다음의 모델을 간단히 말할 수 있을 것이다.

① 신민족은 '정치의 공동'의 하나인 시민적 민주국가를 먼저 수립하고,[167] 국가의 합법적 권력(강제적 통합력)으로 그들 자신의 신민족을 형성

---

166 Smith, Anthony D. 1983, *State and Nation in the Third World*, Wheatsheaf Books, U.K. pp.37~58 참조.

해 나가고 있다. 그들은 이것을 '국민 통합'으로 인지하고, '신민족' 형성 정책임은 인지하지 못하고 있지만, 결과는 '신민족' 형성으로 되어가고 있다.

② 신민족의 '지역의 공동'은 역사적 자연적으로 형성된 것도 있지만, 또한 유럽 제국주의자들이 줄자와 콤파스로 그어놓은 주로 직선형 경계선 등 인위적으로 만든 것을 인수한 것이다

③ 신민족의 국가와 영역 안에 포함된 주민은 발전단계가 서로 다르고 언어도 서로 다른 다수 부족들로 구성된 경우가 많다.

④ '혈연의 공동' 의식은 부족별로 분산되어 '공통의 조상'을 가졌다는 의식은 약하고, 공통의 부족의식이 강한 경우가 많다.

⑤ '역사의 공동'은 근대 이전의 것은 부족별 시조 신화와 영웅전설을 갖고 있고, 근대의 공통의 영웅은 반제국주의 독립운동시기에 새로 민족해방 독립운동의 영웅이 탄생되었다.

⑥ 신민족 형성에서 가장 어려운 문제는 '언어의 공동' '공통의 언어'를 창출하는 문제이다. 한 국가가 하나의 언어로 언어통일을 실현하지 못할 경우에 그 나라는 다민족 국가로 될 개연성이 높다.

⑦ 국가의 정책으로 공통의 문화를 창조하려고 전통문화의 발굴과 재해석에 노력하고 있다. 이 부문에서의 성취의 정도는 '신민족'에 따라 상당한 차이가 있다. 어떤 신민족들은 전통문화를 재발굴하여 새로운 민족문화를 창조해서 국제경연에도 내보이고 있다.

⑧ '사회경제생활의 공동' '공통의 시장경제'는 자본주의적 발전의 효과로 비교적 순조롭게 진행되고 있다. 모든 신민족들이 자본주의 세계 시장경제체제 안에 포함되어 있다.

---

167 Gross, Feliks, 1999, *Citizenship and Ethnicity: The Growth and Development of a Democratic Multiethnic Institution*, Greenwood Press, London, pp.125~134 참조. 신민족 형성 중의 대부분의 국가들은 처음부터 UN에 가입하고, 시민적 민주주의적 헌법과 제도를 갖춘 국가임이 큰 특징이다.

⑨ '민족의식'의 형성은 천차만별이다. 어느 나라에서는 순조롭게 진전되고 있지만, 다른 나라에서는 '부족의식'에 막히고 권력투쟁까지 겹치어 폭동과 내란이 일어나기도 한다. 그러나 '민족의식'이 점차 증신되고 있는 것은 명백히 관찰된다.

⑩ '민족주의'를 귀중한 이념과 가치로 존중하고 있다. '신민족'은 각종 형태의 민족주의를 자기의 민족국가 건설의 동반 이데올로기로 생각하고 있음이 관찰된다.

여기서 '신민족'의 개념은 설정할 수 있지만, 그 이론은 가장 단순한 모델 이외에는 아직 설정하기 어려운 상황에 놓여 있다고 말할 수 있다. '현재 만들어지고 있는 민족들' 이기 때문이다. 그러나 현재 독립주권국가를 형성한 '신민족' 만도 100여개가 되므로, 앞으로 '신민족'은 민족공동체의 매우 중요한 개념의 하나로서 학계의 연구관심이 요청되는 주제이다.

2. 에스니시티의 개념과 이론

1) '에스니시티'의 개념

에스니시티(ethnicity)는 미국 사회학계가 아메리카 대륙에의 이민자 소수집단을 '에스닉 집단'(ethnic group)으로 연구하다가 비교적 최근에 정립한 용어이다.

막스 베버는 일찍이 1921년에 이민해서 정착한 다른 민족의 소수집단을 '에스닉 집단'(ethnische Gruppen, ethnic group)이라고 이름붙이면서, 그들을 "신체적, 관습적 또는 양자 모두의 유사성과 식민 또는 이민의 공통의 기억 때문에 공통의 민족계통이라는 주관적 신념을 가진 집단"으로 정의하였다.[168] 이를 이어 받아서 미국에서는 사회학자들이 1930년대부터 도시의

---

168 Weber, Max, 1968, Economy and Society, Vol 1. pp.385~398 참조.

이민 소수집단을 조사하면서 "에스닉 집단"(ethnic group)이란 용어를 사용하기 시작하였다. 그 대표적인 것이 1945년에 출간된 와너(Warner)와 스롤(Srole)의 『미국의 에스닉 집단의 사회체계』[169]라고 할 수 있다.

제2차 세계대전 종전 후 세계 여러 지역으로부터 미국에 들어온 이민자들이 급속히 증가하여, 에스닉 집단들이 한곳에 정착하지 않고 여러지역에 분산정착했을 뿐 아니라, 이전 이민들의 3세 4세 들이 완전한 미국인이 되어 사회의 주요 활동을 하면서도 공통의 조상에 연결된 새 이민자와 직접 간접 문화적으로 연결되는 것이 관찰되자, 미국 사회학계는 '에스닉 집단'의 성격을 추상화해서 일반화시켜 독창적으로 '에스니시티(ethnicity)'라는 용어와 개념을 창출해 내었다.[170]

글레이저와 포이니한은 1975년에 미국 사회학계의 에스니시티에 대한 대표적 논문집을 1975년에 편찬하면서 '에스니시티'(ethnicity)를 "에스닉 집단의 성격 또는 특질"(the character or quality of an ethnic group)이라고 지적하고, '에스니시티'의 용어의 첫 사용자를 리스만(David Riesman)의 1953년의 글이라고 들면서, 'ethnicity'의 용어가 1972년의 『옥스포드 영어사전』(Oxford English Dictionary) 보유편에 처음 들어가고, 미국에서는 1973년의 『미국 전통 사전』(American Heritage Dictionary)에 처음 수록되었다고 설명하였다.[171] '에스니시티(ethnicity)'가 최근에 정립된 용어임을 알 수 있다.

그 이후 미국과 세계 각 곳에서 '민족' 대신에 '에스니시티' 연구가 활발히 시작되었으나, 아직도 합의된 '에스니시티'의 개념은 정립되지 않고, 연구자

---

169 Warner, W. L. and Srole, L. *The Social System of American Ethnic Groups*, Yale University Press.

170 Bell, Daniel, 1975, Ethnicity and Social Change in Glazer, Nathan and Daniel P. Monihan(eds.), 1975, *Ethnicity*, Harvard University Press, pp.141~174 참조.

171 Glazer, Nathan and Daniel P. Moynihan, "Introduction" in Glazer and Moynihan(eds.), *Ethnicity*, Harvard University Press, p.1 참조.

들이 각각 자기의 정의를 내려 사용하면서 자신의 견해를 발표하고 있다.

미국 사회학자 서머횬(Richanrd Schermerhorn)은 에스닉 집단을 "대규모 사회의 소수집단이 공통의 조상, 공유한 과거역사의 기억, 한 개 이상의 상징적 특징을 가진 문화적 핵심을 공유한 집단"으로 정의하였다. 그러므로 그는 에스닉 집단의 이러한 성격 또는 특징을 '에스니시티'으로 보았다고 말할 수 있다.[172]

영국 사회학자 바드(Frederik Barth)는 에스닉집단을 ① 생물학적으로 동일 인종이고 ② 기초적 문화와 가치를 공유하며 ③ 공통의 언어를 갖고 ④ 자신과 다른 사람들이 동일집단으로 범주화시켜주는 대규모사회의 소수집단이라고 정의하였다. 그러므로, 그는 에스닉집단의 이러한 성격 또는 특질을 '에스니시티'로 보았다고 말할 수 있다.[173]

노르웨이의 사회인류학자 에릭센(Thomas Hylland Eriksen)은 에스니시티는 과거의 민족적 현상과 민족적 정체성이 점차 약화되어 사라져가는 사회과정에서 나타나는 집단성의 구분방법이라고 설명하였다.[174]

펜튼(Steve Fenton)은 미국과 영국에서의 에스니시티 개념은 백인종 이주민 중심의 동화 과정을 다루면서 인종(race) 문제를 회피한 개념이라고 비판하였다.[175]

서양에서 '에스니시티'(ethnicity)의 개념은 아직 합의되지 않았으나, 그 개념 내용에는 다음의 공통점이 관찰된다.

① 미국에의 이민자 소수 집단에서 볼 수 있는 바와 같이 '민족'(nation)

---

172 Hutchison, John and Smith, Anthony D., 1996, *Ethnicity*, Oxford University Press, pp.17~18 참조.

173 Ibid, pp.75~82 참조.

174 Eriksen, Thomas Hylland 2002, *Ethnicity and Nationalism*, Second Edition, Pluto Press, pp.173~177 참조.

175 Fenton, Steve, 2003, *Ethnicity*, Polity, pp.25~50 참조.

구성요소에서 매우 중요한 민족국가 주권(national sovereignty)을 주장하지 않는다는 특징이 있다.

② 소수 에스닉 집단의 에스니시티가 문화(culture) 항목에 거의 모두 집중되어 있다는 특징이 있다.

③ 에스닉 집단의 기억하는 역사, 관습 등은 모두 그들의 원래 기원 민족의 것을 부분적으로 공유한 것이라는 특징이 있다.

④ 에스닉 집단의 언어를 단독 공용어로 주장하는 일은 없고, 최대의 경우에도 호스트사회의 '공용어'로 병용되거나 부수되는 제2공용어로 공인되기를 원한다는 특징이 있다.

⑤ 에스니시티는 인류사에서 '민족'(nation) 이전 단계의 '민족성체'가 아니라, 민족 형성 후의 민족이 약화되거나 사라져가는 사회과정에서의 '민족문화체'의 성격을 갖고 있다는 특징이 있다.

그러므로 필자의 견해로는 앤서니 스미스의 '에스니'(ethnie)와 미국·영국 사회학계의 '에스니시티'(ethnicity)는 정태적 내용은 유사해 보이지만, 동태적 변동 과정의 추세는 전혀 다르다고 본다. 역사사회학적으로 스미스의 '에스니'(ethnie)는 전근대 시기에서 '근대민족'을 형성해가는 상승방향의 전근대 문화공동체인데 비하여, '에스니시티'(ethnicity)는 근대민족 형성 후인 현대사회에서 소수집단이 '근대민족'에서 분리되어 '민족'이 약화되어가는 사회과정에서 나타나는 하강 또는 유지 방향의 실체이기 때문이다.

2) 에스니시티의 이론

(1) 동화(assimilation) 이론

(ㄱ) 파크(Robert E. Park)의 동화이론

'에스니시티' 개념을 정립한 미국 사회학에서 이에 대해 처음 나온 이론

은 시카고학파가 제의한 '동화' 이론이다. 파크(Robert Ezra Park), 버제스
(Ernest W. Burgess), 고든(Milton Gordon), 마시(Douglas Massey) 등을 대표
적 학자로 들 수 있다.

시카고는 1830년에 인구 5백명도 채 안 되는 촌락이었는데, 50년 후인
1880년에는 인구가 50만명으로 폭증했으며, 1910년 인구는 200만명으로
격증했고, 20세기에는 세계 최대 도시의 하나가 되었다. 이러한 시카고의
인구 격증과 거대도시화는 주로 산업화에 병행하여 진행된 독일·아일랜
드·폴란드·이탈리아·유대인·동유럽권 사람들의 이민으로 말미암은 것이
었다. 시카고 대학은 외국으로부터의 이 거대한 규모의 이민자들이 과연
미국인(American)이 될 수 있는가의 문제에 대결하지 않으면 안 되었다. 시
카고대학 사회학과는 파크 교수를 중심으로 이민자들에 대한 조사와 연구
를 거듭한 결과 아메리카라는 거대한 지역공동체가 일종의 멜팅 포트

(melting pot, 용광로, 녹이는 도가니)로
되어, 몇 세대를 거치면서 결국 '동화
'(assimilation)가 된다는 실증적 연구결
과를 얻고, 파크와 그의 동료들은 '동화
의 4단계 설'을 정립하였다.[176]

제1단계는 접촉(contact) 단계이다. 특
정 이민이 미국에 도착하여 영어를 학
습하면서 다른 이민 및 기성 미국인과
접촉하여 공동의 언어인 영어를 습득하
는 단계이다.

제2단계는 경쟁(competition)의 단계

로버트 파크

---

176 Park, Robert E., 1952, *Human Communities* The Free Press, New York, pp.505~575
참조.

이다. 자유사회에서 생존을 위한 경쟁을 전개하면서, 때로는 갈등(conflict)도 경험한다.

제3단계는 적응(accomodation)의 단계이다. 경쟁과 갈등을 조정하면서 미국사회에 적응해내는 단계이다.

제4단계는 동화(assimilation)의 단계이다. 결국 적응에 성공하여 미국에 동화되어 미국시민이 되는 단계이다.

파크와 베제스 등 동료들은 이민 온 에스닉 집단이 몇 세대를 거치면 '동화'에 성공하는 것을 기본적 과정으로 관찰하였다. 그렇다고 파크 등이 '미국중심주의자'이거나 '흑인차별론자'는 전혀 아니었다.[177] 파크는 오히려 미국을 포함한 모든 유럽 제국주의와 인종차별·흑인차별에 매우 비판적인 학자였다.[178] 그의 동화주의 4단계설은 순전히 학문적 연구결과 도출한 학설이다.

(ㄴ) 고든(Milton Gordon)의 동화이론

파크의 동화 4단계설에서 특히 마지막 '동화'(assimilation) 단계를 정밀 연구하여 '동화의 7단계' 설을 정립한 학자가 고든(Milton Myron Gordon)이다. 그는 파크의 4단계설의 마지막 단계인 '동화' 단계가 매우 중요한 단계임에도 불구하고 너무 간단히 거칠게 처리되었다고 비판하고, 이 동화단계를 정밀조사 후 다음과 같이 7단계로 세분하였다.[179]

---

177 Lyman, Stanford M., 1992, *Militarism, Imperialism and Racial Accomodations: An Analysis and Interpretation of Early Writings of Robert E. Park*, The University of Arkansas Press 참조.

178 ① Park, Robert E., and Burgess, Ernest W., 1925. *The City*, University of Chicago Press.
② Park, Robert E., Assimilation, in *Encyclopedia of Social Sciences*, Vol 2, Macmillan, p. 281.

179 Gordon, Milton M., 1964, *Assimilation in American Life: The Role of Race, Religion, and National Origins*, Oxford University Press, 1964.

제1단계는 문화적 행동(cultural, behavioral) 동화의 단계이다. 이민하여 처음 다른 문화에 접촉해서 영어를 습득하는 단계로서, 문화 변용(acculturation) 단계라고도 말할 수 있다.

제2단계는 구조적(structural) 동화의 단계이다. 교회, 클럽, 지역사회 조직 등에 출석하면서 호스트사회 주민과 직접 접촉하여 교제도 한다.

제3단계는 혼인적(marital) 동화의 단계이다. 이 때 에스닉 집단의 성원이 호스트사회 집단의 성원과 혼인을 하는 경우에는 완전한 융합(amalgamation)이 이루어진다고 설명하였다.

제4단계는 동일성 확인(identificational) 동화의 단계이다. 이민자 자신이 이제는 호스트 사회의 주민과 동일하다는 확증과 확신을 갖는 단계이다.

제5단계는 태도수용적(attitude receptional) 동화의 단계이다. 이민과 호스트사회 주민 사이에 태도에서 서로 차별이 없게 되는 단계이다.

제6단계는 행동수용적(behavioral receptional) 동화의 단계이다. 이민과 호스트사회 주민 사이에 상호작용과 행동에서 서로 차별이 없게 되는 단계이다.

제7단계는 시민적(civic) 동화의 단계이다. 이민이 미국 시민으로서 시민권을 갖고 호스트 사회 주민의 하나가 되어 차별없는 권리와 의무를 행사하는 단계이다.

고든도 파크 등과 마찬가지로 이러한 완전한 동화가 한 세대가 아니라 몇 세대에 거쳐서 이루어질 수 있음을 지적하였다.

(ㄷ) 매씨(Douglas Massey)의 동화이론

매씨(Douglas Steven Massey)는 파크 등과 고든의 이론을 계승하면서 다음 요지의 '공간적 동화'(spatial assimilation)설을 제의하였다.[180]

---

180 Massey, Douglas S. 1985 ① Ethnic Residential Segregation: A theoretical Synthesis

① 이민이 처음 미국에 도착하면 비슷한 상황과 경험을 가진 이전 이민들이 거주하는, 가옥 임대료가 저렴하고 비숙련 직장이 많은 도시 내 일정 주거지역에 정착한다.

② 이민자들은 무작위로 정착하는 것이 아니라, 앞서 이민하여 이미 고용주와 지역사회의 주택 및 주요 기구에 연계되어 있는 친구와 친구를 따라 '연쇄 이민'(chain migrate)으로 들어온 것이다.

③ 이러한 '연쇄이민'은 더욱 더 많은 이민자들을 한 지역사회에 계속 데려와서 '대도시 중심부 저소득층 거주 근린지구(inner-city neighborhoods) 형성의 통로가 된다.

④ 대도시 중심부 저소득층 거주 근린지구에의 특정 민족 출신 이민의 지속적 유입과 계승은 다른 민족 출신 이민 선주자와 호스트사회 출생 거주자들을 떠나게 만드는 유형을 형성한다. 시간이 경과함에 따라 이민자거주 근린지구는 특정 민족 출신의 이민 에스니시티(ethnicity)에 의해서 규정되고, 그 자녀들의 집중거주지역들로 된다.

⑤ 이러한 도시 중심부의 지역들에는 이민자 거주 고립된 섬(enclave) 또는 '에스닉 공동체'(ethnic community)가 형성된다. 이 과정이 지속되면 이민자 거주 고립된 섬은 규모가 크게 확대되고, 결국 공통의 조상을 가졌지만 본토출생자들과 차별화되는 고도로 분리된 '공동에스닉 거주자들의 단지'(cluster of co-ethnic residents)가 된다.

⑥ 이 에스닉 근린거주지(ethnic neighborhood)는 새로운 이민자에게는 매력적인 것이다. 왜냐하면 새로운 도시 생활환경에 적응하기 쉽고, 미국

---

and Empirical review, *Sociology and Social Research*, 69(3), pp.315-350.

② Massey, Douglas S. and Denton, Nancy A., 1993, *American Apartheid : Segregation and the Making of the Underclass*, Harvard University Press.

③ Massey, Douglas S., 2007, *Categorically Unequal: The American Stratification System*, Russell Sage.

사회에서 사회적 상향이동(upward social mobility)의 첫 걸음을 제공해 주기 때문이다.

⑦ 에스닉 거주지구는 새로운 이민자 가족들에게 주택·고용·교통·아동 양육·재정·언어장벽의 극복 등을 도와주면서 사회안전망과 친숙한 사회적 문화적 환경을 제공해주므로 새로운 환경 적응에서 발생하는 긴장에 대한 완충장치로 작용한다.

⑧ 에스닉 거주지구가 제공하는 공통의 조상과 친족적 유대감은 또한 공동체 단결을 강화하여 기본적 사회제도와 직장 작업과 가족에의 애착도 강화하며, 범죄와 다른 사회문제로부터도 격리시켜 준다.

⑨ 도심의 에스닉 근린거주지는 처음 이민자와 제1세대에게는 환경에의 적응에 큰 도움을 주지만, 제2, 제3세대에 오면 이민자 후예들은 호스트사회에 통합을 추구한다. 이 때부터 에스닉 거주지는 그것을 넘어 호스트사회에 진입하려는 이주민 후예에게 장애로 되기 시작한다.

⑩ 이에 다수의 이민자 집단의 후예들은 더 좋은 학교, 고소득 직장, 더 풍요한 환경을 추구하여 중산층과 호스트사회 출생 주민들이 거주하는 도시 교외 거주지역에 분산해 들어가서 거주하게 된다. 이것이 과거 백여년 간의 '공간적 동화'의 모델이다.

이러한 '동화' 학설에는 최근 반대하는 견해도 다수 나타나고 있지만, 미국에서는 객관적 사회현상이며 사회적 사실로 관찰되어 여전히 실증적 조사 연구들이 꾸준히 진행되고 있다.

(2) 다문화주의(multiculturalism) 이론

(ㄱ) 킴리카(William Kymlicka)의 다문화주의론

이민을 개방적으로 수용하던 캐나다 등 일부 나라의 사회학자들은 일찍부터 미국의 '동화주의'에 회의를 표시하고 이미 1960년대부터 다문화(multiculture)의 존중을 논의하기 시작하였다. 그곳에는 앵글로·색슨 백인

문화의 구심점 멜팅포트(melting pot)도 없었고, 오히려 퀘벡의 프랑스어권이 독립을 추구하고 있었다. 이민자들은 출자국(出自國)에서 가져온 민족문화를 미국보다 훨씬 더 오래 유지하면서 새 정착지에 적응하느라 불이익을 받고 있었다. 전세계적으로 자유주의와 평등주의 사조가 증폭됨에 동반하여 캐나다, 오스트레일리아, 미국, 유럽 등지에서 이민자 소수집단의 '동화주의'를 비판하면서 새로운 '다문화주의'(multiculturalism)가 제창되어 전세계에 보급되기 시작하였다. 여기에 참가한 학자들은 세계적으로 상당히 많다. 여기서는 가장 업적이 많은 캐나다 퀸즈 대학 정치철학 교수 킴리카(William Kymlicka)의 다문화주의론을 다음과 같이 간단히 요약해 보기로 한다.[181]

① 소수집단(minority group)은 두 개 범주로 나누어 볼 필요가 있다. 하나는 소수민족(예, 캐나다의 퀘벡, 뉴질랜드의 마오리)이고 다른 하나는

---

[181] Kymlicka, William, 1989, ① *Liberalism, Community, and Culture*, Oxford University Press.

② *Contemporary Political Philosophy : An Introduction*, Oxford University Press, 1990.

③ *Multicultural Citizenship : A Liberal Theory of Minority Rights*, Oxford University Press, 1995.

④ *Finding Our Way: Rethinking Ethnocultural Relations in Canada*, Oxford University Press, 1998.

⑤ *Politics in the Vernacular: Nationalism, Multiculturalism*, Citizenship, Oxford University Press. 2001.

⑥ *Multicultural Odysseys: Navigating the New International Politics of Diversity*, Oxford University Press, 2007.

⑦ *Zoopolis: A Political Theory of Animal Rights*, Oxford University Press.

⑧ Kymlicka, W. and K. Banting, "Immigration, Multiculturalism, and the Welfare State", *Ethics and International Affairs*, 20(3): 281-304.

⑨ Kymlicka W.(ed.) *The Rights of Minority Cultures*, Oxford University Press, 1995.

⑩ Kymlicka W and A. Patten(eds.), *Language Rights and Political Theory*, Oxford University Press. 2003.

‘복수 에스닉’(polyethnic) 집단 또는 이민자 집단(immigrant group)이다.

② 소수민족은 건국 때 이미 출현해 있었고 처음부터 자치역사를 갖고 있으며, 공통의 문화, 공통의 언어, 자치제도를 갖고 이미 민족자치를 하고 있던 집단이다. 그들은 그 역사와 수행한 역할에 의거하여 국가로부터 특수한 권리를 부여받음이 마땅한 소수집단이다.

③ 소수 이민자 집단(또는 복수 에스닉 집단)은 자발적으로(또는 난민으로) 이민해 왔으므로 새 국가의 규범에 통합되어야 할 어느 정도의 책임이 있다. 그들은 소수문화집단이다.

④ 모든 소수문화집단은 자기자신의 생활방식을 선택할 권리가 있다. 그러나 이것은 모든 소수문화집단이 기존 소수민족의 권리와 동일수준의 집단적 권리를 처음부터 갖는다는 의미는 아니다. 피난민 집단, 극빈자 집단 등 다수의 예외가 있다.

⑤ 그러므로 국가는 ‘소수문화집단별 특권’(cultural group-specific rights)을 설정하여 소수문화집단의 생활을 보장하고 지원해 줄 필요가 있다. 즉 ‘집단-분화별 권리’(group-differentiated rights)의 설정과 실천이 필요하다.

이것이 ‘집단권리’(group rights)이다. 집단별로 그들의 자유와 평등을 보장하고 보호하는 집단권리를 인정하고 설정해야 한다. 이것은 ‘복수에스닉 권리’(polyethnic rights)라고 호칭해도 좋다.

⑥ 문화는 소수이민자 에스닉집단의 개인에게도 두 가지 주요 이유로 도구적 가치가 있다. 첫째로 문화적 참여는 개인 주체성의 중요한 조건이다. 둘째로 문화적 참여는 민중의 자기정체

월리암 킴리카

성(people's self-identity)에 중요한 역할을 한다. 문화적 정체성은 민중에게 자기정체성 증명이며 소속감을 보장해주는 안전장치이다. 이것은 인간의 자존심(self-respect)과 그가 속한 문화집단의 존경 사이의 깊은 일반적 관련을 의미한다. 자기자신의 문화(one's own culture)가 존경받고 보장되어야 자존심의 기반과 의미있는 내용의 문화가 된다. 그러므로 소수민족의 문화는 주류문화와 평등하게 대우받아야 한다.[182]

⑦ 소수이민자 에스닉 집단은 주류 다수집단에 비하여 자기문화에의 접근에 불이익을 받고 있다. 그러므로 소수이민자 에스닉집단은 이에 관련해 특별한 보호를 받아야 한다. 주류 다수민족집단이 주류 지배문화를 향유하는 것은 행운이다. 소수이민자 에스닉집단이 주류문화를 갖지 못하고 자기 자신의 소수문화를 가진 것은 그들이 의지로 선택한 것이 아니라 태어난 직후 주어진 것이다. 그러므로 자유와 평등의 원리에 입각한다면, 소수이민자 에스닉집단의 문화는 절대로 차별할 것이 아니라 존중하고 적극적으로 보호하며 보장해 주어야 한다.

⑧ 언어는 사회생활의 기본적인 상징적 도구이다. 주류 지배문화의 성원들은 주류 지배 언어가 공용어이고 모국어이기 때문에 정치적 경제적으로, 또 학교나 직장에서 큰 이익을 향유하고 있다. 이에 비해 소수이민자 에스닉집단은 언어 장벽으로 말미암아 큰 불이익을 받고 있다. 소수이민자 에스닉집단의 언어에 대한 존중과 주류 언어 습득에 대한 적극적 대책이 실시되어야 한다.

⑨ 소수이민자 에스닉 집단의 집단적 권리 보호는 자유와 평등의 원리에 의거하여 소수이민자 에스닉 집단과 주류 민족집단 사이의 '외부적 보호'(external protections)를 의미하는 것이다. 한편 소수이민자 에스닉 집단

---

182 Kymlicka, William 1995, *Multicultural Citizenship : A Liberal Theory of Minority Rights*, p.89.

이 내부적으로 불합리한 옛 관습으로 부녀자와 어린애를 학대하는 등 자유와 평등의 원리에 크게 벗어날 때에는 국가는 '내부적 제한'(internal restrictions)을 설정하여 이를 방지할 필요가 있다.

⑩ 현대사회는 더욱 더 수많은 민족, 에스니시티, 언어집단, 종교집단들이 모여 사는 사회이다. 이러한 사회동학에서는 '다문화주의'(multiculturalism)야말로 사회를 평화롭게 통합시키고 성원들의 행복한 생활을 보장하는 길이다. 소수이민자 에스닉 집단의 문화와 언어는 서로 배우면서 전체사회를 문화적으로 더욱 풍요롭게 만들어 준다. 소수이민자 에스닉 집단에게 '집단-분화별 권리'를 주고 그들 자신의 고유문화를 그들이 원할 때까지 향유하도록 하는 것은 세계 동포주의의 대세이기도 하다.

여기서는 킴리카의 다문화주의만을 요약했지만, 수많은 학자들이 세계 여러 곳에서 '다문화주의' '에스닉 다원주의'(ethnic pluralism), '문화적 다원주의'(cultural pluralism) 등 여러 가지 호칭으로 '에스니시티' 연구들이 진행되고 있다. 그들의 연구 추세는 종래의 주류문화에 의환 '동화'설을 비판하면서 에스니시티의 '장기지속'에 따르는 자유·평등·복지·존중의 문제와 행복한 생활 조건 보장에 대한 활발한 연구가 대세를 이루고 있다.

VII. 맺음말: 민족과 에스니시티(Ethnicity) 이론의 전망

지금까지의 고찰에서 결론적으로 우리는 다음을 말할 수 있을 것이다.

'장기지속'이 관찰 시간단위의 하나로 당연하게 된 오늘날의 사회과학과 역사과학에서는, 약 1만 2천여년의 긴 역사를 가진 '가족'이 한 시간 단위의 한 연구주제가 될 수 있는 것과 같이, 약 5천여년 역사를 가진 '민족'은 당연히 한 시간 단위에서 관찰될 필요가 절실한 사회학 및 사회과학의 매우 중요한 연구주제이다.

'민족'은 오랜 역사기간을 거치면서 자연스럽게 형성된 인류보편적 '인간공동체'(human community)이기 때문에, 오늘날 인간은 태어나면서 '개인'으로서만이 아니라 가족의 한 성원임과 동시에 민족의 한 성원으로 태어난다. 민족과 국가는 거의 동시에 형성되었다 할지라도 서로 다른 것이다. 사회학적으로 민족은 인간 '공동체'이고, 국가는 인간공동체의 수단인 '결사체'이다. 국가와 국민은 출생 후 국적을 옮기면서 바꿀 수 있어도, 민족은 출생 후 영구히 바꿀 수 없다. 수단인 '국가'와는 달리, '인간' 공동체 집단인 민족은 집단의식과 집단의지를 가진 행위주체임과 동시에 객체가 된다. 민족은 용도가 끝난 낡은 발명품이라고 인류가 단정하여 폐기할 수 없는 인류 자기자신의 한 집단 형태이다.

 인류는 신석기시대 전지구에 분산하여 정착해서 농경생활 등을 시작한 이래, 자발적으로 집합적 취락생활을 시작하면서 씨족·부족(종족)·대부족 또는 군장사회를 거쳐 약 5천여년 전 최초의 큰 규모 공동체인 '민족' 공동체를 형성하였다. 인류는 '민족' 형성과 동시에 '국가'와 '문명'을 창조하여 새로운 발전 단계에 들어갔었다. 그 후 오늘날까지, 인류의 각종 형태의 민족공동체의 역사는 불균등 변동의 역사였다. 온갖 영고성쇠를 거치면서 고대부터 현대까지 존속 발전해온 민족이 있는가 하면, 고대에 최초의 선진적 독립문명을 창조했다가 쇠락하거나 소멸된 민족도 있었다. 중세에 작은 부족이었다가 성장하여 근대에 강대한 국가를 가진 민족들도 출현하였다. 인류는 이 과정에서 민족과 국가들 사이에 각종 형태의 협동도 있었지만, 수많은 갈등과 참혹한 전쟁도 경험하였다.

 특히 16세기부터 20세기 전반기에 걸쳐 물질 물명에서 선진한 과학기술과 막강한 군사력을 가진 민족과 국가들이 '제국주의'라는 팽창주의 지배정책을 만들어 약소민족들을 침략해서 정복하고 압박하며 수탈하는 제국주의 시대를 열었다.

 인류는 그러나 압박받던 약소민족들의 줄기찬 민족해방 독립운동의 결과로 제2차 세계대전 후 20세기 중엽부터 크게 각성하여 제국주의를 청산하기 시작하였다. 제국주의 지배하에서 압박받고 수탈당하던 수많은 민족들이 해방되고, 독립국가를 수립했으며, 국제기구들에 참가해서 인류의 상호협동하는 시대를 열기 시작하였다. 인류 역사에 거대한 변혁의 새 시대가 열린 것이다. 물론 낡은 관행을 벗어나지 못하여 '신패권주의' '신제국주의'를 꿈꾸는 정책도 나왔으나, 인류의 거대한 각성으로 결국은 실패하여 소멸될 것이 예견되는 일시적 반작용일 뿐이다.

서유럽에서는 동양에서와 마찬가지로 사회과학 성립 이전 일찍이 18세기 사회사상에서 루소처럼 인류의 영구평화를 논의함과 동시에 유럽 약소민족들의 자유 독립을 지원하여 논의한 전통이 있었다. 루소는 근대 이전 시기에 프랑스·영국·코르시카·폴란드의 '민족' 형성을 인지하고 그들의 독립을 성원하여 논의한 주장과 글을 남겼다. 이러한 유럽 지성의 전통은 소수이지만 면면히 이어져 그 후 약소민족들의 해방운동에 지지와 동정을 표시하기도 하였다.

그러나 20세기 중엽 약소민족들의 해방 독립과 비약적 발전의 인류사회 변혁시대에, '민족'을 유럽 중심주의적으로 해석하여 이론 정립하려는 시도가 유럽과 미국의 사회과학과 역사과학계 일부에 대두하여 한 시기를 휩쓸었다. 겔너를 비롯한 수많은 사회과학자들의 '근대주의' 민족이론과, 홉스봄을 비롯한 수많은 마르크스주의 학파의 '근대주의' 민족이론은 '민족'을 18세기~19세기 '근대' 유럽에서 민족주의가 '발명'한 공동체이며, 그 밖의 세계 각지의 '민족'과 '민족주의'는 이를 학습하거나 모방해서 형성된 것이라는 학설을 정립하여 보급한 것이다. 그들은 주로 서유럽의 사회역사자료만을 분석하고 관찰하여 일부 서유럽 중심 민족이론을 정립해서 보급한 것이다.

그러나 이러한 유럽 '근대주의' 민족이론은 극도의 지방분권적 중세사회를 거친 후 중앙집권적 근대민족국가를 수립한 일부 서유럽사회에는 적용할 수 있겠지만, 근대 이전의 고대와 중세 시기에 이미 '민족'을 형성했지만 근대에 산업혁명을 수행하지 못하여 제국주의 침략으로 주권을 빼앗기고 압박당한 수많은 민족들을 비롯해서 일반적으로 인류의 모든 민족들과 사회에는 적용할 수 없는 특수이론에 불과한 것이었다. 특히 그들의 '근대주의' 민족이론은 일찍이 고대민족 형성과 함께 고대국가와 인류 최초의 찬란한 고대 독립문명을 창조한 아시아, 중동, 북아프리카 지역에는 적용할 수 없는 이론이었다. 그것은 보편적 일반이론이 아니라, 서유럽 사회에서조차 민족역사가 짧은 일부 민족에게만 적용한 수 있는 극히 좁은 한계를 가진 이론이었다.

이에 사회과학계에서는 인류사회에 보편적으로 적용할 수 있는 새로운 민족이론의 정립이 절실히 필요하게 되었다. 이에 응하여 최근에 '민족공동체'의 '장기지속'을 하나의 시간단위로 하여 연구한 두 사례로서, 동양에서는 필자가 1984년경에 제의한 '원민족'(protonation), '전근대민족'(premodern nation), '근대민족'(modern nation), '신민족'(newnation)의 모델과 '민족의 8대 구성요소 비율 변동론'이 있고, 서양에서는 앤서니 스미스가 1986년경에 제의한 '에스니'(ethnie)의 모델과 '에스노·상징주의'(ethno-symbolism) 연구방법이 있다.

필자의 모델은 고대에 '고대국가'를 수립하고 고대문명을 형성하여 이어온 세계 모든 지역에 그대로 적용되는 모델이다. 필자는 한국·중국·일본 등 동아시아 역사를 자료로 사용하면서 민족 형성과 국가형성을 궤도를 같이한 동반현상으로 관찰하여 이론 모델을 도출하였다. 이 모델은 서양의 폴크스·나르도노스티·에스니…(Volks, Narodnosti, ethnie…) 등처럼 유럽 특정 민족사의 용어를 채용하지 않고 역사사회학적으로 '원민족' '전근대민족' '근대민족' '신민족' 등 인류 보편사의 용어를 채용함으로써 사회과학과 역사과학에서 모두 용이하게 응용할 수 있도록 보편적이고 쉬운 용어와 개념 정립에 주의하였다. 이 모델은 인류사에서 '민족'이 처음 형성되어 오늘에 이르기까지 약 5천년 이상의 '장기 지속'에서 '민족'의 진화 과정의 '연속성'(continuity)을 하나의 척도로서 관찰할 수 있는 장점을 갖고 있다. 또한 이 모델은 인류사에서 고대와 중세에 '국가'를 형성한 모든 지역에 보편적으로 적용할 수 있는 큰 장점이 있다고 본다. 이 모델은 20세기 후반에 서유럽 열강의 제국주의 지배로부터 해방되어 새로 독립국가와 신민족 형성을 진행하고 있는 약 100여개 새 민족들에게도 적용할 수 있는 모델이다.

필자의 모델의 한계는 고대나 중세에 정치적 독립주권을 가진 '국가'를 형성하지 못한 지역 등 낮은 단계의 민족적 성격의 공동체에 대해서는 보완을 하지 않는 한 적용이 어렵다는 점일 것이다. 이러한 공동체들에 대해서 필자는 이를 '군장사회'(chiefdom) 등 문화인류학적 개념에 의존하였다.

앤서니 스미스의 모델은 근대민족 형성 이전의 프랑스에서 '에스니(ethnie)'를 찾아내어, 영국에서 유사한 실체를 확인한 후, 프랑스어 '에스니(ethnie)'를 채택해서 근대 이전 민족적 성격의 문화공동체의 실재와 개념을 정립한 모델이다. 스미스의 '에스니(ethnie)' 모델은 프랑스와 영국 등 전근대 서유럽에 적용할 수 있는 장점이 있다.

스미스의 에스니(ethnie) 모델의 한계는 독일 헤르더의 폴크스(Volks)나 러시아의 레닌·스탈린의 나로드노스티(Narodnosti)와 유사한 지역성의 제한이 큰 모델이라는 점이다. 이 모델은 근대 이전에 중앙집권적 국가를 형성하지 못한 지역에만 적용할 수 있는 한계가 있다. 그러나 스미스의 에스니(ethnie)는 라틴어를 기초로 한 개념 용어이고 프랑스와 영국 역사자료에 의거한 것으로, 영어가 국제언어로 되어가는 대세 속에서, 독일어 폴크스(Volks)나 러시아어 나로드노스티(Narodnosti)보다 상대적으로 국제적 전파력이 강한 장점이 있다. 그러므로 스미스의 에스니(ethnie)가 폴크스(Volks)나 나로드노스티(Narodnosti)를 대체하는 유럽의 보편적 개념으로 사용될 가능성이 있다고 전망되기도 한다.

스미스의 '에스노-상징주의'는 근대 이전의 에스니 연구방법으로서 '상징'·'신화'·'가치'·'전통'의 중요성을 강조하는 접근 방법이다. 필자는 고대의 '원민족' 형성부터 이를 '민족'공동체의 한 형태로 개념화하여 당연히 이 연구방법 내용을 처음부터 포함해 민족의 역사적 발전과정을 연구해 왔으므로 필자에게는 스미스의 방법이 새로운 것은 아니다. 그러나 스미스의 이 연구방법이 중요한 것은 서양 학계에서 20세기 후반기에 '민족'을 근대 이전과 단속성(discontinuity)을 가진 '근대'에 새로 발명된 특수한 공동체로 설명하는 학설들이 지배하는 속에서, 이를 비판하면서 근대 이전 민족적 성격의 문화공동체를 연구하도록 인도했기 때문이다. 유럽에서 스미스의 에스노-상징주의 연구방법을 수용하여 개별 국가의 역사연구가 진전됨에 따라, 최근에 중세와 고대에도 '민족'이 형성될 수 있다는 '전근대민족' '고대민족'의 주장이 서유럽 학계에서도 나오기 시작하였고, 스미스는 2009년경부터 '전근대 민족' '고대민족'의 개념 설정에 동의하였다.

필자의 '신민족'의 개념과 이론은 과거 서양 제국주의의 식민지로 있다가 20세기 후반부터 해방되어 독립국가를 수립한 사하라 이남 아프리카와 태평양 지역 및 기타 지역의 신생독립국가들이 식민지 유산의 고통을 담아안고 먼저 독립'국가'를 건설한 후 '민족'을 형성해가는 유형을 '신민족'의 독립 개념으로 정립한 것이다. '신민족'에서는 '국가주권'이 중심적 역할을 하기 때문에 미국과 서유럽에서 정립된 '에스니시티'와는 크게 다른 것이다. 필자의 '신민족' 모델에는 '정치적 국가 주권'이 중심 요소로 되어 있는데 비하여, 서양 사회학의 '에스니시티' 모델은 '정치적 국가 주권'을 처음부터 빼어 버린 큰 차이가 있다. 현재 파악된 '신민족'이 형성되고 있는 나라는 약 100여개국이지만, 그 숫자는 증가하고 있는 추세이다.

한편 미국·캐나다·오스트레일리아 등 합중국 및 연방국가와 다민족국가에서 20세기 후반에 정립된 '에스니시티(ethnicity)' 개념과 이론은 전 세계에 대소규모이 각종 이민(immigration)의 진행에 따라 이민해 들어온 소수민족집단을 포착한 개념과 이론이다. 에스니시티는 다민족국가 및 연방국가내의 소수민족집단의 '정치적 주권'을 빼어버린 민족적 '문화공동체'의 실체를 인정하고 상호존중과 자율성을 강조한 개념이다. 다민족국가에서 '에스니시티'도 그 숫자가 증가하고 있는 추세이다. 그러므로 인류의 미래에 에스니시티(ethnicity)는 매우 중요한 새로운 개념이다.

에스니시티의 중요성 증대에 따라 에스니시티 연구도 점차 활발하게 증가하고 있으며, 에스니시티 이론들도 정립되어 나오기 시작하고 있다. 제3세계의 신생독립국들 및 신민족 탄생을 반기지 않는 일부 학자들 사이에는 때때로 '민족'(nation)의 용어와 개념을 아예 '에스니시티'로 교체하려고 시도하는 경우까지도 있다. 그러나 이러한 시도는 과도하게 거칠고 빗나간 것이다.

여기서 주의할 것은 필자의 '신민족'과 서양 사회학계의 '에스니시티'는 양립되는 상호보완적 개념이라는 사실이다. 현재 사하라 이남의 아프리카와 태평양 지역 섬들, 유라시아 대륙, 남북 아메리카주·오세아니아 주 등 세계 각처에는 약 100여개 '신민족' 들이 형성되어 신생독립국가를 건국했거나 건국하려고 줄기차게 활동하고 있다. 인류는 이들을 '정치적 주권'을 가진 '신민족' 개념으로 정립하여 존중하는 것이 당연하지, 주권 없는 민족적 문화공동체인 '에스니시티'로만 다룰 수는 없다. 이미 인류는 국제연합(UN)에 약 200개 독립주권국가를 갖고 있다. 그 가운데 다수가 '신민족'의 국가들이다. 여기에 정치적 주권을 가진 '신민족'의 독립국가들의 추가를 반대할 필요가 전혀 없다고 본다.

한편 다민족국가 또는 연방국가나 부유한 선진 국가들에 이민해 간 세계 각처의 소수이민집단들은 거의 모두 정치적 주권은 없지만 갖고 들어간 민족문화의 정체성을 존중받는 '에스니시티'를 형성해 나가면서, 에스니시티 '문화공동체'의 존엄성과 자율성을 요청하고 있다. 이는 당연히 존중되어야 할 것이다.

그러므로 '신민족'과 '에스니시티'는 인류에게 모두 함께 반드시 필요한 개념과 모델이라고 본다.

인류사회에 폭력과 탐욕이 없었다고 가정하면, 자연스러운 인류 진화과 정은 한 민족이 한 국가를 가진 평화로운 세계가 되었을 것이다. 그러나 현실역사는 한편으로 '민주주의'를 발명하고 제도화하면서도 동시에 '제국 주의'도 발명하여 약소민족을 침략 점령해서 학살하고 착취한 역사였다.

사회과학과 역사과학에서는 강대국 내의 학대받고 착취받는 하층계급 및 무산자층의 보호와 자유·평등·인권을 위한 연구와 이론 정립이 진전되 고 있다. 그러나 고대부터 현대까지 수천 수 백개의 약소한 민족들을 강대 국들이 침략하여 학살하고 약탈하며 절멸시킨 동물적 약육강식(弱肉强食) 의 참혹한 역사에 대해서는 마치 몇 개 강대민족들만 '역사적 민족'이고 수많은 약소민족들을 '비역사적 민족'으로 차별하면서 사회과학과 역사과 학 전반이 관심과 연구와 비판을 게을리하거나 회피해 온 것이 아닌가 반 드시 반성할 필요가 있다.

지금도 유라시아 대륙의 곳곳에서, 아프리카에서, 남·북아메리카, 오세 아니아 주에서 정복당했거나 쫓겨서 오지에 숨은 수많은 약소민족들이 자 유·해방·독립·평등·인권을 절규하면서 전체 인류의 협력을 요청하고 있 다. 모든 인류와 사회과학계는 이들에 대한 관심과 연구를 높여야 한다. 국 제연합(UN) 등 국제기구들도 개인·시민의 인권·민권과 함께 인류 보편적 권리로서의 '민족의 권리'(The Rights of Nations and Ethnicities)도 반드시 설정하여 수많은 약소민족들의 민족권리를 포함한 모든 인류의 자유·평 등·박애·복지가 실현되어야 한다고 생각한다.

인류사회는 정보·통신·교통 등 첨단 과학기술의 발달로 '하나의 세계' 가 되어가고 있다. 언제인가는 국가와 민족이 소멸되어 전 지구의 인류가 한 세계국가와 한 민족처럼 되는 날이 도래할 것이다. 그러나 그것은 수천 년, 수만년 후의 일일 것이다. 지금은 아니다. 현 단계는 '민족'이 소멸되는 단계가 아니라, 오히려 먼저 과거 억압당했던 각종 단계의 민족들이 '평등한 관계'를 요구하여 실현하는 민족 간의 자유·평등·협동 실현을 향한 변동의 단계이다. 이러한 변동에 궤도를 같이하여 전세계 모든 민족들이 서로 도우면서 세계평화와 인류 모두의 행복을 추구해 나갈 것이 요청되고 있다.

사회학 및 사회과학과 역사과학의 민족이론도 이에 궤도를 같이하여 인류의 각종 민족공동체를 모두 설명할 수 있는 보편적 이론의 정립과 발전을 요청받고 있다고 할 것이다.

제2부

'민족'의 사회학적 설명과
'상상의 공동체론' 비판

I. 문제제기

'민족'은 고전사회학 시대부터 현대에 이르기까지 사회학의 중요한 연구 대상 가운데 하나로 되어왔다.

사회학의 민족에 대한 연구방법의 하나는 민족을 형성하는 사회학적 요소들을 찾아내어 실제 사회역사 속에서의 그 조합과 역할 변동을 동태적으로 고찰하는 것이었다.

민족 형성의 가장 중요한 요소로서는 포괄적으로 ① 언어의 공동 ② 지역의 공동 ③ 문화의 공동 ④ 혈연의 공동 ⑤ 정치의 공동 ⑥ 사회경제생활의 공동 ⑦ 역사의 공동 ⑧ 민족의식이 추출되어 연구되어 왔다. 이 가운데 ①~⑦을 민족 형성의 객관적 요소로 분류하고 ⑧의 '민족의식'을 주관적 요소로 간주해 오기도 하였다.

민족은 한 마디로 정의하면 인간이 "언어·지역·혈연·문화·정치·사회경제생활·역사의 공동에 의하여 공고히 결합되고 그 기초 위에서 민족의식이 형성됨으로써 더욱 공고하게 결합된 역사적으로 형성된 인간공동체"라고 할 수 있다.

민족은 객관적 요소들만으로 형성 될 수도 있고, 위의 객관적 요소들에 '민족의식'이라는 주관적 요소가 융합하여 더욱 공고하게 형성되기도 한다. 객관적 요소들만으로 형성된 민족을 '즉자적(卽自的) 민족'(Nation an sich, nation in itself)이라고 부를 수 있고, 주관적 요소인 '민족의식'을 더하여 형성된 민족을 '대자적(對自的) 민족'(Nation für sich, nation for itself)라고 부르기도 한다.(신용하, 1984, 2001)

민족 형성과정의 한 유형을 극히 단순화시켜 이념형적으로 서술하면, 동일한 언어를 사용하는 사람들이 동일한 지역(영토)에 집합적으로 거주하여 활발한 상호작용을 하면서 생활하는 동안에 공동의 생활양식인 문화의 공동이 형성되고, 끊임없는 상호 혼인을 통하여 공동의 혈연 '동포'관계가 형성된다. 이렇게 결합된 사람들은 스스로 자유로운 삶을 추구하여 독립된 공동의 정치체인 국가를 수립하고, 공동의 경제생활권에 살면서, 공동의 역사적 정치적 경험을 쌓는 사이에 객관적으로 하나의 '민족'(즉자적 민족)이 형성된다. 이러한 민족의 성원들은 다른 민족과 교섭·비교·경쟁·갈등하는 경우에는 민족에의 공속의식에서 시작되는 '민족의식'이 형성되며, 다른 집단으로부터 침략당하거나 압박당하면 자기민족을 지키고 해방시키려는 매우 강렬한 '민족의식'까지 형성된다. 즉자적 민족에 민족성원의 민족의식이 결합되면 민족은 대자적 민족이 되며 더욱 공공하게 융합되고 동태화되어 강대한 동원의 힘을 발휘하기도 한다.

고전사회학자들은 모두 민족을 객관적인 사회적 실재(social reality)로 간주하였다.

스펜서(Herbert Spencer)는 민족은 인류의 사회진화 과정에서 출현한 복합적 집단으로서, 최초의 인간 결합체는 단순사회인 '가족'이고, 가족들이 결합하여 복합사회인 '씨족'(clan)을 형성하며, 다음에는 씨족들이 결합하여 2중복합사회인 '부족(종족(tribe))'을 형성했다가, 다음에는 부족들이 결합하여 3중복합사회로서 '민족'을 형성함으로써 문명의 시대가 열린다고 설명하였다.(Spencer ; 1972)

뒤르켐(Emile Durkheim)은 민족을 "종족적 또는 역사적 이유로 동일한 법률 아래서 하나의 국가를 형성하여 살고자 하는 인간집단(a group of human beings)"이라고 설명하였다.(Giddens, 1986)

마르크스(Karl Marx)는 민족은 "일정의 자연적 기초(지역과 종족의 동일성)에 기반을 두고 역사적 사회적 발전과정에서 형성된 다수인의 집단으로서 동일의 언어와 동일의 일반적 성격을 갖는 집단이다"라고 설명하였다.(Connor, 1984)

이들은 모두 민족형성의 객관적 요소들을 중심으로 객관적으로 실재하는 인간집단으로서의 '민족'을 정의하고 설명하였다. 주관적 요소를 고려한 경우에도 객관적 요소를 중심으로 설명하였다.

한편 주관적 요소를 중시한 고전사회학자도 있다.

베버(Max Weber)는 민족을 다른 집단과 대면했을 때에 나타나는 "특수한 연대정서(연대감정)"(specific sentiment of solidarity)인데, 이것은 "언어의 친화성"과 "문화적 연대감"에 기초한 것이고, "공동의 역사적 정치적 경험들"에 의해 강화되는 것이라고 설명하였다.(Weber, 1968)

베버는 '민족의식'의 일부인 '민족 정서(민족감정)'(national sentiment)를 가장 중요한 요소로 본 것이었다. 그러나 베버는 민족정서의 기초로서 객관적 요소인 '언어의 친화성' '공동의 역사적 정치적 경험'과의 관련을 강조하였다. 뿐만 아니라 베버는 "민족정서"도 '실재'이며, 민족도 사회적 '실재'(reality)로 보아 논의하였다.[1]

현대사회학자들 사이에서도 '민족'은 중요한 연구주제로 다루어지고 있다.

기든스(Anthony Giddens)는 민족국가의 형성을 틸리(Charles Tilly) 등의 사회사 연구성과에 관련하여 연구하였다.(Tilly, 1978)

기든스는 민족은 "인간의 객관적 주관적 공동체"라고 보면서, '민족'이 '국가'와 결합할 때 선명하게 나타나는 것은 민족형성의 객관적 요소인 '지역의 공동'이 국가의 '국경'을 제공하고, '정치의 공동'이 중앙집권화 되면서 '국경'안에서의 통치 독점의 제도형태가 강화되는 것이라고 설명하였다.(Giddens, 1981) 민족형성의 객관적 요소를 중시하면서 주관적 요소도

---

1 Weber, Max. 1968. *Economy and Society.* New York : Bedminster Press. pp.387~393.
베버가 민족의식(national consciousness)라는 용어를 피하고 민족정서(national sentiment) '특수한 연대정서'(specific sentiment of solidarity)라는 용어를 상용한 것은 사회학적으로 민족이 게마인샤프트(Gemeinschaft)인 것을 유의했기 때문인 것으로 보인다. 그는 민족을 객관적으로 연대(solidarity)의 형태로 보려고 했고, 이의 설명에는 게마인샤프트에서 매우 중요한 요소인 '정서'(sentiment)의 용어가 더 적합하다고 생각했던 것으로 해석된다.

고려한 것이었다.

한편 스미스(Anthony Smith)는 민족을 민족의식과 민족주의를 중심으로 근대에 형성된 것이라는 입장을 취하면서도, 선행하는 객관적인 실재로서의 전근대 종족집단과의 유대를 매우 강조하였다. 스미스는 전근대 시기에 모든 곳에서 문화공동체인 에스니(ethnie)가 존재했고 지식인 엘리트 집단은 그것을 인지하고 있다가 18·19세기에 자본주의, 정치의 중앙집권화, 문화적 조정의 3중혁명에 의해, 지역(영토)의 공동과 종족 구성요소를 다양하게 조합해서 '민족'이 형성되었다고 설명하였다. 스미스는 전근대의 에스니(ethnie)와 '근대민족'의 역사적 연속성을 강조하였다.[2]

스미스는 민족을 민족주의가 정치적 목적으로 형성시켰다고 파악하면서도 선행하는 민족적 문화공동체인 에스니(ethnie)와의 연속성을 강조한 것이었다.

그런데 최근 사회학자들 가운데 일부에서 '민족'을 "실재의 공동체"(real communities)가 아니라 '발명된 공동체'(invented community) 또는 "상상의 공동체(imagined communities)"라고 주장하는 견해가 나왔다. 대표적 학자로 겔너(Ernest Gellner)와 앤더슨(Benedict Anderson)을 들 수 있다.

겔너는 '민족'은 근대 민족주의의 인위적 발명품이고, "민족주의는 민족들이 자의식에 눈뜬 것이 아니라, 정치적 엘리트 집단의 민족주의가 민족이 없는 곳에 '민족'을 '발명'해 낸 것이다"고 주장하였다.(Gellner, 1983) 겔너는 민족주의가 '왜곡'과 '기만'을 행하여 '민족'을 발명했다는 의미를 시사하였다.[3]

앤더슨도 겔너와 같이 '민족'을 근대의 '발명'이라고 주장하였다. 이 밖

---

2 Smith, Anthony D., 1986, *The Ethnic Origins of Nations*, Basil Blackwell, pp.6~13.
3 Gellner, Ernest. 1983. *Nations and Nationalism*. Ithaca : Cornell University Press. pp.56~57.

에도 몇 학자들이 민족의 '발명'된 측면을 강조하였다.[4]

앤더슨은 겔너가 발명을 '허위날조', '기만'과 유사한 의미로 사용한 결점은 있지만, "발명"을 "상상"과 유사한 것으로 생각한다면 겔너의 주장은 자기의 주장과 비슷한 것으로 보아도 좋다고 하면서, 민족은 '사회적 실재'가 아니라 민족주의자들이 상상해 낸 실재하지 않는 "상상의 공동체"(imagined communities)에 불과한 것이라고 주장하였다.(Anderson, 1983 및 1991)

앤더슨의 민족이 "상상의 공동체"에 불과하다는 주장은 일부에서 환영을 받아 한 개의 학설로 수용되었다. 앤더슨의 주장은 학문적 검토뿐만 아니라 일반적으로 민족과 민족주의, 특히 제3세계의 '민족'과 '민족주의'를 '허구'라고 비판하는 이론적 도구로 사용되고 있다.[5]

앤더슨의 저서는 한국에서도 학문적 입장에서 잘 번역되었다.[6] 앤더슨

---

4 Hobsbawm, Eric J. 1992. *Nations and Nationalism Since 1780*. Cambridge : Cambridge University Press. pp.14~45 및 Hobsbawm, E. J. and Ranger, T. (eds.). 1983. The Invention of Tradition. Cambridge : Cambridge University Press. pp.1~14. 홉스봄도 민족을 '새로운 것'이고 '근대의 발명'이라고 보았다. 그러나 홉스봄의 '발명'은 앤더슨과 겔너의 '발명'과는 전혀 다르다. 홉스봄의 '발명'은 '실재의 공동체'로서의 '민족'의 발명인데 비하여, 앤더슨의 '발명'은 '상상의 발명'이었고, 겔너의 '발명'은 '거짓의 발명'이었다. 홉스봄에 의하면 '민족'형성은 '발명'이기는 하지만 그것은 '전통의 발명'으로서 '전통'을 크게 혁신하여 '민족'을 '발명'했다고 보는 것이다. 따라서 홉스봄에 있어서는 전통 속에 선행하여 존재하는 민족형성의 객관적 요소들을 재발견하고 재구성하며 재설계하고 재조합하여 크게 '혁신'해서 민족을 '발명'한 것이다. 따라서 홉스봄의 '민족의 발명'은 그 이전의 종족과 전통에 직접 '유대'를 갖고 '전통의 혁신에 의한 발명'이며, 민족은 구체적인 '실재의 공동체'인 것이다.

5 James, Paul. 1996. *Nation Formation : a Theory of Abstract Community*. London : Sage Publications에서 '상상의 공동체'를 '추상적 공동체'의 한 형태로 수정하여 민족과 민족주의를 해석하고 비판하려 시도하고 있는 것도 그 한 예이다.

6 Anderson, Benedict. 1991. *Imagined Communities : Reflections on the Origin and Spread of Nationalism*. London : Verso의 1883의 초판본은 윤형숙 교수에 의해 『민족주의 기원과 전파』(나남출판)라는 부제를 책제목으로 하여 1991년에 국내 번역 출판되었다. 앤더슨의 이 서서의 1991년 개정판은 역시 윤형숙 교수에 의해 『상상

은 2005년 4월에는 한국을 방문하여 몇 차례 강연회를 갖고 그의 "민족"과 "민족주의"에 대한 견해를 강연하고 설명했으며, 동남아의 민족주의, 한국의 민족문제, 통일문제에 대해서도 언급하였다.

이 논문에서는 서양학계에 이미 상당한 영향을 끼치고 한국에도 영향을 끼치기 시작한 앤더슨의 "민족"과 "민족주의"에 대한 "상상의 공동체론"을 사회학적 관점에서 검토하려고 한다.

II. 앤더슨의 "민족"의 정의와 설명

앤더슨은 "민족은 본래 제한되고 주권을 가진 것으로 상상되는 하나의 '상상의 정치공동체'(imagined political community)이다"[7] 라고 정의하였다.

즉 앤더슨에 의하면 민족은 "객관적인 사회적 실재"가 아니라 18세기에 들어와서 민족주의자들이 자기의 정치적 목적과 관련하여 '발명'하고 꾸며낸 "상상의 공동체"이다.

앤더슨에 의하면 민족은 다음 몇 가지 측면에서 "상상"된 것이다.

첫째, 민족은 민족성원들이 대부분 자기 동료들을 알지 못하고 만나지도 못하여 심지어 그들에 관한 이야기를 듣지도 못하지만, 구성원 각자의 마음에 서로 '친교'(communion)의 이미지가 살아있기 때문에 "상상된" 것이다. 앤더슨은 얼굴을 대면한(face to face) 마을보다 더 큰 공동체는 "상상"의 산물이라고 서술하였다. 즉 민족은 "크기"에서 마을보다 크기 때문에 상상의 산물인 것이다.

둘째, 민족은 전체 인류에 대비해서 "제한된" 것으로 상상한다. 아무리

의 공동체 : 민족주의의 기원과 전파에 대한 성찰』(나남출판)이라는 제목으로 2002년에 번역 출판되었다.

7 Anderson, B. Ibid. p.6.

큰 민족도 그 자신을 인류와 동일시하지 않는다.

셋째, 민족은 "주권"(sovereignty)을 가진 것으로 상상된다. 왜냐하면 "민족" 개념이 계몽사상과 프랑스혁명에 의해 중세 왕정을 붕괴시킨 "근대"에 태어났기 때문에 민족은 으레 "주권"을 가진 것으로 상상하게 되었다는 것이다. 근대의 역사 단계에서 모든 민족들은 자유롭기를 꿈꾸었다. 이러한 자유의 표식과 상징이 주권국가라고 앤더슨은 설명하였다.

넷째, 민족은 으레 "공동체"로 상상된다. 민족 내부의 실질적 불평등과 수탈이 엄존하고 있음에도 불구하고 민족은 언제나 수평적 동료의식과 형제애를 내포한 것으로 상상된다고 앤더슨은 지적하였다.

그러면 근대에 들어와서 무엇이 '상상의 공동체'(민족)를 형성하게 해주었는가? 앤더슨은 가장 중요한 동인으로서 "인쇄자본주의"(print-capitalism)가 "상상의 공동체"를 형성시켰다고 주장하였다.

금속활자 발명 이후 근대에 들어와서 인쇄의 신기술 발달이 커뮤니케이션의 혁명을 가져오게 되자, 초기 인쇄자본가들은 서적 판매가 수익사업이 된다고 판단하여 이윤확대를 위해 문필가들에게 지역주민이 읽을 수 있는 "지방어"(vernacular)로 작품을 쓰도록 주문해서 새 서적들을 대량 인쇄하여 판매하게 되었다. 주문을 받은 문필가들 중에서 민족주의적 지식인 문필가들은 자기들의 사상을 전파하기 위해 평론·시·소설 등을 종래의 라틴어가 아닌 "지방어"로 써서 지방민들이 읽을 수 있게 저술했고, 인쇄자본가가 이 민족주의자들의 서적들(후에는 신문 등 포함)을 출판하여 판매 보급한 것이다.

지역공동체 안에 갇혀있던 지역주민들은 이러한 민족주의적 지식인 문필가들의 서적을 텍스트(text)로서 읽고 이에 문필가들을 따라서 '민족'을 '상상'하게 되어 '상상의 공동체'인 "민족"이 지역주민들에게도 "상상"되었다는 것이다. 앤더슨은 뿐만 아니라 "지방어"로 쓰여진 서적의 보급에 의해 종래 지방 사투리들이 "지방어"로 통일되었다고 주장하였다.[8]

그러므로 앤더슨에게 있어서는 "민족"은 역사적으로 사회에 실재한 사회적 실재(social reality)거나 "실재의 공동체"가 아니라, 현실사회에는 존재하지 않음에도 불구하고 인간(문필가와 지역주민)의 머리 속에서 상상된 "상상의 공동체"에 불과한 것이다. 즉 앤더슨에게는 "민족"은 실재하는 "공동체"가 아니라 "상상"에 불과한 것이며, 민족은 18세기에 들어와서 민족주의적 지식인들이 정치적 목적으로 만들어낸 "허구"이고 "상상의 공동체"에 불과한 것이라고 주장하는 것이다.

여기서 앤더슨은 대답해야 할 중대한 문제에 부딪히게 되었다. 만일 "민족"이 사회에 "실재"하지 않는 민족주의자들이 꾸며낸 "허구"이며 "상상의 공동체"에 불과하다면, 왜 역사에서 수많은 사람들이 "허구"이며 "상상"에 불과한 "민족"을 위하여 기꺼이 자기 생명을 바치고 희생했으며, 또 희생하려 하는가?

앤더슨의 대답은 이것도 민족주의자들이 그렇게 만들었다는 것이다. 민족주의자들은 자기들의 작품을 통하여 자기들이 상상해 낸 "허구"이며 "상상"에 불과한 "상상의 공동체"(민족)를 마치 "연대적이고 형제애적인 공동체"인 것처럼 분식하고 "순수성을 가진 것" "이해관계를 초월한 고상한 실체"인 것처럼 상상케 하여, 자기 생명까지도 바칠만한 가치가 있는 실체로

---

8 7) Anderson, B. Ibid. pp.37~46에서, 앤더슨은 서유럽 18세기의 언어가 ① 라틴어 ② 지방어(vernacular) ③ 방언(dialect)의 3중구조를 이루고 있었는데, 라틴어와 지방어는 극소수 엘리트의 언어였고 대부분의 주민은 방언의 사용자라고 전제하고 있다. 이 전제 위에서 인쇄자본주의에 의해 지방어로 쓴 서적이 방언의 지방어화(vernacularizing)를 추진했다고 설명하고 있다. 앤더슨의 설명은 범주화에 문제가 있다. 당시 라틴어가 한 범주로서 라틴어를 말하는 사람은 극소수 성직자와 지식인들 뿐이었고 반면에 서적은 대부분 라틴어로 쓰여져서 주로 인쇄언어였다. 한편 지방어와 방언이 다른 한 범주여서 방언은 지방어(종족어 또는 민족어)의 방언이었고 지방어와 방언이 모두 구어(口語, spoken language)였다가 민족주의적 문필가와 인쇄자본주의에 의해 인쇄어 겸 구어로 '언문일치'가 이루어진 것이라고 보아야 할 것이다. 즉 민족어(지방어와 방언)가 먼저 형성되었고 다음에 언문일치의 민족어 작품 서적이 출판 공급된 것이다.

상상하도록 꾸몄기 때문에 그러한 일들이 있게 되었다는 것이다. '민족'이 실제로 그러한 가치를 가진 것이 아니라, 민족주의자들의 인쇄언어(print-language)가 "상상의 공동체"를 그러한 가치를 가진 것처럼 상상하게 만들었기 때문에 대중들이 "상상의 공동체"에 불과한 민족을 위해 기꺼이 생명까지도 희생한다고 앤더슨은 강조하였다.[9]

앤더슨은 민족주의에는 역사적으로 3유형이 있다고 분류하였다.

첫째는 제1세대의 '크리올 민족주의'(Creole nationalisms)이다. '크리올'이란 남북 아메리카 대륙의 백인 이주민의 후손을 말한다. 앤더슨은 크리올 민족주의가 세계사에서 맨 처음 형성된 민족주의라고 주장하였다. 북아메리카의 동부 13개 식민주(植民州)의 이주민과 그 후손들은 영국의 식민지 통치에 반기를 들어 자신들을 하나의 공동체로 상상하고 독립전쟁을 일으켜 미합중국이라는 하나의 민족국가를 세우고 통일되었다는 것이다. 그들을 하나의 민족 공동체로 상상하게 만들어 준 것으로는 '신문'이 큰 역할을 했다고 설명하였다.

또한 중앙아메리카와 남아메리카에서는 스페인과 포르투갈 이주민의 후손인 크리올들이 본국 정부 관료로나 다른 식민지 행정단위 관료로의 진출이 불가능하게 되자 식민지행정 단위를 하나의 민족공동체로 상상하여 민족독립운동을 일으켜서 독립국가들을 수립했다고 앤더슨은 상세하게 힘들여 설명하였다.

크리올 민족주의는 언어, 문화적 전통, 인종 등에 관계없이 식민지 행정단위였던 '영토' 안에 거주하는 모든 사람들을 공화주의, 시민권 등을 중심으로 결합시켜 포용한 '민중민족주의'(popular nationalism)로 형성된 것이

---

9 Anderson, B. Ibid. pp.141~149. 앤더슨은 그 증거자료로 스페인 제국주의 손에 처형당하기를 기다리며 리잘(Rizal)이 쓴 유명한 시 『최후의 고별』과 코루나 전투에서 전사한 존 무어(John Moore)의 죽음을 기린 울프(Charles Wolf)의 시 "존 무어 경의 장례"의 감동적인 시 전문 등을 게재해 설명하고 있다.

특징이라고 앤더슨은 강조하였다. 앤더슨은 신세계의 '크리올 민족주의'가 세계 최초의 민족주의로서 전 세계에 수출된 것이라고 주장하였다.[10]

둘째는 유럽에서 형성된 제2세대 "에스노언어 민족주의"(ethnolinguistic nationalisms)이다. 앤더슨에 의하면, 유럽에서는 아메리카 크리올 민족주의를 모방하고 표절하여 "지방어"로 쓴 서적들을 대량 인쇄 보급해서 "에스니시티"와 "민족"을 상상하게 하여 "에스노언어 민족주의"가 형성되었다는 것이다.

유럽의 제국주의적 왕조국가들의 통치자들은 혈통의 우월성으로 통치권을 정당화해 오다가 행정상의 목적으로 "지방어"를 "국어"로 승격시켜 채택하고, 또한 식민지개척 과정에서 자기국민의 혈통의 우월성을 강조하여 "관료 민족주의"(official nationalism)를 의식적으로 창도했다고 앤더슨은 설명하였다.

왕조국가의 관료 민족주의는 "지방어"로 국민의 언어를 통일한 후 신대륙에서 정립된 민주제도, 시민권 등을 모방하여 제국주의적 왕조국가가 민족국가로 전화하게 되었다고 앤더슨은 강조하였다.

이 때 가장 큰 역할을 수행한 것은 지방어로 인쇄된 서적, 신문 등과 지식인들의 활동이라고 앤더슨은 주장하였다.

셋째는 아시아·아프리카 등 제2차 세계대전 후의 "신생국의 민족주의"

---

10 Anderson, B. Ibid. pp.47~65에서, 앤더슨은 남북 아메리카주에의 스페인 이주민 후손인 '크리올'이 그가 정의한 '민족'이라고 주장하고 있으나, 그 증명은 설득력이 없다. 만일 '크리올'이 하나의 '민족'이라면 왜 스페인령 식민지에서 수많은 독립국가가 출현했는가? 앤더슨은 스페인의 식민지 행정구역의 광대성에 따르는 식민지 행정 분할 때문이라고 설명한다. 그렇다면, 중앙(라틴)아메리카의 매우 근접한 좁은 지역에서 과테말라, 벨리즈, 혼듀라스, 엘살바돌, 나카라과, 코스타리카, 파나마, 큐바, 바하마, 자마이카, 도미니카 등 다수의 소국가들이 출현한 배경이 충분히 설명되지 않는다. 또 포르투갈의 식민지는 매우 광대한 '브라질' 한 나라로 독립한 배경이 충분히 설명되지 않는다.

이다.[11]

이 유형의 신생국 민족주의는 식민지시대에 서구식 교육을 받은 지식인들이 크리올 민족주의를 모방해서 고유한 "지방어"를 중시하지 않고 식민지행정이 설정한 "영토"를 중시한 특징이 있다고 하였다. 신생국 민족주의는 자기 고유의 지방어가 아니라 식민지 종주국의 언어를 공용어로 채택하면서도 식민지의 "영토"를 더 중시해서 그 "영토" 안의 주민을 모두 포용하여 크리올 민족주의를 모방했다고 앤더슨은 지적하였다.

또한 신생국의 민족주의 통치자들은 유럽의 교육제도와 행정제도를 도입하여 대중에게 체계적으로 자기들의 민족주의를 주입하고 교육했는데, 이 경우에는 유럽의 "관료 민족주의"를 모방했다고 앤더슨은 강조하였다.

그 결과 "신생국 민족주의"는 이념과 표방은 "민중민족주의"를 내세우지만, 실제로는 국가에 의한 "관료 민족주의"가 특징이라고 앤더슨은 지적하였다.

앤더슨의 설명에는 이 밖에 여러 가지 역사적 사실들에 대한 그의 해석이 제시되어 있지만, 그의 주장의 핵심 요지는 위와 같은 것이라고 할 수 있다.

---

11 Anderson, B. Ibid. pp.113~140에서, 앤더슨은 그의 민족형성과 민족주의 유형분류가 역사적 시간상의 고려임을 강조하여 '마지막 물결'(the last wave)이라고 표기하면서 신생국 민족주의가 지리적으로 아시아·아프리카만의 것이 아님을 증명하기 위해 '스위스' 국가의 형성을 맨 끝에 첨가하였다.(Anderson, B. Ibid., 135~139) 이외에는 모두 아시아 아프리카 민족과 민족주의가 이 신생국 민족주의 유형에 포함되는 것으로 앤더슨은 서술하였다.

그러나 Smith, Anthony D. 1991. "The Nation Invented, Imagined, Reconstructed?" in *Millenium ; Journal of International Studies* Vol.20 No.2 각주 28에서, 스미스는 스위스가 19세기에 독립했다 할지라도 스위스의 민족의 핵심과 고지(高地) 독일어사용주(州)들이 이미 18세기에 프랑스 및 이태리와 동일유형의 '자유'를 초점으로 작용한 오랜 전통·신화·상징·기억·가치위에 세워진 그들의 (느슨한) 민족적 친연관계의 정치적 표현으로서의 지방적 자유 옹호를 위한 연방제의 정치적 군사적 전통을 가졌기 때문에 유럽형에 포함시켜야 한다고 앤더슨을 비판하였다.

III. '상상의 공동체론' 비판

민족을 "상상의 공동체"로 정의하고 설명하는 앤더슨의 견해에는 적어도 다음과 같은 큰 문제점이 있다.

첫째, 앤더슨은 극단적 주관주의에 빠져서 '민족'을 정의하고, '객관적 실재'로서의 민족을 전혀 인식하지 못해 부정하는 편견에 빠져 있다.

사회학자들 가운데 민족 형성의 객관적 요소들 보다 주관적 요소(민족의식)를 더 강조한 견해는 베버나 스미스같이 다수 있었다. 그러나 이 경우에도 주관적 요소를 더 강조했었지 객관적 요소를 부정하거나 그 관련을 부정한 경우는 없었다.

베버가 민족 형성의 주관적 요소로서 '민족정서'를 강조했을 때에도 초기에는 객관적 요소인 '경제조직형태의 공동'을 강조했고,[12] 후기에는 객관적 요소인 '언어의 공동' '역사적 정치적 경험들'과의 직접적 관련을 갖고 민족정서가 형성된 것임을 강조했었다.[13] 스미스가 민족 형성의 전근대적 요소로서 "공동의 민족적 신화"나 '상징' '전통' '가치'를 강조했을 때에도, 이것이 선행하는 객관적 요소로서의 전근대 에스니(ethnie, volks, 민속체)와 근대 민족의 연속성이 매우 강조되었다.[14]

베버나 스미스와 같이 민족형성의 주관적 요소를 중시하는 견해도 객관적 요소를 부정한 것이 아니라 오히려 긍정하고 객관적 요소들에 근거해서 객관적 요소들과 연계하여 주관적요소가 형성되어 '민족'이 형성된다고

12 Norkus, Zenonas. 2004. "Max Weber on Nations and Nationalism : Political Economy before Political Sociology". *Canadian Journal of Sociology* Vol.29 No.3.
13 Weber, M. 1968. *Economy and Society*. New York : Bedminster Press. Vol.1, pp. 385~398.
14 Smith, A. D. 1986. *The Ethnic Origins of Nations*. Oxford : Basil Blackwel., pp. 129~173.

설명한 것이었다.

그러나 앤더슨은 민족을 "상상의 공동체"라고 정의하고, 그 "상상"은 민족형성의 객관적 요소들과는 전혀 관계가 없이 민족주의적 문필가들이 주관적으로 추상해서 '상상'하여 만들어 낸 주관적 '상상물'에 불과한 것이라고 설명하였다. 앤더슨의 이러한 극단적 주관주의는 '민족'의 실체와는 전혀 다른 앤더슨의 주관적 상상 개념이라고 볼 수 있다.

둘째, 앤더슨의 '상상의 공동체'로서의 '민족'의 정의와 개념은 "상상"을 "허위의식" '허구'의 의미로 전달하여 '민족'과 '민족의식'의 실재성을 정면으로 부정하고 있다.

앤더슨에 의하면 '민족'은 처음부터 실재하지 않는 것을 민족주의 문필가들이 상상의 추상물로 지어낸 것에 불과하고, '민족의식'이란 것은 민족이 실재하지 않으므로 따라서 '허위의식'에 불과한 것이다.

물론 앤더슨도 마을에서 '대면'하지 않는 범위 이상의 것은 '상상'이라고 해서 쿨리의 제1차 집단이 아닌 것은 '상상'이라고, '크기'로서 비판을 모면할 장치는 해두고 있다. 그렇다면 쿨리 제자 등의 제2차 집단은 사회적 실재가 아니라 모두 '상상'이라는 말인가? 제2차 집단도 모두 사회적 실재라는 사실은 사회학의 상식에 속하는 것이다.

앤더슨이 민족의 주관적 요소를 '민족의식'이라고 표현하지 않고 구태여 '상상'이라는 용어로 정립한 것은 이 용어가 전달하는 의미에 '허구' '실재하지 않는 것'의 통상적 의미를 살리어 '민족'과 '민족주의'를 부정하는 견해와의 친화력을 확보하기 위한 용어선택인 것으로 해석될 수 있다.

베버는 민족의 주관적 요소로서 '민족정서'를 강조했지만 그의 '민족정서'는 '민족의식'의 한 형태며, 민족의식도 실재(reality)의 한 양식임을 인식했었다.

그러나 앤더슨의 '상상의 공동체'의 '상상'은 '민족의식'의 일부가 아니라 그와는 전혀 다른 '허구의 상상'의 의미를 전달하도록 되어 있는 것이다.

민족 형성의 주관적 요소로서의 '민족의식'에는 민족의 '자의식'(self-consciousness), '자각'(self-awakening)의 요소가 포함되어 있다. 따라서 민족의식은 타집단과의 경쟁 갈등관계에 있거나 타집단이 모욕하거나 침략하면 민족성원을 동원하고 모욕·침략에 저항하는 강력한 '집단의지'를 조성하여 '저항' 운동까지에도 연결되는 것이 보통이다.

그러나 앤더슨의 '상상의 공동체'의 '상상'은 꾸며낸 추상물이기 때문에 타집단의 모욕·침략에 저항할 집단의지가 나올 수 없을 뿐 아니라, 만일 저항하는 경우에는 '허구'를 위한 망동이 되어 조소와 비판의 대상이 되는 것이다.

셋째, '민족'은 역사적 사회적으로 실증되는 '인간공동체'이고 '인간집단'인데, 앤더슨의 '상상의 공동체'는 인간집단이 아니고 '상상'이기 때문에 실재 '공동체'가 아닌 것이 근본적 문제점이다.

인간집단이 아닌 것은 '공동체'가 될 수 없는 것이다. 따라서 앤더슨의 '상상의 공동체론'은 실재의 인간집단이 아니라 '상상'이기 때문에 인간집단을 다루는 경험적 사회학 이론으로서는 존립이 어려운 것이라고 볼 수 있다.

앤더슨의 생각과는 달리 역사적 사회학적으로 볼 때 '민족'은 '사회적 실재'이며 뒤르켐의 표현을 빌리면 역사적으로 실재해 온 '인간집단'이다.(Giddens, 1986) 제국주의가 세계를 침략 지배했던 시기에 침략당한 '약소민족'의 민족성원들은 민족해방을 위하여 투쟁하였다. 이 시기에는 침략한 제국주의자들이나 저항한 민족주의자들이나 모두 '민족'의 '실재'를 의심한 사람은 없었다. 침략한 제국주의 국가의 학자들도 그들이 정복한 실재의 '약소민족'에 대한 구체적 조사보고를 내고 정복당한 약소민족들의 민족적 특성들도 학문적으로 조사하였다. 침략당한 약소민족의 저항자들도 자기들의 투쟁을 실재하는 자기민족을 위한 '민족해방' 투쟁이라고 불렀다. 이것이 역사적 사실이다

그러나 앤더슨의 '상상의 공동체론'을 약소민족의 해방투쟁에 적용하면

그것은 실재하지도 않은 '상상물'을 해방시키기 위해 투쟁한 우스꽝스러운 것이 된다. '민족'이 실재하지 않으니 '약소민족'이란 것이 실재할 수 없고, 제국주의에 저항한 '민족해방'이란 것이 실재할 수 없는 것이다. 앤더슨의 논리대로라면 오늘날 제3세계의 '민족독립', '민족통일', '민족국가'의 건설과 발전 등도 모두 실재하지 않는 환상적 '상상'에 불과한 것이다.

그러나 제3세계의 '민족해방투쟁' '민족독립' '민족통일' '민족국가'의 건설과 발전 등은 엄연히 '실재'한 것이므로, 오히려 환상적 '상상'은 이 역사적 '실재'를 부정하는 앤더슨의 '상상의 공동체론'이라고 볼 수 있다.

앤더슨의 '상상의 공동체론'은 오늘날 제3세계의 '민족해방' '민족독립' '민족통일' '민족국가' 건설과 발전을 비판 부정하고 싶어 하는 사람들에게 사용 될 이론적 도구를 제공할 수는 있으나, 이것은 민족의 '실재'를 부정하는 근본적 결함을 가진 것이므로 사실에서 이론을 정립하는 경험적 사회학이론으로서는 근본적인 문제가 있는 것이다.

넷째, 앤더슨이 근대에 들어와서 "상상의 공동체"를 형성시킨 동인으로서 "인쇄자본주의"(print-capitalism)를 든 것도 정확한 설명이 아니며, 스미스가 지적한 바와 같이 매우 과장된 것이다.

앤더슨처럼 '민족'을 "인쇄자본주의"가 "인쇄언어"(print-language)를 통해 형성한 상상의 공동체라고 한다면 '민족'은 일종의 근대적 '텍스트'(text)가 되고, 민족주의는 이데올로기라기보다는 '텍스트'에 서술된 "정치적 서술"(political discourse)의 한 형태가 된다고 스미스는 앤더슨을 비판하였다. 스미스는 앤더슨의 설명이 민족을 형성시킨 문필가들이 그들의 입론의 근거로 활용한 에스니적 유대(ethnic ties)를 배제한 결함을 갖고 있어서 민족과 민족주의의 발흥·내용·형태·시기·강도·범위의 인과적 설명을 할 수 없으며, "텍스트"가 해체되면 "민족"도 해체되어 버릴 수 있는 것처럼 설명된 결함을 갖고 있다고 비판하였다.(Smith, 1991)

그러나 앤더슨의 상상의 공동체론의 문제점은 이 정도의 것에 그치는 것이 아니다. 앤더슨은 "인쇄자본주의"가 민족을 형성했다는 주장을 설정하기 위해 시간상의 인과관계의 역사적 순서를 거꾸로 뒤집어 배치하였다. 앤더슨은 인쇄술의 혁명이 일어나기 이전에 중세사회는 "보편적" 언어로서 소수의 엘리트에 의해 라틴어와 지방어가 사용되다가 "인쇄자본주의"가 판매 보급한 민족주의 문필가들의 지방어 작품이 민족을 형성했다고 설명했는데, 앤더슨의 설명과는 반대로 중세에도 민중들은 이미 "지방방언"을 일상용어로 사용하고 있었다. 인쇄자본주의가 먼저가 아니라 "지방방언"이 선행해서 민족들의 언어로 사용되고 있었고 그 후에 인쇄자본주의가 출현한 것이다.[15]

앤더슨은 인쇄자본주의 출현 이전에 에스니들과 전근대민족들이 형성되어 에스노언어 또는 전근대 민족언어를 사용하고 에스노문화, 전근대 민족문화를 창조하면서 생활하고 있었다는 사실을 이해하지 못하고 있다.[16] 역사적 사실은 도리어 전근대시대에 에스니 또는 전근대 민족이 형성된 여건 위에서 근대국가와 자본주의 성립기에 종족들을 통합하거나 전근대 민족을 근대민족으로 전환시키면서 "근대민족"이 형성된 것이다.

근대민족의 형성의 동인은 다양하다. 인쇄자본주의는 그 극히 일부에 불과한 것이다. 뿐만 아니라 18세기 일반 대중의 문자해독률은 매우 낮아서 문필가의 서적이 근대 민족과 민족주의 형성에 미친 영향은 극히 낮을 수밖에 없었다.

에스니들과 전근대민족들이 민족형성의 객관적 요소들에 의해 이미 형성되어 생활하고 있는 가운데 민족국가들의 경쟁시대를 만나 근대민족으로의 전화와 형성의 대변동이 민족주의 형성 발전과 동시대 현상으로 대두

---

15 Hobsbawm, E. J. 1990. *Nations and Nationalism*. pp.101~130.
16 Smith, A. D. 1993. *National Identity*. Reno and London : University of Nevada Press. pp.43~70.

한 것이다. "인쇄자본주의"는 민족주의적 문필가들의 저서를 인쇄 보급하여 문자해독자들을 통해 "민족"형성보다는 그 후 오히려 "민족주의" 형성 발전을 방조했을 뿐이다. 예컨대, 한국의 경우 구한말에 신채호(申采浩)는 열렬한 민족주의적 문필가였고 많은 민족주의적 논설과 저서를 발표 하였다. 이것을 신채호가 한국 '민족'의 형성에 기여했다고 설명하기 보다는 한국 '민족주의'의 형성 발전에 기여했다고 설명하는 것이 정확할 것이다.

다섯째, 다수의 사람들이 '민족'을 위해 기꺼이 생명을 바친 사실에 대해 앤더슨이 "상상물"에 불과한 '상상의 공동체'에 문필가들이 우애적이고 이해관계를 초월한 고상한 성격을 부여했기 때문에 이를 믿은 사람들이 이러한 행동을 한 것에 불과하다고 설명한 것도 큰 오해의 설명이다.

'민족'은 객관적으로 실재하는 공동체로서, 개인은 가족과 함께 민족의 성원으로 생활한다. 어떠한 계기로 그 개인이 민족의 실재를 경험하거나 인지하고 자기를 민족과 일치시켜 민족공동체에 애정을 갖고 있다가 민족의 위기에 민족과 동포를 위해 기꺼이 생명을 바치기도 하는 것이다. 이때 민족주의자들의 서적이 영향을 준 경우라도, 이것은 실재하는 민족공동체에 대한 그의 애정에 "깨달음"을 주어 고취한 것이지, 문필가들의 선동에 속아 존재하지도 않는 '상상물'에 생명을 바친 어리석은 행동을 한 것은 전혀 아닌 것이다.

앤더슨이 "민족"을 위해 생명을 바친 헌신자들을 전혀 이해하지 못한 것은 '민족'이 "실재의 공동체"임을 알지 못하고 "상상물"로 오해하기 때문이며, 앤더슨의 "민족"의 정의와 개념이 사실과는 너무 유리된 비과학적 개념이기 때문일 것이다. 앤더슨의 해석은 자기가 속한 민족공동체에 이미 애정을 갖고 헌신한 사람들을 조롱하여 모욕감을 느끼게 하는 해석도 될 수 있는 것이다.

여섯째, 앤더슨의 세계 민족주의들의 3유형 분류와 '크리올 민족주의'가 세계 최초의 민족주의로서 다른 유형들은 모두 크리올 민족주의를 모방

표절해서 형성된 것이라는 주장도 역사적 사회적 사실과 일치하지 않는 주장이다.

전 세계 여러 민족들과 특히 다른 민족의 침략이나 중상주의자들의 침략을 받은 민족들에서는 미국 독립혁명 이전에 이미 다양한 형태로 민족주의들이 형성되고 있었다.[17]

1776년의 미국 독립과 이를 위한 독립전쟁은 세계 최초의 "공화국" 수립이라는 세계사적 의의를 가진 것이었다. 그러나 이것이 세계 최초의 민족주의 형성이라고 보기는 어렵다. 또한 미국독립을 선언한 북아메리카 동부 13개 식민주의 주민은 영국계 이주민이었지 아직 "미국민족"이라고 보기는 어렵지 않을까 생각된다. 오히려 미국 독립 "후"에 연방국가 안에 계속 이주해 온 시민을 융합시켜 미국민족(American nation)을 형성해 나갔다고 해석하는 것이 사실에 더 적합한 설명이 되리라고 생각한다. 스페인, 포르투갈 식민지에서의 독립운동은 그 훨씬 후의 일이다.

만일 앤더슨처럼 민족과 민족주의를 "상상"에 불과하다고 본다면, 미국의 상상으로서의 "공화정" 사상은 미국독립 이전에 유럽에서 "계몽사상"의 형태로 나왔다. 미국의 공화정 사상 자체가 루소(Jean Jacques Rousseau)를 비롯한 유럽 계몽사상의 산물이었다. 그렇다면 유럽 사람들이 미국독립사상은 유럽 계몽사상을 모방 표절한 것이라고 한다면 앤더슨은 어떻게 반응할 것인가?

또한 앤더슨은 아메리카주의 제1세대 '크리올 민족주의'와 유럽의 제2세대 '에스노언어 민족주의'를 제외한 그 밖의 전 세계 아시아·아프리카 민족주의는 제2차 세계대전 후 식민지 지식인들에 의해 형성된 구미를 모방한 "신생 민족주의"로 포괄하여 처리하고, 이 지역에서 '민족'도 신생민

---

17 Tilly, Charles. 1994. "States and Nationalism in Europe in 1492~1992". *Theory and Society, Renewal and Critique in Social Theory.* Vol.23.

족주의에 의해 형성된 것으로 설명하였다. 이 분류도 크게 잘못된 것이다.

아시아와 북아프리카에는 유럽과 아메리카 보다 훨씬 이전 고대에 이미 찬란한 고대문명국가, 민족국가를 형성하고, 흥망성쇠를 되풀이하는 과정에서 매우 일찍 민족과 민족주의를 형성하여 독립된 분류를 해야 할 고민족들이 다수 있다.

예컨대, 북아프리카와 중동 아시아의 피압박 아랍민족들과 아랍민족주의이다.

또 아시아에는 한국·인도·몽골·베트남·라오스·캄보디아, 동남아 민족국가 등 피압박 민족들과 민족주의가 있으며, 중앙아시아의 여러 피압박 민족들과 그들의 오래된 민족주의가 있다.

이러한 지역에서는 '민족'과 '국가'를 형성한 시기도 대체로 근대이전의 시기이고, 민족주의도 제2차 세계대전 전후가 아니라 훨씬 그 오래 이전에 형성되어 발전되었다. 이들을 모두 묶어서 제2차 세계대전 후 미국과 유럽을 모방한 "신생 민족주의" 형성이라고 분류한 앤더슨의 견해는 반드시 비판되어야 할 것이다.

IV. 민족·민족국가·에스니시티(ethnicity)·민족주의

인류사회의 역사를 보면 다수의 민족들이 구체적인 "실재의 공동체"(real community)로 형성되어 각각 자기민족 고유명칭까지 갖고 흥망성쇠를 거치면서 변동해 온 것을 알 수 있다.

'민족'에 대한 과학적인 사회학적 설명은 민족형성의 개관적 요소와 주관적 요소를 모두 포함해서 객관적으로 고찰하여 설명하는 것이다. 민족형성의 객관적 요소를 부정하고 주관적 요소만을 고찰하거나, '즉자적 민족'을 무시하고 '내자적 민족'만을 '민족'으로 간주하는 경우에는 설명이 사실과 일치하지 않게 되고 편견에 빠지게 되며 사회학적 설명에 근본적 결함을 만들게 된다.

민족형성의 객관적 요소들(언어의 공동, 지역의 공동, 혈연의 공동, 정치의 공동, 사회경제생활의 공동, 역사의 공동)로 형성되는 '즉자적 민족'도 한 유형의 '민족'임을 잘 증명해 주는 사례로 오늘의 중국을 들 수 있다.

중국은 56개 민족들로 구성된 다민족 국가이다. 전국인구조사로 신뢰를 얻은 1990년의 조사결과를 보면 총인구 약 12억 5천만명(2004년 현재는 약 13억 5천만명 추정)의 약 92%를 한(漢)족이 차지하고 있고, 나머지 55개 소수민족이 총인구의 약 8%를 차지하고 있다. 소수 민족들 가운데, 예컨대 가장 큰 장(壯)족이 약 1,500만명, 만(滿)족이 약 980만명, 회(回)족이 약 860만명, 묘(苗)족이 약 740만명, 위글족이 약 720만명, 토가(土家)족이 약 740만명, 이(彝)족이 약 660만명, 티벳족이 약 460만명, 조선족이 약 192만명이다. 이 소수민족들은 물론 각각 독자적인 '민족'들이다. 중국에서 인구조사를 할 때 모든 국민이 자기가 속한 각각의 '민족명칭'을 기입하도록 요구받고 있다.

중국의 소수민족들은 모두 자기의 민족어를 사용하며 생활한다(언어의 공동). 뿐만 아니라 '공용어'도 북경어를 채택한 전국 공용어와 함께 각 소수민족언어도 '공용어'로 채택되어 반드시 '2중공용어'를 공문서 등 공식 활동에 사용하고 있다. 소수민족들은 대체로 중국의 변방지역에 집합하여 거주하고 있고(지역의 공동), 각 소수민족 고유의 문화와 관습들을 보전 발전시키며 생활하고 있다(문화의 공동). 그들의 혼인권은 대부분이 자기민족성원 안에서 이루어진다(혈연의 공동). 소수민족들은 중국 헌법의 규정에 의해 민족자결의 자치(정치의 공동)를 하고 있다. 소수민족 가운데 인구가 많으면서 지역적으로 집합하여 거주하고 있는 장족, 위글족, 회족, 티벳족, 몽골족 등은 성(省)급의 자치구(區) 형태로, 조선족과 같이 그 다음 많은 수의 소수민족은 자치주(州)의 형태로, 만족과 같이 시골에 분산된 소수민족은 자치향(鄕)의 형태로 소수민족들의 자치가 시행되고 있다.(費孝通, 1999)

이러한 중국의 소수민족들은 자기들끼리의 동일체제의 사회경제생활을 함과 동시에(사회경제생활의 공동), 물론 전국 및 세계경제와 연결되어 있다. 이러한 소수민족들은 모두 자기민족의 독자적 민족역사를 갖고 있으며 (역사의 공동), 소수민족 학교에서 자기민족의 역사를 공식적으로 교육하고 있다.

이와 같이 중국 안의 56개 민족은 모두 '즉자적 민족'으로서의 '민족'이며, 56개 민족들이 모여서 중국이라는 국가를 구성하고 있는 것이다. 중국에서 일부 정치평론가들은 중국 전체국민을 "중화대민족" "중화민족"이라고 부르고, 소수민족들을 예컨대 "위글민족"이라 부르지 않고 "위글인"이라고 미국의 에스니시티처럼 부르는 경우도 있으나, 아직은 개인수준의 정치적 발언에 불과하다. 중국의 헌법과 공식활동에서 중화인민공화국은 56개 민족들로 구성된 "다민족국가"라고 스스로 정의하고 있다.

중국에서 56개 민족들에서는 '즉자적 민족' 형성에 기초하여 자연발생적으로 저급의 '민족의식'이 발생한다. 그러나 중국 당국은 이러한 자연발생적 '민족의식'을 환영하지 않고 있다. 특히 강렬한 민족의식은 중국 국가에 유해한 '반동성향' '반동사상'으로 탄압당하고 금지된다. 즉 중국 안의 56개 민족은 '대자적 민족'으로서는 스스로 공인하고 있지 않고 '즉자적 민족'으로서만 스스로 공인하고 있는 것이다.

민족 구성이 더욱 복잡했던 옛 소련에서는 '민족문제'가 매우 심각했었다.[18] 소련방 유지에 부심했던 스탈린은 민족을 "언어와 지역과 경제생활과 심리적 상태를 공동으로 하는 공동체"로 정의하고 자본주의 성립의 결과로 근대에 민족이 '부르죠아 민족'으로 성립되었다고 설명하였다.

마르크스주의 학파에서는, 마르크스가 민족을 '지역과 종족의 기초 위에

---

18 Connor, Walker. 1984. *The National Question in Marxist-Leninist Theory and Strategy.* Princeton, : Princeton University Press. pp.392-407.

오랜 역사적 사회적 발전과정에서 형성되는 언어와 일반적 성격의 동일성을 갖는 집단'이라고 생각한 후에, 바우어(Otto Bauer)는 민족을 "운명공동체에서 성장한 성격공동체"라고 하여 '민족적 성격'을 강조하였고, 카우츠키(Karl Kautsky)는 민족을 "일종의 언어공동체"라고 하여 "언어공동체"임을 강조하였다. 스탈린은 이들을 모두 정리하면서 언어·지역·경제생활·심리상태의 4개요소의 공동만을 강조하고 혈연·정치·역사의 공동과 민족의식의 요소들을 제외하였다. 그 이유는 소련방 안의 수많은 민족들의 민족주의의 발흥과 민족독립을 극도로 경계한 때문이었던 것으로 해석된다. 비록 응결된 민족들에 대해서 소련방도 자치권을 주었으나 그것은 부득이한 정책이었고, 각 민족들의 독립에 의한 소련방의 해체를 극도로 경계하여 스탈린은 민족 형성의 객관적 요소로서 선명하게 드러나는 '혈연의 공동' '정치의 공동' '역사의 공동'의 요소도 이론에서 배제했고, 특히 주관적 요소인 '민족의식'은 '반동적 요소'라고 하여 철저히 탄압하면서 이를 '성격공동체'에 포함하여 객관적 요소로서의 '심리상태의 공동'으로 처리하였다.

반면에 인류학자들은 마르크스주의 학파와 같은 정치적 동기 없이 참여관찰의 방법으로 객관적 요소들로만 구성된 민족('즉자적 민족')의 전 세계적 실재를 매우 많이 조사 보고하였다.

사회학적 과학적 입장에서 역사적 사회적 사실에 일치시켜 민족 형성의 객관적 요소들과 주관적 요소를 모두 포함하여 고찰하면, 이러한 요소들의 결합에 의한 민족공동체는 인류역사에서 반드시 '근대' 자본주의 성립기에만 출현하는 것이 아니라 '전근대'(pre-modern)시기에도 광범위하게 출현했음을 확인 할 수 있다. 특히 고대 또는 중세에 통일국가를 수립하여 그 안의 국민들을 공고한 '민족공동체'로 융합시킨 민족들에 대해서는 '민족'의 사회학적 개념을 세분하여 발전시킬 필요가 있다.

민족(nationhood)을 형성 시기와 내용 구성의 특징에 의거하여 세분하면, 적어도 원민족(proto-nation), 전근대민족(pre-modern nation), 근대민족(modern nation), 신민족(new nation) 등의 새로운 사회학적 용어와 개념을 정립할 수 있다.[19] 이러한 '민족'의 사회학적 개념의 세분화는 근대민족만을 '민족'으로 거칠게 정의하여 역사적 사회적 사실에 일치 않게 되는 종래의 단일 개념보다는 더 발전한 사회학적 개념이라고 본다.

한 민족이 하나의 국가를 갖는 것이 '민족국가'(nation-state)이다. '민족'은 민족성원의 생활공동체이므로 민족성원의 자유를 위해 '민족공동체의 자유'를 추구한다. 민족공동체의 자유를 보장하는 확실한 정치적 방식을 민족자결에 의한 주권적 국가와 정부 소유를 중심으로 한 '정치의 공동'이 '민족자치'나 '민족독립'의 형태로 실현되는 것이다. 그 가장 확실한 방법이 민족독립을 '독립국가'의 형태로 실현하여 '민족국가'를 형성하는 것이다. 즉 '민족국가'는 한 민족이 '정치의 공동'을 민족성원의 자유를 보장하도록 실현하는 최고의 형태로 간주되어왔다. 자유로운 삶을 위하여 민족은 독립국가와 결합되기를 원하며, 이것이 '민족국가'인 것이다.

민족국가의 경우에 사회학적으로 '민족'은 공동체(Gemeinschaft)형 결합이고 '국가'는 결사체(Gesellschaft)형 결합이다. 공동체는 이해관계를 넘어선 정서와 애정을 담은 결합이고, 결사체는 특정 목적을 달성하기 위한 사회계약적 결합이다.

'민족국가'를 형성했을 경우의 민족은 '민족의식'이 발생하여 강화된 '대자적 민족'이고, 이것은 '국가'와 모순 없이 결합하여 민족을 발전시키는 의식이 바로 국가를 발전시키는 의식과 상호 보완결합된다. 뿐만 아니라 '민족국가'에서는 민족에 대한 정서와 애정이 국가에 대한 정서와 애정으로 삼투하고 결합하여 국민의 통합이 더욱 공고하게 되고 애국주의자가

---

19 신용하, 1984, 「민족형성의 이론」, 『한국사회학연구』 7에서 '민족'을 형성시기와 민족 구성요소의 특징을 기준으로 '원민족' '전근대민족' '근대민족' '신민족'으로 세분하여 네 개념을 정립하고 특징을 상세하게 설명하였다.

고양되며 국가의 활동에도 더욱 역동성이 발휘된다. 그러므로 민족국가에서는 '민족의식'의 요소가 더욱 장려되는 것이 보통이다.

민족국가는 아시아나 중동의 고민족들에서와 같이 고대나 중세에 형성된 경우도 많고, 유럽에서와 같이 절대주의국가와 자본주의 형성 초기에 형성된 경우도 있다. 유럽에서 절대주의왕조의 치열한 경쟁시기에 '민족국가'와 '민족'이 형성된 것은 '영토'와의 관련뿐만 아니라 '민족국가'가 갖는 '민족'으로 말미암는 역동성과의 관련도 관찰할 필요가 있을 것이다.

인류역사에서 민족들이 평화적으로 형성 발전되었으면 전 세계 모든 민족들이 '민족국가'를 형성하는 것이 자연적 추세가 되었을 것이다. 그러나 인류역사는 침략과 정복과 식민으로 점철되었기 때문에 세계에는 민족국가와 함께 식민지나 연방국가나 다민족 국가들이 다수 존재하게 되었다.

미국은 역사적으로 이주민들이 수립한 나라이고 현재에도 이민을 꾸준히 받아들이고 있으므로 '민족문제'가 매우 특이하다. 미국에 들어온 이주민들은 이민 이전에 갖고 있던 원래의 자기의 민족적 생활양식(민족문화)의 일부를 그대로 간직한 채 미국 시민사회의 생활을 하는 경우가 허다하다. 이 경우에는 전체의 미국문화의 하위생활문화로서 이전의 다른 출신 나라들에서 가져온 다양한 '민족적 생활양식들'이 동시공존하게 된다. 미국 사회학자들은 이러한 민족적 생활양식을 간직한 집단을 에스닉 집단(ethnic group), 이러한 민족적 생활양식을 에스니시티(ethnicity)라고 부르고 있다.

원래 에스닉 집단(ethnic group)은 미국 사회학자 와너(W. L. Warner)와 스롤(H. Srole)이 1945년에 미국에 이주한 비영어계 민족의 이주민 소수집단에 붙인 이름이었다.(Warner and Srole, 1945) 이어서 리스만(David Riesman)이 1953년에 에스닉 집단의 생활양식의 집합적 특징에 '에스니시티'(ethnicity)라는 용어를 붙이어 사회학의 일반적 개념으로 발전하였다.

그러므로 에스니시티는 '민족'과는 다른 것이다. 예컨대 '민족'은 주권·

독립과 직결된 '정치의 공동' '민족의식'의 요소들이 매우 중요한데 비하여, 에스니시티에서는 주권·독립과 직결된 '정치의 공동' '민족의식'은 배제되고 '문화의 공동'이 중심이 된다. '언어의 공동' 요소에 있어서도 민족은 '민족어'가 결정적으로 중요한데 비하여, 에스니시티에서는 오히려 미국언어(영어)가 일차적이고 민족어는 부차적으로 떨어졌다가 점차 소멸된다. 즉 에스니시티는 본질적으로 소수집단의 '문화와 관습의 하위공동체'의 성격을 갖는 것으로 제한되는 것이다.

더구나 동태적으로 보면 다른 지역의 '민족'은 공고한 존속기반을 갖고 있는데 비하여, 미국의 에스니시티는 시간의 경과와 함께 소멸되고 다시 이입되고 다시 소멸되어 가는 과정에 있는 것이다.

미국 사회학에서 정립된 에스니시티는 유럽에서 정립된 "폴크스"(Volks, 백성, 민속체)나 "나르도노스티"(Nardonosti, 준민족)와도 다른 것이다. '폴크스'나 '나르도노스티'는 한 사회의 다수집단의 언어·지역·혈연·문화의 공동체로서, 동태적으로 보면 '민족'으로 형성 발전되어 나가는 동태적 문화공동체이다. 이에 비하여 "에스니시티"는 한 사회의 소수집단의 문화·관습공동체로서 동태적으로 보면 '민족' 형성 이후에 다른 지역에 이민했기 때문에 '민족'의 특성이 많이 해체 소멸되고 소멸되어 가는 과정의 잔존형태의 '문화·관습의 공동체'인 것이다.

스미스는 이를 잘 인지하여 "폴크스" "나르도노스티"에 해당하는 유럽의 '민족' 형성 직전의 공동체를 "에스니"(ethnies)라고 이름하여, 미국 등에서 보이는 이주민의 "에스니시티"와 구별하였다.[20]

미국사회학에서 '민족'을 거의 다루지 않고 '에스니시티'와 '인종' 문제

---

20 Smith, A. D. 1986. The Ethnic Origins of Nations. pp.69~91. 스미스는 유럽 전근대 농업사회의 '에스니'를 귀족 중심의 수평적 에스니와 도시 상공업자 중심의 수직적 에스니의 2유형으로 구분하여 설명하였다.

를 주로 다루는 것은 미국사회의 문제가 그러하기 때문이다. 그러나 다른 사회에서는 '민족'이 여전히 매우 중요한 사회학적 문제로 되어있다.

민족주의는 강렬한 민족의식을 모태로 하여 형성된다. 민족주의는 역사적으로 민족과 지역에 따라 매우 다양하기 때문에 한마디로 정의하기는 참으로 어렵다. 구태여 간단한 정의를 요구 받는다면 민족주의는 "한 민족이 자기민족의 자유와 독립과 통일과 존엄과 발전을 추구하는 이데올로기"라고 정의할 수 있을 것이다. 그러나 민족주의의 복잡하고 다양하며 풍부한 내용에 비해서는 이 정의는 너무 간단한 정의에 불과하다.

민족주의는 역사적으로 전 세계 모든 민족과 지역에서 형성 발전되었다. 따라서 민족주의의 유형은 세계역사에서 유사한 역사적 경험을 한 민족과 지역이 민족주의의 독자적 유형으로 정립되는 것이 바람직하다. 특히 고대와 중세에 '민족'을 형성하여 오래된 민족주의 역사를 가진 동아시아 민족과 지역, 남아시아 민족과 지역, 중앙아시아 민족과 지역, 중동지역, 북아프리카 지역의 민족주의는 유럽 및 남·북 아메리카의 민족주의와 함께 독자적 유형이 정립되어야 전 세계 민족주의를 고찰할 수 있을 것이다.

앤더슨이 민족과 민족주의 역사가 매우 오래인 이 지역들의 민족주의의 유형을 독립시키지 않고 제2차 세계대전 후 처음으로 독립한 인도네시아 민족주의 모형에 매몰시켜 "아시아·아프리카 신생국 민족주의"로 설명한 것은 편견에 차있는 것이며, 처음부터 정확한 설명이 될 수 없는 분류와 개념인 것이다.

V. 맺음말

민족주의는 민족의 자유와 독립을 가장 중시하는 이데올로기이기 때문에, 역사적으로 이를 기준으로 하여 민족주의를 유형화한 후에 이를 민족별, 지역별로 세분해 볼 수 있을 것이다.

이 경우 먼저 민족주의를 "제국주의적 민족주의"와 "민족해방적 민족주의"의 큰 유형으로 나누어 볼 수 있다.

'제국주의적 민족주의'는 종래 스페인, 포르투갈, 영국, 프랑스, 네덜란드, 벨지움, 러시아, 미국, 일본 등의 민족주의처럼 제국주의 침략과 결합하여 다른 약소민족의 자유와 독립을 빼앗고 억압한 경험을 가진 민족주의 유형이다. 이 유형은 다시 나라별로 하위유형을 설정해 볼 수 있을 것이다.

'민족해방적 민족주의'는 폴란드, 아일랜드, 발틱 3국 민족들, 발칸반도 민족들 등 유럽 피압박 민족들, 아랍 여러 민족들, 아프리카 여러 민족들, 한국, 베트남, 몽골, 인도, 동남아 여러 민족들, 중앙아시아 여러 민족들, 중앙아메리카 여러 민족들, 남아메리카 여러 민족들의 민족주의처럼 제국주의 침략에 저항하여 자기 민족의 자유와 해방과 독립을 위해 투쟁한 민족주의 유형이다. 이 유형의 민족주의도 다시 지역별, 나라별로 세분해서 하위유형을 설정해 볼 수 있을 것이다.

이에 관련하여 가치 평가를 적용한다면, '제국주의적 민족주의'는 세계사에서 약소한 민족과 국가들을 침략하여 실로 수많은 사람들을 학살하고 수탈해서 인류에게 많은 고통과 불행을 가져다주었다.

반면에 '민족해방적 민족주의'는 제국주의의 침략과 압제로 학살당하고 수탈당하며 신음하고 있는 자기민족의 자유와 해방을 위해 투쟁해서 독립을 쟁취하고 인류에게 많은 자유와 행복을 가져다주었다.

종래 민족주의를 다룬 일부 저서와 논문들이 민족주의의 이 두 유형을 구분하지 못하고, '민족주의'라는 동일 명칭을 이유로 들어 '제국주의적 민족주의'에 대한 비판논리를 그대로 적용하여 '민족해방적 민족주의'를 비판한 것은 매우 부당한 것이며, 사회과학 방법론의 기초인 유형화를 소홀히 한 비판이라고 볼 수 있다.

세계사에서 수많은 사람들이 제국주의의 침략 아래 신음하는 자기민족의 자유와 해방을 위하여 기꺼이 생명을 바쳤다. 이것은 자기와 자기 동포들이 속한 실재하는 '민족'을 인지한 사람들이 동포를 위해 자기를 희생한 고상한 행동이었다. 앤더슨은 이것을 이해해지 못하고 실재하지도 않는 '상상의 공동체'를 위해 민족주의 문필가들의 선전에 넘어가서 생명을 바쳤다고 설명하였다.

　민족은 '상상의 공동체'가 아니라 사회학적으로 '실재의 공동체'이다. 과거에 뿐 아니라 현재에도 개인은 바로 세계와 직결되는 것이 아니라 민족 공동체의 성원으로서 민족을 매개로 하여 세계의 일원이 되고 있다. 따라서 민족은 강대국이 함부로 소멸시킬 수 있는 '상상물'이 아니다. 큰 민족이든 작은 민족이든, 강한 민족이든 약한 민족이든 상호 존중하고 협력하여 전 세계 인류가 평화롭게 서로 도우며 발전해가야 할 실재하는 인간 공동체인 것이다.

참고문헌

강동구 (1992), 『한국 근대종교와 민족주의』, 집문당

강만길 (1987), 『한국의 민족주의운동과 민중』, 두레

강상중 (1997), 『오리엔탈리즘을 넘어서』, 이산

강석영 (2007), 『중남미 자원민족주의』, 한국외국어대학교 출판부

강신택 (2019), 『한국행정학의 해석학적 접근』, 대한민국학술원

강재언 (2000), 『재일한국·조선인: 역사와 전망』, 소화

강정구 (2002), 『민족의 생명권과 통일』, 당대

강진웅 (2018), 「민족의 사회학: 네이션과 종족성의 관계에서」, 『사회와 역사』(한국사회사학회) 제 117호

강철구·안병직 (2011), 『서양사학과 유럽중심주의』, 용의 숲

고부응 (2002), 『초민족 시대의 민족정체성: 식민주의, 탈식민이론, 민족』, 문학과지성사

고영복 (1993), 『한국사회의 구조와 의식』, 사회문화연구소

고충석·강병철 (2013), 『이어도: 해양분쟁과 중국민족주의』, 한국학술정보

공제욱·정근식 (2006), 『식민지의 일상: 지배와 균열』, 문화과학사

고황경·이만갑·이해영·이효재 (1963), 『한국 농촌가족의 연구』, 서울대학교 출판부

구견서 (2004), 『일본민족주의사』, 논형

구견서 (2021), 『한국과 일본의 민족주의』, 신아사

구경모 (2020), 『기층문화와 민족주의』, 한국학술정보

권순철 (2018), 『민족주의란?: 낭만적 민족주의 비판』, 도서출판 선인

권영민 (1988), 『한국 민족문학론 연구』, 민음사.

권오영 (2012), 『근대 이행기의 유림』, 돌베개

권태환 (1976), 『후진국 민족주의와 사회구조 분석』, 국토통일원

권태환(편) (2005), 『중국 조선족사회의 변화』, 서울대학교 출판부

권헌익 (2020), 『전쟁과 가족』, 창비

권헌익 (2016), 『베트남 전쟁의 유령들』, 산지니

권혁범 (2009), 『민족주의는 죄악인가』, 생각의 나무

김경동 (2002), 『한국사회발전론』, 집문당

김경동 (2010), 『한국의 사회윤리』, 철학과현실사.

김경동·백완기·임현진 (2020), 『위기속의 민주주의』, 백산서당

김경일 (2003), 「일제의 식민지배와 동화주의」, 『한국사회사상사연구』, 나남출판, pp.351~376.

김경일 (2004), 『한국근대 노동사와 노동운동』, 문학과지성사

김경일·윤휘탁·이동진·임성모 (2004), 『동아시아의 민족이산과 도시 : 20세기 전반 만주의 조선인』, 역사비평사

김구 (2010), 『백범일지』 백범학술원 판, 나남.

김대환 (1993), 『통일을 위한 민족주의 이념』, 을유문화사

김동노 (2003), 「식민지시기 인식의 새로운 방향정립」, 『한국사회사연구』, 나남출판

김동노 (2009), 『근대와 식민의 서곡』, 창비

김동성 (1995), 『한국민족주의 연구』, 오름

김동성·최영진 (2000), 「글로벌리즘과 민족주의의 대립적 담론구조에 관한 연구」, 『성곡논총』 제 31집

김동춘 (2000), 『근대의 그늘: 한국의 근대성과 민족주의』, 당대

김동춘 (2007), 「사회로서의 민족, 사회이념으로서의 민족주의」, 『공간과 사회』 제 28호

김동환 (2019), 『국학과 민족주의』, 통일뉴스

김두섭 (1998), 「중국인과 한국인 이민자들의 소수민족사회 형성과 사회문화적 적응 : 캐나다 밴쿠버의 사례연구」, 『한국인구학』 21(2) : pp.144-181.

김두섭 (2015), 『한국인의 국제결혼과 외국인 배우자의 적응』, 집문당.

김두헌 (1947), 『민족원론』, 동국문화사

김두헌 (1948), 『민족이론의 전망』, 을유문화사.

김민환 (1988), 『개화기 민족주의의 사회사상』, 나남

김방한 (1983), 『한국어의 계통』, 민음사

김백영 (2009), 『지배와 공간: 식민지도시 경서오가 제국 일본』, 문학과 지성사

김석준 (2020), 『고조선행정사』, BOOKK

김석준 (2020), 『바로 찾는 한국 고대국가학: 고조선의 국가와 행정』, 대영문화사.

김영명 (2002), 『우리 눈으로 본 세계화와 민족주의』, 오름.

김영모 (1997), 『한국 중산층 연구』, 중앙대학교 출판부

김영범 (1997), 『한국근대민족운동과 의열단』, 창작과 비평사.

김영범 (2003), 「독립운동전선의 혁명이념과 신국가 건설 비전 : 민족혁명론을 중심으로」, 『한국민족운동사연구』, 나남출판. pp.301~340.

김영범 (2010), 『민중사 심화와 기억사회학: 민중의 귀환, 기억의 호출』, 한국학술정보

김영작 (2006), 『한말 내셔널리즘: 사상과 현실』, 백산서당

김완진 (1978), 『원시국어의 자음체계에 대한 연구』, 국어연구회.

김완진 (2001), 『향가와 고려가요』, 서울대학교 출판부.

김용구 (2013), 『약탈 제국주의와 한반도』, 원.

김용락 (1997), 『민족문학 논쟁사 연구』, 실천문학사

김윤식 (2006), 『해방공간 한국 작가의 민족문학 글쓰기론』, 서울대학교 출판부.

김인식 (2013), 「안재홍의 3·1운동像과 신민족주의의 역사의식」, 『한국 민족운동
사 연구』 제 76호

김인중 (2014), 『민족주의와 역사』, 아카넷

김정훈 (2020), 『한국인의 에너지, 민족주의』, 피어나

김준엽 (1987~1989), 『長征』(전5권) 나남

김지욱 (2013), 「민족과 민족주의에 대한 역사학적 접근방식」 『숭실사학』 제 31호

김진균 (1997), 『한국사회의 현실과 학문의 과제』 문화과학사

김채윤·장경섭 (1996), 『변혁기 사회주의와 계급·계층』, 서울대학교 출판부

김철민 (2010), 『유럽발칸 민족문제의 이해』, 한국외국어대학 출판부

김필동 (1999), 『차별과 연대』, 문학과 지성사

김필동 (2002), 「한국전통사회의 공동체와 개인」, 『사회와 이론』(한국이론사회학
회) 제1집

김학준 (1983), 『한국민족주의의 통일논리』, 집문당

김혜승 (2003), 『한국민족주의』, 비봉출판사

김홍우 (2004), 『독립신문 다시 읽기』, 푸른역사

김홍우 (2007), 『한국정치의 현상학적 이해』, 인간사랑

김홍우 (2019), 「자유는 우리 역사의 오래된 이야기다」, 『학술원논문집』 인문·사
회과학편, 제58집 1호.

김홍중 (2014), 「유라시아주의의 제양상: 지정학에서 지역주의로」, 『노어노문학』
제26권 제1호

노명식 (2011), 『민족주의와 민족주의운동』, 책과함께

노승윤 (1999), 『박은식의 민족교육사상』, 양서원

노재봉 (1983), 『한국 민족주의와 국제정치』, 민음사

노태구 (2002), 『민족주의와 국제정치』, 백산서당

도진순 (1997), 『한국 민족주의와 남북관계』, 서울대학교출판부

류하영 (2014), 『중국민족주의와 홍콩본토주의』, 산지니

마은지 (2016), 『민족주의의 재발견』, 도서출판 선인

문석남·금인숙 외 (2010), 『한국 민족주의의 변혁적 이념체계』, 나남

문소정 (2009), 「식민지시기 한국민족주의의 젠더상상에 관한 연구」, 『여성학 연구』 제 19집

민경우 (2007), 『민족주의 그리고 우리들의 대한민국』, 시대의창

박길성 (2003), 「세계화와 사회발전」, 『한국 사회발전 연구』, 나남출판. pp.291~ 312.

박명규 (1996), 「중앙아시아 한인의 집합적 정체성과 그 변화」, 『한국사회사학회 논문집』 48, pp.11~54.

박명규 (1997), 『한국근대국가 형성과 농민』, 문학과 지성사

박명규 (1998), 「근대한국의 타자인식의 변화와 민족 정체성」, 『사회사연구의 이론과 실제』, 한국정신문화연구원. pp.113~155.

박명규 (2009), 『국민, 인민, 시민』(한국개념사총서 4), 소화.

박명규, 김경일 (1995), 「한국근대사회와 사회사연구」, 『한국학보』 제80집

박상섭 (2008), 『국가·주권』(한국개념사총서 2), 소화.

박영신 (2022), 『한글의 사회문화사』, 혜안

박영신·이승훈 (2010), 『한국의 시민과 시민사회』, 북코리아

박은식 (1975), 『한국독립운동지혈사』, 『박은식전서』, 단국대학교 동양학연구소, 상권

박은식 (2002), 『白巖朴殷植全集』(전6권), 백암박은식선생전집편찬위원회.

박찬승 (2007), 『민족주의의 시대』, 경인문화사

박찬승 (2010), 『민족·민족주의』(한국개념총서 5), 소화

박현채·정창열 편 (2000), 『한국민족주의론』, 창작과비평사

박호성 (1997), 『남북한 민족주의 비교연구』, 당대.

방기중 (2010), 『근대한국의 민족주의 경제사상』, 연세대학교 출판부

배용광·변시민 (1984), 『한국사회의 규범문화』, 고려원

백낙청 (2011), 『민족문학과 세계문학』, 창작과 비평사.

백완기 (1996), 『민주주의 문화론』, 나남출판사.

변시민 (1986), 『사회정책론』, 박영사

서양사학회 편 (1999), 『서양에서의 민족과 민족주의』, 까치.

서이종 (2005), 『과학사회논쟁과 한국사회』, 집문당

서이종 (2013), 「일본 관동군 제731부대의 생체실험 대상자 동원 과정과 생명윤리」, 『제국 일본군 제731부대의 세균전과 생명윤리』, 서울대학교 아시아연구소

서중석 (2004), 『배반당한 한국민족주의』, 성균관대학교 출판부

서중석 (2005), 『동아시아 민족주의의 장벽을 넘어』, 성균관대학교 출판부

서중석·정현백 (2007) 『민족주의와 역사교육』, 선인

서진영 (2006), 『세계와시대 동아시아의 민족주의와 민주주의』, 오름

설동훈 (2007), 「혼혈인의 사회학:한국인의 위계적 민족성」, 『인문연구』 제52호, 영남대 인문과학연구소

설동훈 (2014), 「국제결혼이민과 국민·민족정체성」, 『경제와 사회』 제 103호

송건호 (1988), 『한국민족주의의 탐구』, 한길사

송건호 편 (1995), 『한국민족주의론』, 창작과비평사

송기중 (2003), 『역사비교언어학과 국어계통론』, 집문당

송기중 (2004), 『고대국어 어휘표기 한자의 자별 용례 연구』, 서울대학교 출판부.

송두율 (2000), 『민족은 사라지지 않는다』, 한겨레출판

송호근 (2020), 『국민의 탄생: 식민지 공론장의 구조변동』, 민음사.

신기욱 (2009), 『한국 민족주의의 계보와 정치』, 창작과 비평사

신남철 (2019), 『민족이론의 형태』, 온이퍼브.

신명순 (2018), 『신명순의 한국정치 보기』, 아현.

신복룡 (1978), 『동학사상과 한국민족주의』, 평민사

신상석 (1989), 『민족논쟁의 결산』, 일송정

신용하 (1977), 「주시경의 애국계몽사상」, 『한국사회학연구』(서울대학교 사회학연구회) 제1집, 참조.

신용하 (1984), 「민족형성의 이론」, 『한국사회학연구』 7, pp.7~52.

신용하 (1987), 『한국근대민족주의의 형성과 전개』, 서울대학교출판부

신용하 (1990), 『한국현대사와 민족문제』, 문학과지성사

신용하 (1994), 『한국근대민족주의의 형성과 전개』, 서울대학교 출판부.

신용하 (2000), 「한국민족의 기원과 형성」, 『한국학보』 제100집.

신용하 (2001), 『한국근대의 민족운동과 사회운동』, 문학과지성사

신용하 (2001), 『한국민족의 형성과 민족사회학』, 지식산업사

신용하 (2004), 『증보 신채호의 사회사상연구』, 나남출판

신용하 (2005), 『한국 원민족 형성과 역사적 전통』, 나남출판.

신용하 (2006), 「민족의 사회학적 설명과 '상상의 공동체론' 비판」, 『한국사회학』(한국사회학회) 제40집 1호.

신용하 (2008), 「고조선국가의 형성; 3부족 결합에 의한 고조선 개국과 아사달」, 『사회와 역사』(한국사회사학회), 제80집.

신용하 (2010), 『고조선 국가형성의 사회사』, 지식산업사.

신용하 (2016), 「한국민족의 기원과 형성에 관한 '한' '맥' '예' 3부족 결합설」, 『학

술원논문집』인문·사회과학편, 제55집 1호.

신용하 (2017), 『개정증보 한국근대민족운동사연구』, 일조각

신용하 (2017), 『한국민족의 기원과 형성 연구』, 서울대학교 출판문화원

신용하 (2018), 「고조선문명의 사회사』, 지식산업사.

신용하(편) (1986), 「민족이론」, 문학과 지성사

신일철 (1995), 『동학사상의 이해』, 나남

신일철 (2007), 『신채호의 역사사상 연구』, 고려대학교 출판부

신채호 (1977), 『改訂版丹齋申采浩全集』(전4권), 단재신채호선생 기념사업회

신채호 (1977), 『독사신론』, 『개정판 단재신채호전집』, 상권, 신채호선생기념사
　　　업회

신채호 (1977), 『조선상고사』 총론, 『개정판 단재신채호 전집』, 상권, 신채호선생
　　　기념사업회

신채호 (2008), 『丹齋申采浩全集』(전9권), 독립기념관 한국독립운동사연구소.

심지현 (1985), 『민족주의 논쟁과 통일정책』, 한울

안계춘 (1998), 『한국사회와 사회학』, 나남출판

안병준 (2020), 『현대국제정치와 한반도는 어디로 가는가』, 박영사.

안재홍 (1981~2008), 『民世安在鴻選集』(전8권). 지식산업사.

안창호 (2000), 『島山安昌浩全集』(전14권), 도산안창호기념사업회

안창호 (2007), 『도산 안창호 논설집』, 을유문화사

양필승 (2008), 『和而不同: 글로벌 민족주의 시론』, 백산서당

양호민 (1995), 『한국 민족주의와 민주주의의 시련』, 호형출판

양회수 (1967), 『한국농촌의 촌락구조』, 고려대학교 아세아문제연구소

우정 (1996), 『분단시대의 민족주의』, 다나

원원 (2016), 『한국 영화와 민족주의』, 박문사

유광진 (2001), 『한국의 민족주의와 통일』, 범학사

유병용 (2009), 『근현대 민족주의 정치사상』, 경인문화사

윤민재 (2003), 「김구와 김규식의 민족주의」, 『한국민족운동사연구』, 나남출판.
　　　pp.365~391.

윤민재 (2004), 『중도파의 민족주의운동과 분단국가』, 서울대학교 출판부

윤인진 (1997), 「다인종 사회에서의 소수민족 문제」, 『한국사회학』31(겨울호) :
　　　pp.529~562.

윤인진 (2003), 『코리안 디아스포라 : 재외한인의 이주, 적응, 정체성』, 『한국사회
　　　학』37(4), pp.101~142.

윤형숙 (2002), 「『상상의 공동체』역자해설」, 『상상의 공동체』, 나남출판.

이광규 (1997), 『민족과 국가』, 일조각.

이광규 (2006), 『신민족주의의 세기』, 서울대학교 출판부

이기문 (1976), 「한국어형성사」(한국문화사대계 제5권), 고려대 민족문화연구소.

이기문 (1977), 『국어음운사연구』, 탑출판사.

이기문 (1991), 『국어어휘사연구』, 동아출판사.

이기백 (1985), 『한국 고대의 국가와 사회』, 일조각.

이기백 (2002), 『한국전통문화론』, 일조각.

이대진 (2019), 『민족주의들: 한국 민족주의의 전개와 특성』, 이매진

이동순 (1996), 『민족시의 정신사』, 창작과비평사

이동인 (2002), 『율곡의 사회개혁 사상』, 백산서당.

이동인 (2003), 「율곡의 '실(實)' 사상과 실학」, 『한국사회사상사연구』, 나남출판. pp.19~33.

이만갑 (1984), 『공업발전과 한국농촌』, 서울대학교 출판부

이삼성 (1993), 『미국의 대한정책과 한국민족주의』, 한길사

이상백 (1947), 『조선문화사연구론고』, 을유문화사

이상백 (1978), 『李相佰著作集』(전3권), 을유문화사

이선민 (2008), 『민족주의, 이제는 버려야 하나』

이성형 (2009), 『라틴아메리카의 문화적 민족주의』, 길

이수민 (2001), 『민족주의와 민주주의의 정치학』, 실천문학사

이신철 (2008), 『북한 민족주의운동 연구』, 역사비평사

이용희 (2017), 『정치사상과 한국민족주의』(『동주이용희전집 2』), 연암서가

이윤희 (1995), 『한국민족주의와 여성운동』, 신서원

이재석 (2017), 『동아시아 민족주의와 국제질서』, 노스보스

이재열·박명진·이태수·김문조·고세훈·박명림·이삼성 (2016), 『공동체의 삶』, 민음사

이정복 (2011), 『한국정치의 분석과 이해』(개정증보판), 서울대학교 출판부.

이정복·임현진 외 (2000), 『21세기 민족통일에 대한 사회과학적 접근』, 서울대학교 출판부

이정식 (1989), 『한국민족주의운동사』, 미래사

이정옥 (1990), 「일제하 한국의 경제활동에서의 민족별 차이와 성별 차이」, 『한국사회사연구회 논문집』 20, pp.42~71.

이종찬 (2004), 『동아시아 의학의 전통과 근대』, 문학과지성사

이준식 (2003), 「'단일민족' 속의 이민족 : '재일조선인'의 사회사」, 『한국사회사연구』, 나남출판.

이해영·권태환 (1978), 『한국사회: 인구와 발전』(전4책), 서울대학교 출판부

이헌근 (2001), 『통일 민족주의 그리고 제3의 길』, 신지서원

이호영 (2004), 「한국전쟁 후 남북한 '민족정체성'의 형성」, 『사회와 역사』(한국사회사학회) 65, pp.233~259

이효재 (1985), 『분단시대의 사회학』, 한길사

임재해 (2010), 「민속학에서 본 민족주의와 문화정체성을 넘어선 생태주의」, 『민족학연구』 제9집

임지현 (1999), 『민족주의는 반역이다』, 소나무

임현진 (1993), 『제3세계 연구』, 서울대학교 출판부

임현진 (2012), 『지구 시민사회의 구조와 역학』, 나남

임현진 (2017), 『대한민국의 길을 묻다』, 백산서당

임형진 (2004), 「안재홍의 민족통일노선과 신민족주의」, 『한국학』 제 27권 제 4호

임희섭 (1994), 『한국의 문화변동과 가치관』, 나남

장규식 (2001), 『일제하 한국기독교 민족주의연구』, 혜안

장문석 (2011), 『민족주의』, 책세상

장을병 (2007), 『인물로 본 한국 민족주의』, 범우사

장준하 (1992), 『민족주의자의 길』, 세계사

전경수·김민정 외 (2008), 『혼혈에서 다문화로』, 일지사

전상숙 (2018), 『한국 근대민족주의와 변혁이념』, 신서원

전성우 (1996), 『막스 베버 역사사회학 연구』, 사회비평사

정경환 (2009), 『민족주의 연구』, 이경

정근식 (1996), 「중앙아시아 한인의 일상생활과 문화」, 『한국사회사학회 논문집』, pp.87~132.

정근식 (2013), 『기억과 표상으로 보는 동아시아의 20세기』, 경인문화사

정근식·강성현 (2016), 『한국전쟁 사진의 역사사회학』, 국제비교한국학회

정근식·정진성·박명규·정준영·조정우, 2011, 『식민권력과 근대지식』, 서울대학교 출판문화원

정수복 (2007), 『한국인의 문화적 문법』, 생각의나무

정수복 (2015), 『응답하는 사회학』, 문학과 지성사

정수복 (2022), 『한국사회학의 지성사』(전4책), 푸른역사

정수일 (2010), 『21세기 민족주의』, 통일뉴스

정영철 (2017), 「북한의 민족주의와 문화변용」, 『문화정책논총』 제 31집 제 2호

정영훈 외 (2014), 『한국의 민족주의와 탈민족주의』, 한국학중앙연구원

정윤재 (1999), 『다사리 국가론』, 백산서당

정윤재 (2018), 「안재홍의 '신민족주의' 역사의식과 평화통일의 과제」, 『한국동양 정치사상사연구』 제 17권 제 1호

정윤재·박찬승·김인식 (2002), 『민족에서 세계로: 민세 안재홍의 신민족주의론』, 봉명

정일균 (2000), 『다산 사서 경학 연구』, 일지사

정진성 (2018), 『재일동포』, 서울대학교 출판문화원

정학섭 (1987), 「한국 민족주의와 민족문화」, 『한국사회학』 제20집

조관자 (2018), 『일본 내셔널리즘의 사상사』, 서울대학교 출판문화원

조길태 (2006), 『인도 민족주의 운동사』, 신서원

조동걸 (1989), 『한국 민족주의의 성립과 독립운동사 연구』, 지식산업사

조동걸 (1995), 『한국 민족주의의 발전과 독립운동사 연구』, 지식산업사

조동일 (2010), 『동아시아 문명론』, 지식산업사.

조민 (1994), 『한국 민족주의 연구』, 민족통일연구원

조성윤 (2004), 「대한제국의 의례재정비와 전통의 창출」, 『전통의 변용과 근대개 혁』(연세대 국학연구원), pp.1~17.

조성윤 (2019), 『남양군도의 조선인』, 당산서원

조영정 (2021), 『민족주의와 내셔널리즘』, 사회사상연구원

조정남 (2002), 『현대정치와 민족문제』, 교양사회

조정남 (2009), 『일본의 민족문제』, 교양사

주시경 (1976), 『周時經全集』 상·하권, 아세아문화사

주시경 (1977), 『국문연구』, 『주시경전집』 상권, 아세아문화사

주재원 (2016), 『민족주의와 미디어의 공공성』, 커뮤니케이션북스

진덕규 (1983), 『현대 민족주의의 이론 구조』, 지식산업사

진덕규 (2010), 「한국 민족주의의 이념적 전개와 그 지향에 대하여」, 『대한민국학 술원 국제학술교류보고서』 제1집

진덕규 (2019), 「한국 민족주의 인식의 논리적 전개에 관한 연구」, 『학술원논문집』 인문·사회과학편 58집 1호

진덕규 (2021), 「한국의 민족주의론」, 지식산업사

차기백 편 (1984), 『민족주의』, 종로서적

차기벽 (1978), 『한국민족주의의 이념과 실태』, 까치사

차기벽 (1990), 『민족주의 원론』, 한길사

차남희·김석근·유승무·차성환 (2010), 『한국 민족주의의 종교적 기반』, 한길사

차석기 (1999), 『한국 민족주의 교육의 생성과 전개』, 태학사

채오병 (2007), 「민족형식과 민족주의」, 『한국사회학』 제41집 4호

최문환 (1949), 『근세 사회사상사』, 대성출판사; 1976, 『최문환전집』(전3권), 상권
  (효강 최문환선생기념사업추진위원회)

최문환 (1958), 『민족주의의 전개과정』, 1976, 『최문환전집』 상권

최문환 (1976), 『曉岡崔文煥全集』(전3권), 효강최문환선생기념사업추진위원회.

최상용 (1985), 『미군정과 한국 민족주의』, 나남

최상용 (2007), 『민족주의, 평화, 중용』, 까치.

최재석 (2010), 『고대한일관계사 연구비판』, 경인문화사

최진우 (2015), 『민족주의와 문화정치』, 한울

최한우 (2003), 『중앙아시아연구』(상·하). 펴내기

최홍규 (1990), 『신채호의 민족주의 사상』, 형설출판사

최홍기 (1975), 『한국호적제도사연구』, 서울대 출판부

한국민족운동사연구회 (1999) 『한국민족운동과 민족문제』, 국학자료원

한국사회사연구회 (1990), 『한국 근현대의 민족문제』, 문학과 지성사

한상진 (1998), 『동양의 눈으로 세계를 향하여』, 나남

한석정 (1997), 「만주국의 민족형성과 외래 거류민의 사회적 위치에 관한 연구」,
  『한국사회학』 31

한영우 (1994), 『한국 민족주의 역사학』, 일조각

한완상 (1984), 『민중사회학』, 종로서적

한홍수 (2015), 『도전과 응전의 한국민족주의』, 옥당

허은 (2008), 『미국의 헤게모니와 한국민족주의』, 고려대학교 민족문화연구원

현승일 (2011), 『사회사상사』, 오래

홍두승 (2013), 『한국의 중산층』, 서울대학교 출판문화원

홍성태 (2006), 『현대한국사회의 문화적 형성』, 현실문화연구

홍우 (1993), 『민족주의 입문』, 일조각

황경숙 (2002), 「혜강 최한기의 교육사상연구」, 『교육문화연구』(인하대 교육연구
  소), 제8집

황보윤식 (2021), 『신채호의 민족주의와 역사철학적 인식』, 함석헌평화연구소

황성모 (1991), 『한국사회사론』, 심설당

費孝通(페이 샤오 퉁) (1999), 『中華民族多元一體格局』, 北京 : 中央民族出版社.

黃光學(후앙 쿠앙 슈에) 編. (1994),『中國民族識別』, 北京 : 民族出版社.

高島善哉(다카시마 젠야) (1970),『民族と階級』, 東京, 現代評論社

Ahmed, Ishitiag, 1996, *State, Nation and Contemporary South Asia*, Pinter, London.

Akjin, Benjamin, 1964, *State and Nation*, Hutchinson University Library, London.

Alba, R. 1990. *Ethnic Identity ; The transformation of white America*. New Haven : Yale University Press.

Allworth, Edward (ed.), 1973, *The National Question in Soviet Central Asia*, Praeger Publishers, New York.

Alter, Peter, 1989. *Nationalism*, Peter Arnold, London

Amstrong, J. 1982. *Nations before nationalism*. Chapel Hill : University of North Carolina Press.

Anderson, Benedict, 1983(1991, 2nd ed.), *Imagined Communities: Reflections on the Origin and Spread of Nationalism*, Verso, London.

Anderson, Benedict, 1990, *Language and Power: Exploring Political Cultures in Indonesia*, Cornell University Press.

Anderson, Benedict, 1991. *Imagined Communities: Reflections on the Origin and Spread of Nationalism*. Revised edition. Verso, London.

Anderson, Benedict, 1992. "The New World Disorder." *New Left Reviews* No. 193.

Anderson, Benedict, 1998, *The Spectre of Comparisons: Nationalism, Southeast Asia, and the World*, Verso

Anderson, Benedict, 2005, *Under Three Flags: Anarchism and the Anti-Colonial Imagination*, Verso

Anderson, Benedict, 2016, *A Life Beyond Boundaries: A Memoir*, Verso

Anderson, Kevin B., 2014, *Marx at the Margins: On Nationalism, Ethnicity, and Non-Western Societies*, The University of Chicago Press.

Armstrong, John A., 1982, *Nations Before Nationalism*, The University Press of North Carolina Press.

Aron, Raymond. 1967. *Les etapes de la pensee sociologique*, Gallimard, Paris.

Aulette, Judy Root, 2016, *A Global View of Race and Racism*. Oxford University PRess.

Baker, Donald G., 1983, *Race, Ethnicity and Power*. Routledge and Kegan Paul, London.

Balakrishan, Benedict(ed.), *Mapping the Nation*, Verso, London.

Balakrishna, G. and Anderson, B. (eds.). 1996. *Mapping the Nation*. London and New York : Verso Press.

Balibar Etienne and Immanuel Wallerstein, 1991, *Race, Nation, Class: Ambiguous Identities*. Verso, London.

Banton, Michael, 1992, *Racial and Ethnic Competition*, Gregg Revivals, London.

Barnes, Harry E. and Becker, Howard. 1952. *Social Thought from Lore to Science*, (2 vols), Washington: Harren Press

Barreto, Matt, 2012, *Ethnic Cues: The Role of Shared Ethnicity in Latino Political Participation*. University of Michigan Press.

Barth, Frederick(ed.), 1969, *Ethnic Groups and Boundaries*, Little, Brown and Co. Boston.

Beaune, Colette. 1991. *The Birth of an Ideology: Myths and Symbols of the Nation in Late Medieval France*, University of California Press

Bell, Daniel., 1975, Ethnicity and Social Change in Glazer, Nathan and Daniel P. Monihan(eds.), 1975, *Ethnicity*, Harvard University Press.

Benedict, Ruth, 1950, *Race: Science and Politics, Revised Edition*, The Viking Press, New York.

Biddis, Michael D., 1971, *Gobineau: Selected Political Writings*. Jonathan Cape, London.

Birenbaum, Arnold, 2019, *A Nation Apart*. Routledge, London.

Braudel, Fernand, 1980, *On History*, The University of Chicago Press.

Braudel, Fernand, 1994, *A History of Civilization*, The Penguin Press. London.

Breuilly, John, 1982. *Nationalism and the State*. Manchester: Manchester University Press.

Breuilly, John, 1996, *The Transformation of German State 1800~1871*, Macmillan. London.

Brown, M. E. et al(eds.). 1997. Nationalism and Ethnic Conflict. Cambridge, Mass: MIT Press.

Brubaker, R. 1996. *Nationalism Reframed ; Nationalism and the National Question in the New Europe*. Cambridge : Cambridge University Press.

Brubaker, Rogers, 2006. *Ethnicity Without Groups*. Harvard University Press.

Brundy, Yizhak M. 2000, *Reinventing Russia: Russian Nationalism and the Soviet*

States, 1951~1953, Harvard University Press.

Burt, John C.. 2019. *Ethnicity, Tribe and Culture*, Blurb. U.S.A.

Carney, John P. 1973, *A Changing Nation: Ethnicity, Power, and the Political System.* Consensus Publishers, Inc. San Ramon. U.S.A.

Carr, Edward H., 1945, *Nationalism and After*, Oxford University Press.

Cevil, Robert, 1972, *The Myth of the Master Race: Alfred Rosenberg and Nazi Ideology*, Dodd Mead and Co.

Chadwick, H. Munro, 1966, *The Nationalities of Europe and the Growth of National Ideologies*. Cambridge University Press.

Chang, Kyung-Sup, 2010, *South Korea under Compressed Modernity : Familial Political Economy in Transition*, Routledge.

Chemberlain, Houston Stewart, 1913. *Die Grundlagen des Neungehnten Jahrhunderts* I, II. F. Bruckmann A.-G., Munchen.

Clover, Charles, 2017, B*lack Wind, White Snow; The Rise of Russia's New Nationalism*, Yale University Press.

Coakley, John, 2012, *Nationalism, Ethnicity and State: Making and Breaking Nations.* Sage Publications Ltd. London.

Cobban, Alfred., 1969, *The Nation-State and National Self-Determination*, Revised Edition, Collins, London.

Cohler, Anne M. 1970, *Rousseau and Nationalism*, Basic Books, New York

Commons, John R. 1965, *A Sociological View of Sovereignity*, Columbia University reprint classics,

Comte, Auguste. 1897. *La sociologie* (Resume par Emile Rigorage), Paris

Connelly, John. 2020. *From Peoples into nations*, Princeton University Press.

Connor, Walker, 1984, *The National Question in Marxist Leninist Theory and Strategy*, Princeton University Press.

Connor, Walker, 1994, *Ethno-Nationalism; The Quest for Understanding*, Princeton University Press.

Cottle, S.(ed.). 2000. Ethnic Minorities and the Media. Buckingham: Open University Press.

Cranston, A. and Kim, C. 2004. *The Sovereignty Revolution.* Stanford : Stanford University Press.

Daftary, Farimah and Stefan Troehst, 2003. *Radical Ethnic Movement in Contemporary*

Europe. Berghahn Books, New York.

Delanty, Gerad and Patrick O'Mahony, 2002. *Nationalism and Social Theory: Modernity and Recalcitrance of the Nation*. Sage Publications. London.

d'Encausse, Hélène Carrère, 1992. *The Great Challenge: Nationalities and the Bolshevik State, 1917-1930*. Holmes and Meier, New York.

Deutsch, Karl W., 1969, *Nationalism and Social Communication: An Inquiry into the Foundation of Nationality*, The Technology Press of MIT.

Deutsch, Karl. W., 1969. *Nationalism and Its Alternatives*. New York: Alfred A. Knopf.

Deutsch, Karl W. and Willian J. Foltz(eds.), 1963, *Nation-Building*, Atherton Press, New York.

Diamond, Larry. 2015. Class, *Ethnicity and Democracy in Nigeria*, Syracuse University Publications.

Donaldson, Sue and Will, Kymlicka, 2011, *Zoopolis: A Political Theory of Animal Rights*, Oxford University Press.

Dorton, Daniella. 2015. *Jewish Youth and Identity in Postwar France; Rebuilding Family and Nation*, Indiana University Press.

Durkheim, Emile., 1996, 'Germany Above All': German Mentality and the War, 1915, Cited in Paul James, *Nation Formation*.

Easton, Stewart C., 1964, The Rise and Fall of Western Colonialism, Frederick A. Praeger, Publisher, New York.

Enloe, Cynthia., 1996, "Religion and Ethnicity", in John Hutchinson and Anthony D. Smith(eds.) *Ethnicity*, Oxford University Press,

Eriksen, Thomas Hylland. 2002, *Ethnicity and Nationalism*, Second Edition, Pluto Press

Esman, M. J.(ed.). 1997. *Ethnic Conflict in the Western World*. Ithaca: Cornell University Press.

Fabr, Genevieve, Jurgen Heideking and Kai Dreisbach(eds.) *Celebrating Ethnicity and Nation*, Berghahn Books, New York.

Fallers, Lloyd A., 1974, *The Social Anthropology of the Nation-State*, Aldine Publishing Co. Chicago.

Fenton, Steve 2003, *Ethnicity*, Polity Press, Cambridge, England.

Field, Geoffrey G. 1981, *Evangelist of Race: The Germanic Vision of Houston Stewart Chamberlain*, Columbia University Press.

Fletcher, Ronald. 1971. *The Making of Sociology*, vol. I , Nelson, London.

Flora, P. 1999. *State Formation, Nation Building and Mass Politics in Europe.* Oxford: Oxford University Press.

Flynn, S. 2004. *America The Vulnerable.* New York: Harper Collins.

Foot, Sarah "The Historiography of the Anglo-Saxon Nation-State' in Scales and Zimmer(eds.) *Power and Nation in European History,* Cambridge University Press, 2005

Fourkes, Ben. 2002, *Ethnicity and Ethnic Conflict in the Post-Communist World,* Palgrave.

Fowkes, Ben, 2002. *Ethnicity and Ethnic Conflict in the Post-Communist World.* Palgrave, London.

Fredrickon, George M., 1997. *The Comparative Imagination: On the History of Racism, Nationalism, and Social Movement,* University of California Press, Berkeley.

Fukuyama, Francis, 2019, *Identity: Contemporary Identity Politics and Struggle for Recognition,* Profile Books. London.

Fukuyama, Francis. 2018. Identity. Farrar, Straus and Giroux, U.S.A.

Gat, Azar., 2013, *Nations: The Long History and Deep Roots of Political Ethnicity and Nationalism,* Cambridge University Press.

Gaubineau, J. A. de, 1967, *The Inequality of Human Races.* Howard Fertig, New York.

Geertz, Clifford, 1973, *The Interpretation of Cultures,* Fontana, New York.

Gellenr, Ernest, 1996, *The Psychoanalytic Movement: The Cunning of Unreason.* Northwestern University Press.

Gellner, Ernest, 1959, *Words and Things; A Critical Account of Linguistic Philosophy and a study in Ideology,* Beacon Press. Penguin.

Gellner, Ernest, 1964, *Thought and Change:The Nature of Human Society.* Weidenfeld and Nicolson, London.

Gellner, Ernest, 1969, *Populism: Its Meaning and Politics,* Macmillan.

Gellner, Ernest, 1973, *Cause and Meaning in the Social Sciences.* Routledge, London.

Gellner, Ernest, 1974, *The Devil in Modern Philosophy,* Routledge and Kegan Paul, London.

Gellner, Ernest, 1974,.*Contemporary Thought and Politics: Selected Political Themes,* Routledge, Chapman and Hall, London

Gellner, Ernest, 1975, *Legitimation of Belief,* Cambridge University Press.

Gellner, Ernest, 1983. *Muslim Society.* Cambridge University Press.

Gellner, Ernest, 1983. *Nations and Nationalism*. Oxford: Basil Blackwell.

Gellner, Ernest, 1985, *The Psychoanalytic Movement or The Coming of Unreason*. Paladin Granad.

Gellner, Ernest, 1985,. *Relativism and Social Sciences*, Cambridge University Press.

Gellner, Ernest, 1986, *The Concept of Kinship and Other Essays on Anthropological Method and Explanation*, Wiley and Sons.

Gellner, Ernest, 1987, *Culture, Identity, and Politics*, Cambridge University Press.

Gellner, Ernest, 1988. *State and Society in Soviet Thought*. Blackwell.

Gellner, Ernest, 1990, *Plough, Sword and Book: The Structure of Human History*, University of Chicago Press.

Gellner, Ernest, 1991. *Spectacles and Predicaments: Essays in Social Theory*. Cambridge University Press.

Gellner, Ernest, 1992, *Postmodernism, Reason and Religion*. Routledge, London.

Gellner, Ernest, 1992. *Reason and Culture: A Sociological and Philosophical Study of the Role of Rationality and Rationalism*, Wiley-Blackwell.

Gellner, Ernest, 1994. *Conditions of Liberty: Civil Society and Its Rivals*. Viking Adult, London.

Gellner, Ernest, 1995. *Encounters with Nationalism*. Oxford : Wiley-Blackwell.

Gellner, Ernest, 1995. *Anthropology and Politics: Revolutions in the Sacred Grove*. Wiley-Blackwell.

Gellner, Ernest, 1997, Nationalism, Weidenfeld and Nicolson, London

Gellner, Ernest, 1998, *Language and Solitute: Wittgenstein, Malinowski and Habsburg Dilemma*. Cambridge University Press.

Gellner, Ernest, 2008. *Saints of Atlas*. ACLS Humanities E-Book.

Gellner, Ernest, 2021. *Soviet and Western Anthropology*. Columbia University Press.

Genov, Nikolai(ed.), 1989. *National Traditions in Sociology*, Sage Publications. London.

Gerstle, Gary, 2002, *American Crucible: Race and Nation in the Twenty Century*. Princeton University Press.

Giddens, A. 1981. *A Contemporary Critique of Historical Materialism*, Vol.I, Power, Property and the State. Berkeley and Los Angeles: University of California Press.

Giddens, A.(ed.). 1986. *Durkheim on Politics and State*. Stanford: Stanford University Press.

Gillingham, John., 1992, "The Beginnings of English Imperialism", *Journal of Historical Sociology*, 5

Gillingham, John., 1995, "Henry Huntingdon and the Twelfth Century revival of the English Nation in Ford, Johnson and Murray(eds.) *Concept of National Identity: in the Middle Ages*, Leads Text and Monographs

Glazer, Nathan and Daniel P. Moynihan, 1975, *Ethnicity: Theory and Experience*, Harvard University Press.

Gleeson, David T.. 2017. English Ethnicity and Culture in North America, The University of South Carolina Press.

Gobineau, J. A. de., 1967, *The Inequality of Human Races*(translated by A. Collins), Howard Fertg, New York.

Gordon, Milton M., 1964, *Assimilation in American Life: The Role of Race, Religion, and National Origins*, Oxford University Press, 1964.

Gordon, Milton M., 1978, *Human Nature, Class and Ethnicity*, Oxford University Press

Gordon, Robert J., "Papua New Guinea: Nation in the Making?", *National Geographic*, Vol. 16, No. 2, August, 1982

Goulbourne, Harry, 2009, *Ethnicity and Nationalism in Post-Imperial Britain*. Cambridge University Press.

Greenfeld, Liah, 1992. *Nationalism*, Five Roads to Modernity. Cambridge, Mass. : Harvard University Press.

Greenfeld, Liah, 2006, *Nationalism and Mind*, Oneworld, Oxford

Grillo, R. D.(ed.), 1980, *Nation and State in Europe: Anthropological Perspectives*. Academic Press, London.

Grosby, Steven, 2006, *A very short introduction to nationalism*, Oxford University Press.

Gross, Feliks, 1999, *Citizenship and Ethnicity: The Growth and Development of a Democratic Multiethnic Institution*, Greenwood Press, London,

Gruen, Erich S.. 2020. *Ethnicity in the Ancient World*, De Gruyter.

Guindieri, Remo, Francesco Pellizzi, Stanley J. Tambia (eds.), 1988, *Ethnicities and Nations: Processes of Interethnic Relations in Latin America, Southeast Asia, and the Pacitfic*. University of Texas Press, Austin.

Haass, E. 1997. *Nationalism, Liberalism and Progress ; The Rise and Decline of Nationalism*. Ithaca : Cornell University Press.

Hall, John A. and Ian Jarvie(eds.), 1996, *The Social Philosophy of Ernest Gellner*. Brill.

Hall, John A., 1998, *The State of the Nation: Ernest Gellner and the Theory of Nationalism*. Cambridge University Press.

Hall, John A., 2010, *Ernest Gellner: An Intellectual Biography*. Verso, London.

Hall, Stuart, 2017, *The Fateful Triangle: Race, Ethnicity, Nation*. Harvard University Press.

Hall, Stuart. 2017. *The Fatefull Triangle: Race, ethnicity and Nation*, Harvard University press

Haller, Max and Eder, Anja. 2015. *Ethnic Stratification and Economic Inequality around the World*, Ashgate

Harris, Nigel, 1990. *National Liberation*. University of Nevada Press.

Hastings, Adrian, 1997, *The Construction of Nationhood: Ethnicity, Religion and Nationalism*, Cambridge University Press.

Hays, Carlton, 1931, *The Historical Evolution of Modern Nationalism*, Smith, New York.

Hays, Carlton, 1960, *Nationalism; A Religion*, Macmillan, New York.

Hazard Jr., Anthony J.,2012, *Postwar Anti-Racism: The United States, UNESCO, and 'Race', 1945~1968*.

Hazony, Yoram, 2018, *The Virtue of Nationalism*, Basic Books, New York.

Hechter, Michael, 2000, *Containing Nationalism*. Oxford University Press.

Heinlein, F. 2002. *British Government Policy and Decolonization 1945~1963*. London: Frank ass.

Hertz, Frederick., 1944, *Nationality in History and Politics*, Routledge and Kegan Paul, London.

Hobsbawm, Eric J. and Ranger, Terence (eds.), 1983, *The Inventions of Tradition*, Cambridge University Press

Hobsbawm, Eric J., 1959, *Primitive Rebels : Studies in Archaic Forms of Social Movements in the 19th and 20th Centuries*, Norton and Company, New York.

Hobsbawm, Eric J., 1962, *The Age of Revolution ; 1789~1848*, Phoenix Press, New York.

Hobsbawm, Eric J., 1975, *The Age of Capital ; 1848~1875*, Barnes and Noble Books, New York.

Hobsbawm, Eric J., 1987, *The Age of Empire ; 1875~1914*, Pantheon Books, New York.

Hobsbawm, Eric J., 1990. *Nations and Nationalism Since 1780*, Cambridge University Press.

Hobsbawm, Eric J., 1994, *The Age of Extremes: A History of the world 1914~1991*. Vintage Books.

Hobsbawm, Eric J., 1997, *On History*, New Press.

Hobsbawm, Eric J., 2007, *Globalism, Democracy and Terrorism*, Little, Brown Books, New York.

Hobsbawm, Eric J., 2013, *Fractuated Times : Culture and Society in the 20th Century*, The New Press.

Horace B. Davis, 1978, *Toward a Marxist Theory of Nationalism*, Monthly Review Press, New York.

Horrell, David G. 2020. *Ethnicity and Inclusion*, William B. Eerdmans Publishing Co. U.S.

Hroch, Miroslav, 1985. *The Social Origins of National Revival in Europe*. Cambridge: Cambridge University Press.

Hroch, Miroslav, 1995, "National Self-Determination from a Historical Perspective' in Sukumar Periwal(ed.) *Notions of Nationalism*, Central European University Press, Budapest,

Hughes, Anjenique. 2016. *Sovereignty*, Morgan James Publishing. U.S.

Hutchison, John and Smith, Anthony D.(eds.), 1996, *Ethnicity*, Oxford University Press,

James, Paul, 1996, *Nation Formation: Towards a Theory of Abstract Community*, Sage Publications, London

Jin, Wen, 2020, *Pluralist Universalism: An Asian Americanist Critique of U.S. and Chinese Multiculturalism*, Ohio State University Press.

Kamenka, Eugene(ed.), 1976, *Nationalism: The Nature and Evolution of an Idea*, Eduard Arnorld, London.

Kang, Tai S.(ed), 1979, *Nationalism and The Crises of Ethnic Minorities in Asia*. Greenwood Press, Westport London.

Kearney, A, 2015. *Cultural Wounding, Healing, and Emerging Ethnicity*. Palgrave Macmillan, New York.

Kedourie, Elie, 1960, *Nationalism*, Hutchison, London.

Kedourie, Elie, 1971, (ed.) *Nationalism in Asia and Africa*, Weidenfeld and Nicolson, London.

Kellas, J. G. 1991. *The Politics of Nationalism and Ethnicity*. London : Macmillan.

Keyes, Charles(ed.), 1981, *Ethnic Change*, University of Washington Press.

Kim, Kyong-Dong, 2017, *Confucianism and Modernization in East Asia: Critical Reflections*, Palgrave Macmillan

Kim, Kyong-Dong, 2017, *Korean Modernization and Uneven Development: Alternative Sociological Accounts*, Palgrave Macmillan

Kivisto, Peter, 2002. *Multiculturalism in a Global Society*, John Wiley and Sons Ltd, London.

Kohn Hans, 1929, *A History of Nationalism in the East*. Harcourt, Brace and Co. New York.

Kohn, Hans, 1955, *Nationalism: Its Meaning and History*, Van Nostrand, New York.

Kohn, Hans, 1933. *Nationalism in Soviet Union*. George Routledge and Sons Ltd. London.

Kohn, Hans, 1946, *Prophets and Peoples: Studies in Nineteenth Century Nationalism*. The Macmillan Co. New York.

Kohn, Hans, 1962, *The Age of Nationalism*, Harper and Brothers, New York.

Kohn, Hans, 1967, *Prelude to Nation-State; The French and German Experience, 1789~1815*, Van Nostrand.

Kohn, Hans, 1967, *The Idea of Nationalism*, 2nd Edition, Collier-Macmillan, London.

Kottjarchuk, Andrei and Sundström, Olle(eds.), 2017. *Ethnic and Religious minorities in Stalin's Soviet Union*, Sodertorn University Press, Stockholm.

Krejci, Jaroslav and Vitejslav Velimsk, 1981, *Ethnic and Political Nation in Europe*. St. Martin's Press, New York.

Kumar, D. V.. 2017. Modernity, Ethnicity and Development, Rawat Publications, India.

Kupchan, Charles A.,(ed.), 1995, *Nationalism and Nationalities in the New Europe*, Cornell Univerity Press.

Kwon, Heonik (2018), *Ghost of War in Vietnam*, Cambridge University Press.

Kwon, Heonik (2020), *After the Korean War: An Intimate History*, Cambridge University Press.

Kymlicka, W. 2007, *Multicultural Odysseys: Navigating the New International Politics of Diversity*, Oxford University Press

Kymlicka, W. and K. Banting, 2006, "Immigration, Multiculturalism, and the Welfare State", *Ethics and International Affairs*, 20(3): 281-304

Kymlicka, W.(ed.), 1995. *The Rights of Minority Cultures*, Oxford University Press

Kymlicka, W., 1989, *Liberalism, Community, and Culture*, Oxford University Press.

Kymlicka, W., 1995, *Multicultural Citizenship : A Liberal Theory of Minority Rights*, Oxford University Press

Kymlicka, W., 1998, *Finding Our Way: Rethinking Ethnocultural Relations in Canada*, Oxford University Press

Kymlicka, W., 2001, *Politics in the Vernacular: Nationalism, Multiculturalism, Citizenship*, Oxford University Press

Larson, Brooke, 2004, *Trials of Nation Making: Liberalism, Race, and Ethnicity in the Andes, 1810~1910*. Cambridge University Press.

Laski, Harold J., 1968, *Studies in the Problems of Sovereignty*, George Allen and Unwin,

Latin, D. 1998. *Identity in Formation. Ithaca*: Cornell University Press.

Leibold, James, 2013, *Ethnic Policy in China: Is Reform Inevitable?* East-West Center. U.S.A.

Lenin, Vladimir, 1951, *Critical Remarks on the National Question*, Progress Publishers.

Lenin, Vladimir, 1970, *Questions of National Policy and Proletarian Internationalism*, Progress Publishers.

Lenin, Vladimir, 1986, *On National Liberation and Social Emancipation*, Progress Publishers.

Lesser, Jeffrey, 2020. *Immigration, Ethnicity and National Identity in Brazil, 1808 to the Present*. Cambridge University Press.

Lessnoff, Michael, 2002. *Ernest Gellner and Modernity*. University of Wales Press.

Levin, Michael D.,(ed.) 2015, *Ethnicity and Aboriginality: Case Studies in Ethno*. University of Toronto Press.

Liow, Joseph Chinyong, 2016, *Religion and Nationalism in Southeast Asia*. Cambridge University Press.

Loveman, Mara, 2014. *National Colors: Racial Classification and the State in Latin America*. Oxford University Press.

Low, Alfred D., 1958, *Lenin on the Question of Nationality*, Book Associates, New York.

Luad Evan, 1964, *Nationality and Wealth: A Study in World Government*. Oxford University Press.

Lukacs, George (Trans. Peter Palmer). 1981. *Destruction of Reason*, Humanities Press, New York

Lyman, Stanford M., 1992, *Militarism, Imperialism and Racial Accomodations: An Analysis and Interpretation of Early Writings of Robert E. Park*, The University of Arkansas Press

Malesevic, Sinisa and Mark Hangaard(eds.), 2007, *Ernest Gellner and Contemporary Social Thought*. Cambridge University Press.

Marger, Martin N., 1994, *Race and Ethnic Relations*. Wadsworth Publishing Co. Belmont. U.S.A.

Martineau, Harriet (translated and condensed). 1853. *The positive philosophy of Auguste Comte*, London

Marx, Anthony W., 2003, *Faith in Nation: Eclusionary Origins of Nationalism*, Oxford University Press

Massey, Douglas S., 1985. "Ethnic Residential Segregation: A theoretical Synthesis and Empirical review", *Sociology and Social Research*, 69(3)

Massey, Douglas S., 2007, *Categorically Unequal: The American Stratification System*, Russell Sage.

Massey, Douglas S., and Denton, Nancy A., 1993, *American Apartheid : Segregation and the Making of the Underclass*, Harvard University Press.

Mccrone, Dabid., *The Sociology of Nationalism*, Routledge, London, 1998

Miguel, E. 2004. "Tribe or Nation? Nation Building and Public Goods in Kenya versus Tanzania." *World Politics* Vol.56 No.3.

Miller, D. 1995. *On Nationality*. Oxford : Clarendon Press.

Miller, Herbert Adolphus., 1922, *Races, Nations, and Classes*, J.B. Lippincott Company, Philadelphia

Miller, Horman and Rederick Aya, 1971, *National Liberation: Revolution in the Third World*. The Free Press, New York.

Mortimer, Edward(ed.), 1999, *People, Nation and State: The Meaning of Ethnicity and Nationalism*. IB Tawris Publishers, London.

Moskos, Charles C., 1967, *The Sociology of Political Independence*, Schenkman Publishing Co. Cambridge, U.S.A.

Myrdal, Alva, 1945. *Nation and Family*, Kegan Paul, London.

Nahaylo, Bohdan and Swoboda, Victor., 1989, *Soviet Disunion: A history of the Nationalities Problem in the U.S.S.R.*, The Free Press, New York.

Nairn, T. 1997. *Faces of Nationalism ; Janus Revisited*. London : Verso Press.

Neumann, Franz J., *Volk und Nation*, Dunker and Humbolt, Leipzig, 1888,

Norkus, Z. 2004. "Max Weber on Nations and Nationalism ; Political Economy before Political Sociology". *The Canadian Journal of Sociology* Vol.29 No.3.

Olakunle, George, 2017, *African Literature and Social Change: Tribe, Nation, Race*. Indiana University Press.

Olzak, S. 1992. *The Dynamics of Ethnic Competition and Conflict*. Standford: Stanford University Press.

Oommen, T. K., 2017, *Citizenship, Nationality and Ethnicity*, Rowat Publications, New Delhi.

P.N.G. Education Department, 1989, *National Language and Literacy Policy*.

Panagiotidis, Jannis, 2019, *The Unchosen Ones: Diaspora, Nation, and Migration in Israel and Germany*. Indiana University Press.

Panayi, Panikos, 2000, *An Ethnic History of Europe Since 1945: Nations, States and Minorities*. Longman, London.

Park, Robert E. and Burgess, Ernest W., 1925. *The City*, University of Chicago Press

Park, Robert E., 1952, *Human Communities: The City and Human Ecology*, Glenoe Ⅲ, The Free Press, New York.

Park, Robert E., Assimilation, in *Encyclopedia of Social Sciences*, Vol 2, Macmillan,

Peel, J. D. Y.(ed.) 1972. *Herbert Spencer on Social Evolution : Selected Writings*, University of Chicago Press

Periwal, Sukumar(ed.) 1995. *Notions of Nationalism*. Central European University Press, Budapest.

Pfaff, William, 1993. *The Wrath of Nations: Civilization and the Furies of Nationalism*. Simon and Schuster, New York.

Phodnis, Urmila, 1990. *Ethnicity and Nation-building in South Asia*. Sage Publications, New Delhi.

Pognanski, C., 1942. *The Rights of Nations*. George Routledge and Sons. Ltd. London.

Polenberg, Richard, 1980, *One Nation Divisible: Class, Race, and Ethnicity in the United States since 1938*. Penguin Books. London.

Raynolds, Susan, 2005, "The Idea of Nation as a Pollitical Community" in Scales len and Oliver Zimmer(eds.), *Power and the Nation in European History*, Cambridge university Press.

Rein, Raanan. 2020. *Populism and Ethnicity*, McGill-Queen's University Press.

Renan, Ernest, 1882, *Qu'est-ce qu'une nation?* Conference en Sorbonne, le 11 mars. 1991, Textes de Pierre Bordas et fils, Paris.

Rex, J. and Mason, D.(eds.). 1986. *Theories of Race and Ethnic Relations*. Cambridge: Cambridge University Press.

Rex, John, 1967, *Race, Community, and Conflict*, Oxford University Press.

Rex, John, 1970, *Race Relations in Sociological Theory*, Weindenfeld and Nicholson, London.

Rex, John, 1996, *Ethnic Minorities and the Modern Nation State*, Macmillan.

Reynolds, Susan. 1984, *Kingdoms and Communities in Western Europe, 900~1300*, Claredon Press.

Reynolds, Susan. 2005, "The Idea of Nation as a Political Community" in Scales and Zimmer(eds.), *Power and the Nation in European History*, Cambridge University Press.

Riesman, D. 1950. *The Lonely Crowd: A Study of Changing American Character*. New Haven: Yale University Press.

Riley, Matthew and Smith, Anthony D., *Nation and Classical Music*, The Boydell Press, U.K. 2016

Ringros, M. and Lerner, A. J.(eds.). 1993. *Reimaging the Nation*. Buckingham, Philadelphia: Open University Press.

Rocker, Rudolf, 1936, *Nationalism and Culture*, Rocker Publication Committee

Rose, J. Holland, 1912, *The Development of the European Nations, 1870~1900*. Constable and Co., London.

Rosenberg, Alfred, 1930, *Der Mythus des 20*, Jahrhunderts..

Rosie, M., MacInnes, J., Petersoo, P., Condor S. and Kennedy, J. 2004. "Nation Speaking unto Nation? ; Newspaper and National Identity in the Developed U. K.". *The Sociological Review* Vol.52 No.4.

Rousseau, Jean Jacques, 1782, *Considérations sur le Government de Pologne, et sur sa Réformation projeté en, Avril 1772*, Collection Complètes des Œuvres de J. J. Rousseau, Vol 2., Librairie de L. Hachette, Paris. 신용하문고(서울대학교 중

앙도서관) 843. 56 Dd. 1782, Vol 2.

Rousseau, Jean Jacques, *Plan for a Constitution for Corsica, in The Collected Writings of Jean Jacques Rousseau*, Vol. 2, 2005, Dartmouth College Press,

Rousseau, Jean Jacques, *The Plan for Perpetual Peace, On the Government of Poland, and Other Writiings on History and Politics: The Collected Writings of Jean Jacques Rousseau*, Vol. 2, 2005, Dartmouth College Press,

Rudolph, C. 2005. "Sovereignty and Territorial Borders in a Global Age." *International Studies Review* Vol.7 No.1.

Rudolph, J. 2020. *Politics and Ethnicity*. Palgrave Macmillan

Rupesinghe, Kumar and Valery A. Tishkov(eds.), 1996, *Ethnicity and Power in the Contemporary World*, United Nations University Press, New York.

Sanders, J. M. 2002. "Ethnic Boundaries and Identity in Plural Societies." *Annual Review of Sociology* Vol.28.

Scales and Zimmer(eds.), 2005. *Power and the Nation in European History*, Cambridge university press

Service, E. R. 1962. *Primitive Social Organizations*, Random House, New York

Service, E. R. 1975. *Cultural Evolutionism: Theory in Practice*, Holt, Rinehart and Winston, New York

Seton-Watson, Hugh., 1977, *Nations and States: An Inquiry into the Origins of Nations and Political Nationalism*, Methuen, London,

Shafer, Boyd C., 1955, *Nationalism: Myth and Reality*, Victor Gollancz, London.

Shafer, Boyd C., 1972, *Faces of Nationalism: New Realities and Old Myths*, Harcourt Brace Jovanovich, New York

Shils, Edward, 1957, "Primordial, Personal and Civil Ties", *British Journal of Sociology*, 7, pp.13-45

Shils, Edward, *Tradition*, University of Chicago Press.

Shin, Yong-ha, 2000, *Modern Korean History and Nationalism*, Jipmoondang Publishing Co., Seoul.

Shneiderman, Sara, 2017, *Rituals of Ethnicity: Thangmi Identities Between Nepal and India*. University of Pennsylvania Press.

Simeon, Dimonye, 2012, *A Comparative Study of Historicism in Karl Marx and Ernest Gellner: Fact Versus Value in Development, A Case Study of Karl Marx and Ernest Gellner*, LAP LAMBERT Academic Publishing.

Simpson, G. E. 1953, *Racial and Cultural Minorities*, Harper & Brothers.

Skenty, J. 2002. *The Minority Rights Revolution*. Cambridge, Mass.: Harvard University Press.

Smal-Stocki, 1970, *The Captive Nations*, Bookman Associates, New York.

Smith, Anthony D., 1971, *Theories of Nationalism*, Duckworth, London.

Smith, Anthony D., 1979, *Nationalism in the 20th Century*, New York University Press.

Smith, Anthony D., 1981, *The Ethnic Revival*, Cambridge University Press.

Smith, Anthony D., 1983, *State and Nation in the Third World*, Palgrave Macmillan.

Smith, Anthony D., 1986. *The Ethnic Origins of Nations*. Oxford: Basil Blackwell.

Smith, Anthony D., 1991, *National Identity*, University of Nevada press.

Smith, Anthony D., 1991. "The Nation: Invented, Imagined, Reconstructed?". Millenium: Journal of International Studies Vol.20 No.2.

Smith, Anthony D., 1993. *National Identity*. Reno and London: University of Nevada Press.

Smith, Anthony D., 1995, *Nations and Nationalism in a Global Era*, Polty.

Smith, Anthony D., 1998, *Nationalism and Modernism*, Routledge.

Smith, Anthony D., 1999, *Myths and Memories of the Nation*, Oxford University Press.

Smith, Anthony D., 2000. *The nation in History*, University Press of New England.

Smith, Anthony D., 2003, *Chosen Peoples: Sacred Sources of National Identity*, Oxford University Press.

Smith, Anthony D., 2004, *The Antiquity of Nations*, Polity.

Smith, Anthony D., 2008, *The Cultural Foundations of Nations: Hierarchy, Covenant and Republic*, Wiley-Blackwell.

Smith, Anthony D., 2008. *The Cultural Foundations of Nations*, Blackwell Publishing.

Smith, Anthony D., 2009, *Ethno-Symbolism and Nationalism : A Cultural Approach*, Routledge, London.

Smith, Anthony D., 2013, *The Nation Made Real: Art and National Identity in Western Europe*, 1600~1850, Oxford University Press.

Smith, Anthony D., and Riley, Mathew, 2016. *Nation and Classical Music*, Boydell Press.

Smyth, Alfred(ed.) et al. 2002, *Medieval Europeans: Studies in Ethnic Identity and National Perspective in Medieval Europe*, Palgrave

Snyder, Louis L. 1954, *The Meaning of Nationalism*, Rutgers University Press.

Snyder, Louis L. 1969, *German Nationalism: The Tragedy of a People*, Kennikat Press, New York.

Snyder, Robert, 2019, *All the Nations under Heaven: Immigrants, Migrants, and Making of New York*, Revised Edition. Columbia University Press.

Sorokin, Pitirim A., 1951, *Social Philosophies of an Age of Crisis*, The Beacon Press.

Sorokin, Pitirim A., 1966, *Sociological Theories of Today*, Harper & Low, New York.

Spencer, Herbert, 1867. *First Principles*, Williams and Norgate, London

Spencer, Herbert, 1893. *The Principles of Sociology*, Williams and Norgate, London

Spencer, Herbert, 1896. *Education: Intellectual, Moral and Physical*, New York: Appleton and Company

Spencer, Herbert, 1972. *On Social Evolution*. Chicago: The University of Chicago Press.

Stahl, Dale J., 2017, *An Analysis of Ernest Gellner's Nations and Nationalism*. Macat International Ltd. London.

Stalin, Joseph V., 1951, *Marxism and Linguistics*, International Publishers, New York.

Steinberg, Stephen, 1981. *The Ethnic Myth: Race, Ethnicity and Class in America*. Atheneun, New York.

Stoddardd, Eve Walsh, Cornwell, Grant H, 2000, *Global Multiculturalism: Comparative Perspective on Ethnicity, Race and Nation*, Rowman and Littlefield Publishers Incorporated. U.S.A.

Sukla, H. L. 2020. *Language, Ethnicity and History*, B. R. Publishing Corporation, New Delhi

Sun, Jiang, 2020. *Revisiting China's Modernity: Ethnicity, Religion and Nation*. Peter Lang Publishing Inc. U.S.A.

Tagil, Sven, 1995. *Ethnicity and Nation Building in the Nordic World*. Hurst and Co. London.

Tamayo, Steve, 2021. *Ethnic Identity*. Inter-Varsity Press, London.

Thompson, R. H. 1989. *Theories of Ethnicity: A critical Appraisal*. New York: Greenwood Press.

Tilly, Charles(ed.)., 1975. *The Formation of national States in Europe*. Princeton: Princeton University Press.

Tilly, Charles., 1975, "Reflections on the History of European State-Making" and "Western State-Making and Theories of Political Transformation", in Charles

Tilly(ed.), 1975, *The Formation of National States in Western Europe*, Princeton University Press

Tilly, Charles., 1994. "States and Nationalism in Europe 1492~1992." Theory and Society, Renewal and Critique in Social Theory Vol.23.

Timasheff, Nicholas S. 1957. *Sociological Theory: Its Nature and Growth*, New York, Random House

Tivey, Leonard(ed.), 1980, *Nation State*, Martin Robertson, Oxford.

Torr, Donaced, 1940, *Marxism, Nationality and War*, Lawrence and Wishart Ltd. London.

Torres, Sandra. 2019. *Ethnicity and Old Age*, Polity Press

Toynbee, Arnord J., 1979, *A Study of History*, New Edition, Revised and Abridged by the Author and Jane Caplan, Weathervane, New York.

Van den Berghe, Pierre L. 1970. *Race and Ethnicity: Essay in Comparative Sociology*, Basic Books, New York

Van Den Berghe, Pierre L., 1975, *Man in Society: A Biosocial View*, Elsevier, New York,

Van Den Berghe, Pierre L., 1987, *The Ethnic Phenomenon*, Praege, London.

Vierkandt, Alfred. 1923, *Gesellschaftlehre*, Ferdinande Enke, Stutgart.

Viroli, Maurizio., 1995, *For Love of Country; An Essay on Nationalism and Patriotism*, Calldon Press, Oxford.

Vogler, Carolyn M., 1985. *The Nation State: Neglected Dimension of Class*. Gower Publishing Co. Hans. England.

Wade, Peter, 1997, *Race and Ethnicity in Latin America*, Pluto Press, London.

Wade, Peter (ed), 2009, *Race, Ethnicity, and Nation: Perspectives from Kinship and Genetics*, Berghahn Books.

Wallace, Walter L. *The Future of Ethnicity, Race and Nationality*. Praeger, Westport· London.

Wallerstein, Immanuel., 1974, *The Modern World System*, Academic Press, New York,

Warner, W. L. and Srole, L. 1945, *The Social System of American Ethnic Groups*, Yale University Press.

Waters, M. C. 1990. *Ethnic Options ; Choosing Identities in America*. Berkeley : University of California Press.

Weber, Max. 1951. *The Religion of China*. The Free Press.

Weber, Max. 1952. *The Religion of Judaism.* The Free Press.

Weber, Max. 1960. *The Religion of India.* The Free Press.

Weber, Max. 1968. *Economy and Society.* 3 Vols., New York: Bedminster Press.

Weber, Max. 1976. *The Agrarian Sociology of Ancient Civilization*, NLB.

Wicomb, Zoe, 2019, *Race, Nation, Translation: South African Essays, 1990~2013.* Yale University Press.

Williams, Charlotte, 2010, *Race and Ethnicity in a Welfare Society.* Open University Press, London.

Wormald, Patrick, 1984, "The Emergence of Anglo-Saxon kingdom" in Lesley Smith(ed.), 2005. *The Making of Britain: The Dark Ages*, Macmillan.

Wormald, Patrick, 2005, "German Power Structures: The Early English Experience", in Scales, Len and Oliver Zimmer(eds.), *Power and the Nation in European History*, Cambridge University Press.

Xidias, Jason, 2017. *An Analysis of Benedict Anderson's Imagined Communities.* Macat International Ltd. London.

Yildirim, Kemal, 2020. *Ernest Gellenr's Approach to Nationalism and 'Conditions of Liberty': Society and Its Rivals.* LAP LAMBERT Academic Publishing.

Young, Geryke, 1969, *Two World Not One: Race and Civilization.* Ad Hoc Publications. London.

Zang, Xiaowei. 2015. *Ethnicity in China: A Critical Introduction.* Polity Press., Polity.

Zerubavel, Eviatar, 2012, *Ancestors and Relatives: Geneology, Identity, and Community.* Oxford University Press.

Znaniecki, Florian, 1952, *Modern Nationalities: A Sociological Study*, The University of Illinois Press.

찾아보기

신용하慎鏞廈

서울대학교 문리과대학 사회학과 졸업
서울대학교 대학원 경제학석사 사회학박사
서울대학교 사회과학대학 사회학과 교수
서울대학교 사회과학대학 학장
한국사회학회 회장
한국사회사학회 회장
독도학회 독도연구보전협회 회장
한양대학교 석좌교수
이화여자대학교 이화학술원 석좌교수
울산대학교 석좌교수
현재 서울대학교 명예교수
　　대한민국학술원 회원

민족의 사회학이론
Sociological Theory of Nation and Ethnicity

초판 1쇄 인쇄　2023년 01월 05일
초판 1쇄 발행　2023년 01월 10일

지 은 이　신용하 Shin Yong-ha
발 행 인　한정희
발 행 처　경인문화사
편 집 부　김지선 유지혜 한주연 이다빈 김윤진
마 케 팅　전병관 하재일 유인순
출 판 신 고　제406-1973-000003호
주　　소　경기도 파주시 회동길 445-1 경인빌딩 B동 4층
대 표 전 화　031-955-9300　팩 스　031-955-9310
홈 페 이 지　http://www.kyunginp.co.kr
이 메 일　kyungin@kyunginp.co.kr

ISBN 978-89-499-6669-4 93910
값 18,000원